参与式教学的理论与实践

主　编　沈小碚
副主编　樊璐瑛

科学出版社
北　京

内 容 简 介

本书全面而深入地对参与式教学进行了剖析，并且引用了大量有针对性的案例来说明参与式教学的特点。全书共七章，第一章详细地介绍了参与式教学的概念、特征和意义，对参与式教学进行了深入浅出的论述；第二章到第六章分别介绍了参与式教学的原则、策略、设计、组织和评价；第七章重点阐述了参与式教学模式的内涵，以及各学科的参与式教学模式，旨在完善参与式教学理论，构建适合我国现实教育的参与式教学体系。

本书可供本科以及高职高专相关专业学生做教材使用，也适合广大研究者以及对参与式教学感兴趣的人员阅读。

图书在版编目（CIP）数据

参与式教学的理论与实践/沈小碚主编. —北京：科学出版社，2018.6

ISBN 978-7-03-057889-1

Ⅰ. ①参… Ⅱ. ①沈… Ⅲ. ①高等学校-教学研究 Ⅳ. ①G642.0

中国版本图书馆 CIP 数据核字（2018）第 127836 号

责任编辑：任俊红 / 责任校对：胡小洁

责任印制：赵 博 / 封面设计：华路天然工作室

科学出版社出版

北京东黄城根北街 16 号

邮政编码：100717

http://www sciencep com

固安县铭成印刷有限公司印刷

科学出版社发行 各地新华书店经销

*

2018 年 6 月第 一 版 开本：787×1092 1/16

2024 年12月第九次印刷 印张：15

字数：360 000

定价：52.00 元

（如有印装质量问题，我社负责调换）

前　言

从历史的视域看，参与式教学是一种“已然”的教学理念。我国古代孔子的“不愤不启，不悱不发”、近代陶行知的“教学做合一”等，以及众多教育家关于教学思想的论述中，无不渗透着一定的主体参与的思想。在国外的教学思想中，无论是杜威的“从做中学”，还是罗杰斯的“促进教学法”，主体参与的思想也一直贯穿其中。

参与式教学产生于 20 世纪五六十年代的英国，最初主要用于一些国际组织和发达国家帮助发展中国家进行基础设施建设，促进当地群众自立、自强和自我解放，其基本主张是教育应该把学生培养成具有自主发展能力的、有创造性的社会主体。80 年代以来，世界各国纷纷以参与式教学为中心，对教育模式进行调整和改革。参与式教学的理论依据主要是心理学的内在激励与外在激励的关系理论，以及维克托·弗鲁姆的期望理论。90 年代初，我国学术界开始重视参与式教学的研究，1999 年浙江大学开始实施参与式教学模式改革，要求给予学生自由思考、运用自己理智的时间；给予学生选择教师、安排学习进程的权利；除班级教学外更多地采用小组教学、课堂讨论、个别化教学等多种教学形式。我国学者陈向明曾经主持过参与式教学课题项目和教师培训，著有《参与式教学与教师专业发展：“西部基础教育发展项目”的经验与反思》一书，其内容具有较强的前瞻性和较高的实践价值。国家基础教育新课程实施以来，如何有效地开展参与式教学，成为教师教育机构和一线教师面临的挑战。本书特色是利用参与式教学方法，让学生在参与的过程中掌握参与式教学方法的理念，并能运用到具体的学科学习之中。在参与式教学中，教师和学生都是参与者、协作者、合作伙伴。参与式教学是在学生已有的经验基础上建构知识，是一种积极体验的过程，能够把知识内化，转变为自己的“活的知识”。这些为广大一线教师在实施参与式教学过程中出现的相关问题给予了相应的理论指导，推动了参与式教学的实践。

目前，国内对参与式教学的研究还处于起步阶段，所形成的研究成果比较少。已有的研究成果主要有两方面：一是对国外研究成果的引进和介绍，这类研究只对国外研究成果进行了介绍和阐释，而这些成果如何应用于我国的现实教育需要进一步探讨；二是把参与式教学应用于具体的学科中，论述参与式教学的理念、特点等，并未深入分析其在课堂教学实施过程中存在的问题及其根源，以及如何解决此问题等。笔者曾深入研究了主体参与性教学理论，比如合作学习、小组学习及探究教学方法等，一直在教学实践中尝试使用参与式教学方法，并且开设了专门介绍参与式教学的课程，取得了学生的一致认可和好评。这些为以后的参与式教学的理论与实践研究打下了深厚的基础。

参与式教学研究对我国当前教育具有重要意义，其一是理论层面：有利于丰富与发展参与式教学的理论。目前我国对参与式教学的研究还主要是对国外相关研究成果的介绍与引进，根植于我国现实教育所开展的研究还很匮乏。对参与式教学的深入学习有助于探讨在不同地区、不同文化、不同社会背景下实施参与式教学的不同特点，这对完善参与式教学理论是有益的；有助于构建适合我国现实教育的参与式教学体系，以期对后续教学实践者和研究者有可借鉴之处。其二是实践层面：教学的出发点和落脚点都是学生，本书对参与式教学深入而全面的研究能够转变教师教育教学理念，教师观念的转变是参与式教学得以顺利实施的前提和保障，同时能够帮助指导教师解决在实施参与式教学过程中出现的问题，这样才能使参与式教学得到真正地推进和完善，从而造福学生。

本书旨在转变教师的教育教学理念，以转变教育思想、更新教育观念为先导，优化参与式教学实施的有效性；重视学生能力（合作与分享能力、自主学习能力、问题解决能力）的发展；强调学生积极性、主动性的提高，力求促进师生间的相互理解和相互尊重，师生关系进一步融洽，对话协作进一步增多；争取培养出一批“基础深、能力强”的新型教师。同时，进一步完善参与式教学理论，构建适合现实教育的参与式教学体系。此外本书引用了大量的参与式教学案例，学习者可以结合理论知识来分析案例，强化理论在实践中的应用；也可以根据案例来更加深入地理解理论知识，让理论的每个部分都具体而可感知。

本书的难点在于把握参与式教学组织形式与其他教学组织形式的关系、参与式教学模式与设计的研究、在实施参与式教学过程中教师角色的定位等，尤其是参与式教学的设计是成功实施参与式教学的关键这一部分内容，这也是本书的重点。在参与式教学实践设计的倾向上，大多数的研究主要集中在中小学教师开展的让学生参与板书设计、教学目标设计、备课等活动上。整体上，国内对参与式教学设计的理论研究和时间研究都还比较薄弱，还存在明显的不足，因此在我国现实教育背景下开展参与式教学研究显得极为重要和迫切，尤其是参与式教学设计关系到参与式教学顺利实施的高效问题，亟待研究和探讨。例如，在参与式教学实践过程中，教学设计过程就存在教学目标设计“大”而“空”，活动时间太短，走过场秀，学生难以独立思考无法完成学习任务，严重脱离学生的实际，学生为参与而参与，参与式教学只流于形式而无实质性的收获等问题。

笔者从事教学工作数年来，一直致力于课程与教学理论的教学和研究工作，具有强烈的科研意识和社会责任感，先后主持和主研过多项国家、部委、省市级教育科研课题，在教学实践中努力探索一种培养学生学习兴趣、激发学生学习热情、提高教学效率的有效方法。本书借鉴、参考了诸多书籍和论文等文献资料，吸收了大量关于参与式教学的最新研究成果，所作注释与参考难免会有所疏漏，在此特加以说明并向其原作者致以衷心的感谢！在编写过程中，一些学生也参加了部分章节的资料收集整理工作，如樊璐瑛、赵一平、肖春芝、陈美娇、黎爱玲、袁建琼、代月明、吴小蕊等，对于他们的辛勤劳动在此表示衷心的感谢！同时也要衷心感谢科学出版社给予我们的大力支持和帮助，使得本书能够顺利出版。由于受时间和水平所限，书中如有不妥之处，还望大家海涵，并恳请各位读者批评指正，以便作进一步的修改完善。

沈小碚

2018 年 3 月

目　　录

第一章　参与式教学的内涵

【学习目标】

1. 掌握参与式教学的概念。
2. 把握参与式教学的本质特征。
3. 领悟参与式教学对教育教学的重要意义。

参与式教学是 20 世纪末发展起来的一种新型教学法，它充分调动了学习者的积极性，对培养学习者的创新精神起着重要的作用。参与式教学以学习者为中心，在充分考虑学生个性特征的基础上，采用灵活多样、直观形象的教学手段，鼓励学习者积极参与到教学过程中，加强教学者与学习者之间以及学习者与学习者之间的信息交流和反馈，使学习者能深刻地领会和掌握所学的知识，并能将这种知识灵活地应用到社会实践中，并且能够培养学生的创造性思维，开发学生的创新能力，是素质教育的重要内容。本章详细地介绍了参与式教学的概念、特征、意义，对参与式教学进行了深入浅出的论述，旨在让学习者对参与式教学的基本内涵、特点以及与传统教学的异同点有深入的了解，并能够运用参与式教学的特征分析评价具体的教学实践案例，本章也为学习者提供了现实生活中的参与式教学案例，有助于学习者深入理解并内化参与式教学。

第一节　参与式教学概述

一、参与式教学的主要观点

参与式教学是相对“灌输式/注入式”教学而言的，不同的学者对参与式教学有不同的观点[①]。

观点1：参与式教学是建立在现代社会心理学、教育社会学、认知心理学等理论基础上，以研究和利用课堂教学中的人际关系为基点，以目标设计为先导，以师生、生生之间的合作为基本动力，以小组活动为基本形式，以集体为评价对象，以全面提高学生学习成效、改善学习氛围、养成良好心理品质和社会技能为根本目标，极富创意与实效的教学理论和策略体系。

① 陈时见，冉源懋．参与式教学[M]．北京：高等教育出版社，2012: 6.

观点2：所谓参与式教学是指根据学生的实际需要和愿望，以主体性为内核，以自觉性、选择性为特征的教学。在教学过程中，教师诚心诚意地把学生当做学习的主人，使他们切实感受到成为学习主人的真正乐趣和与教师、其他学生共同探求知识的幸福。

观点3：参与式教学是通过小组讨论合作、师生信息交流对话、评价反馈，以及灵活多样、形象直观的教学手段促进学生参与学习，并努力营造轻松愉快、民主和谐的课堂氛围，同时通过设计富有趣味、意义和挑战性的学习活动来激发学习者参与的热情，以便积极克服困难、解决问题。

观点4：参与式教学是指在参与的氛围中，使师生亲身体会合作、探究学习的喜悦和困惑，以达到自身观念、态度和行为上的改变，并能将所学知识和方法运用于学习和工作的教学活动。

观点5：参与式教学是一种合作式或协作式的教学方法，这种方法以学习者为中心，充分利用灵活多样、直观形象的教学手段，鼓励学习者积极参与教学过程，成为其中的积极成分，加强教学者与学习者之间的信息交流和反馈，使学习者能够深刻地领会和掌握所学知识，并能将这种知识运用到实践中去。

观点6：参与式教学是一种旨在提高教师教学效果和促进学生学习方式变革的新型教学方式。在课堂教学上具体表现为：师生关系上“天光云影共徘徊”的平等交往；教学过程中“知识与生命共生”的互动；教师在行为上科学而艺术地把握教学中的预设与生成；学生学习行为的合作与主动探究。

观点7：所谓参与式教学，既是一种新的教学理念，又是一种新的教学方式。它强调以学生为中心，重视学生在教学过程中的自主参与。

二、参与式教学的概念界定

参与式教学是一种比较新型的教学方法，其目的是让所有的参加者都积极主动地全身心地投入学习中，不仅能够充分调动学生的积极性，而且能够激发学生的学习热情，培养学习者的探究和创新精神。

《现代汉语词典》（第七版）将“参与”解释为：参加（事务的计划、讨论、处理），参与其事，即加入某种组织或某种活动。“参与”一词在英文中是participate，指个人的思想和感情都投入一种鼓励个人为团队的目标做出贡献、分担责任的团队环境之中。教学是教师的教和学生的学所组成的一种人类特有的人才培养活动，是以学生为主体、以教师为主导的一种双边的教学活动。这就是指要为学生个体创造一种自主、积极的学习氛围，让学生在亲力亲为的学习活动中体验学习的快乐，感受知识的奥妙，使每个学生知、情、意、行达到和谐的统一，为学生认识和修正自我的认知水平、调整自己的知识结构提供机会和平台。

【课堂考查】

请根据自己的理解和经验，判断表1.1中哪些观点是正确的、哪些是错误的，并表明自己的观点。

表 1.1　对参与式教学内涵的不同理解

序号	对参与式教学内涵的不同理解	同意（√） 不同意（×）
1	参与式教学是一种教育教学思想，是一种让学生参与教学活动促进教学的新型教学观	
2	在参与式教学中，教师必须转变教学观念，充分认识学生在教学过程中的作用	
3	参与式教学就是教师用讲授法将知识传递给学生，学生认真地听讲并回答问题	
4	参与式教学的目的就是让学生积极主动地参与到学习活动中去，培养学生的探究精神和创新精神	
5	参与式教学就是讨论式学习	
6	在参与式教学过程中，学生是主体和中心，所以教师要无条件满足学生的一切需要和愿望	

参与式教学的内涵可以从如下几个方面予以揭示：

1）从观念层次出发，参与式教学首先是一种教育教学思想，是一种学生参与活动促进教学的新型教学观。它要求教师必须转变观念，充分认识学生在教学过程中的作用。

2）从方法论来讲，参与式教学是一种在教师指导下，学生积极参与活动的教学形式，它是众多形式中的一种，必须与其他教学方法结合使用。

3）从活动形式来讲，参与式教学是一个过程，它不仅让学生学到知识，更让学生通过学到知识的过程来学会这种活动方式，衡量的唯一标准是学生是否有积极思维的参与。

综上分析，我们认为参与式教学的内涵可以做如下描述：参与式教学以学习者为中心，融课程改革理念、知识于教学活动中，强调认知和学生双向互动、积极主动、平等参与教学活动，强调在认知和实践的基础上参与者之间、师生之间的交流与合作，充分关注学生已有的知识、经验，让教师通过活动自主建构新课程倡导的教育教学先进理念，促进师生转变教与学观念、变革教与学的行为方式，并在教与学的活动中帮助、组织、指导、支持、促进学生开展活动，并开展个人独立自主性学习、参与小组合作交往性学习、主动参与探究发现式学习、参与综合创新与实践性学习等学习方式。简而言之，参与式教学就是指能够使学生个体积极地参与到群体活动中，与其他个体合作的学习方法。

三、参与式教学的理论基础

（一）社会学理论

社会学理论可以追溯到古代中国和西方早期奠定基础的古希腊苏格拉底的助产术，即通过“话”来探究真理，孔子也推崇“教学相长”，鼓励教师和学生打成一片，相互促进学习。而真正对对话进行系统研究的是俄国理论家巴赫金（M. M. Bakhtin）和德国哲学家马丁·布伯（Martin Buber）。巴赫金认为对话理论是建立在“自我”与“他者”关系之间的，他认为他者是一切与我相异且外在于我的主体或主体性存在，包括具体的你和他，也包括蕴含意义的物质或思想的存在环境，包括我试图摆脱的那部分自我或自我意识。在巴赫金看来，“自我”与“他者”的相遇变形构成人与人之间的关系，交际是人存在的基本状态。他曾明确指出：人的存在本身就是最深刻的交际。存在就意味着交际，而人与人之间的这种交际就要借助语言、对话、活动等形式来实现。巴赫金认为人需要沟通、理性的思考，乃至任何一种形式的存在都必须以语言或话语的不断沟通为基础，人类只有依托语言或话语才能生存、思考、交流。

（二）人本主义心理学理论

人本主义心理学是20世纪60年代在美国兴起的一个重要的心理学派，其强调人的主体性和人的自我价值的实现，代表人物是马斯洛和罗杰斯。马斯洛强调“内在学习”，即学习是依靠内在的驱动，充分发挥其潜能，达到自我实现的学习目的。罗杰斯创造了“来访者中心疗法”，并将其移植到了教育领域，创立了“学生中心”的教学观。他强调将学习者培养成“知、情、意、行”融为一体的人，他说“只有学会如何学习和学会如何适应变化的人，只有意识到没有任何可靠的知识，只有需求知识过程的人，才是真正有教养的人。在现代世界中，变化是唯一可以作为确立教育目标的依据，这种变化取决于过程而不是静止的知识”。由此可见，人本主义重视学习的过程胜于掌握知识本身。他提出了意义学习，主要强调学习者整体（知、情、意、行）的投入和学习的自发性以及学生的全面发展，提倡“学生中心观”，教师只是学习的促进者和引领者。把教学活动的重心由教师转移到学生，把学生的情感、行为和体验作为教学的主体，促进学生学习有效性的提高，这正是参与式教学所倡导的。

（三）建构主义学习理论

建构主义学习理论强调发挥学习者的主体作用，强调学生学习的主动性、情境性和社会性。根据建构主义心理学家皮亚杰的观点，学习不是由教师向学生传递知识，而是学生在一定的情境下积极主动地获取知识，并通过同化和顺应适时调整自己的认知结构，是一种意义建构的过程。学习过程不是被动地接受知识，而是主动进行意义建构的过程。建构主义者强调，学习者并不是空着脑袋走进教室的，在日常生活中，在以往的学习中，他们已经形成了丰富的经验。建构主义强调知识的建构性以及人们积极主动地建构知识的意义，强调学生是学习过程的中心。在整个学习过程中，教师是组织者、指导者和促进者，通过创造情境、对话等活动充分发挥学生的主动性、积极性，最终使学生有效地实现对知识的意义建构的目的。

（四）主体性教育理论

主体性教育理论是针对传统教育严重忽视学生主动性问题而提出来的，它关注人的主体性的发挥与提高。传统课堂由教师“一统天下”，一切教学过程都是由教师一人唱“独角戏”，学生鲜有发表“异见”的机会，教师是课堂的权威。随着教育学和心理学的发展，学生主体性的重要性日益显现，人们认识到，学生发挥主体性能有效提高教学效果。

学生主体性首先表现为自主性，即主体具有独立地支配自己的权利；其次是主动性，人不是被动地适应或顺应外部世界，而是采取积极的行动；最后表现为创造性，人特别是有创造性潜力的儿童，尊重学生的主体性应该鼓励学生进行多角度的思考，对学生的“异想天开”不应该采取“一棒子打死”或嘲笑的态度来对待。

（五）合作学习理论

欧美国家于 20 世纪 70 年代初将合作学习理论应用于课堂。美国当代著名教育家 J. R. 嘎斯基认为："从本质上讲，合作学习是一种教学形式，它要求学生们在一些由 2～6 人组成的异质性小组中一起从事学习活动，共同完成教师分配的学习任务。在每个小组中，学生们通常从事于各种需要合作和相互支持的学习活动。"[①]合作学习中有五个最基本的要素：①学生的学习不是只对自己负责，而是必须对自己所在小组的所有学生的学习负责；②学生的学习成绩是根据小组完成任务的情况而决定的，小组的成绩会影响个人的成绩；③合作学习是面对面相互交流的过程，是生生之间的互动；④小组的成员都积极主动地参与到小组活动中来，对小组的活动有所帮助，小组成员之间建立相互信任，有效地协调组内任务；⑤小组成员定期评估共同活动的成果。合作学习是目前在世界范围内被广泛使用的课堂教学组织形式。

四、实施参与式教学的必要性

（一）实施参与式教学是我国课程改革的需要

我国教育部于 2001 年颁布了《基础教育课程改革纲要（试行）》，明确提出"改变课程实施过于强调接受学习、死记硬背、机械训练的现状，倡导学生主动参与、乐于探究、勤于动手，培养学生搜集和处理信息的能力、获取新知识的能力、分析和解决问题的能力以及交流与合作的能力"。这就要求教师在教学过程中要引导学生积极地参与到教学中来，在做中学，在学中做，提升学生主动探究的能力，还培养了学生的合作精神和群体意识。同时也符合新课程的总体目标：全面贯彻国家教育方针，以提高国民素质为宗旨，加强德育的针对性和实效性，突出学生的创新精神和实践能力、搜集和处理信息的能力、获取新知识的能力、分析与解决问题的能力，以及交流与合作的能力，增强学生对自然和社会的责任感，为造就"有理想、有道德、有文化、有纪律"的德智体美等全面发展的社会主义事业建设者和接班人奠定基础。新课程注重学生的学习兴趣，强调学生主动参与、小组学习、合作学习的学习方式，让每一个学生都得到发展，改变了传统课程实施过程中过分依赖书本、机械学习的观念。参与式教学完全适合我国当今课程改革的需要。

（二）实施参与式教学有利于克服传统教学中存在的弊端

传统教学过于强调知识本位、学科本位、教师本位。教学过程中完全遵照教案，不能根据课堂学生的表现作出实时的调整，过于强调接受学习、机械训练，重视考试的成绩和升学率。而参与式教学克服了传统教学中存在的弊端，能够让学生积极参与到教学过程当中，培养学生乐于探究、勤于动手的能力和分析问题、解决问题的能力，以及交流合作的能力，充分发挥了学生主体的自主性、自信心，让学生处于学习的中心，主动地发展，这样学生不仅

① 王坦. 合作学习——原理与策略[M]. 北京：学苑出版社，2001.

能够牢固地掌握所学的基本知识，而且能够与实际生活相联系，使“死”的知识变“活”。我们学习并不是为了占有知识，而是为了更好地利用知识，为我们更好地生活服务。参与式教学给我们的教育观念带来了三个变化：第一，在学习活动中，学生由受教育者变成学习者，由被动地位变为主动地位；第二，在学习过程中，学习的中心发生了转移，由教师中心变为学生中心，教师是学习的引导者，学习过程中真正发生作用的还是学生；第三，学习的结果发生了变化，学生学习的知识不再是僵化的，也不是完全为了考试而死记硬背的“死”知识，而是能用以灵活处理问题、进行学科知识迁移的“活”的知识。

（三）参与式教学符合当今社会对人才要求规格的发展趋势

1996 年，国际 21 世纪教育委员会向联合国教育、科学及文化组织提交了题为“教育——财富蕴藏其中”的报告。该报告系统地回应了当今知识经济社会对教育提出的挑战，提出了面向未来的终身教育的宗旨是“四种基本学习”（即学会认知、学会做事、学会共同生活、学会生存）。

“学会认知”不仅仅是掌握知识的手段，而且是学会生活的前提，它能够使人更好地认识自我、他人、世界，这样才能够更好地生活。“学会做事”是依赖于学会认知的，它不是简单地培养人去从事某一特定的职业，而是指人各方面的能力得到充分的发挥，能游刃有余地解决生活中的事情，包括交往能力等。“学会共同生活”是指在信息社会中，由于信息技术的发展、生活节奏的加快，人与人之间的距离越来越疏远，因此教育要求了解他人、接纳他人、与他人和谐共处。“学会生存”是指教育所培养的人应当适应社会需要，致力于传递和储存知识，更努力使学生掌握获得知识的方法——学会如何学习。参与式教学恰恰符合这种要求，合作学习，师生间平等交往，共同追求进步，这样就能够达到“学会共同生活”。参与式教学把学生推到主体的位置上去，调动学生积极参与是教学各个环节设计的出发点，并贯穿于整个教学过程的始终。学生可以根据自身的基础知识和能力选择学习的内容和方法，在参与过程中，学生的动手能力、思维能力以及发现和解决问题的能力都将得到不同程度的发展。

第二节　参与式教学的特征及比较

一、参与式教学的特征

通常而言，参与式教学具有以下基本特征。

第一是主体参与性。参与式教学注重发挥学生的主体作用，通过活动让学生积极参与到教学中，转变过去讲授式教学中学生被动接受知识的角色，使学生成为学习的主人。

第二是互动性。课堂上通过师生互动、生生互动，学生得到多方面的满足，教师的创造才能和主导作用得到充分发挥。参与式教学强调学生对活动的亲自性、卷入性，是展示、发挥人的才能的重要途径。

第三是民主性。民主最直接的体现是在课堂实施中，学生能够平等地参与，教师与学生之间平等交流，教师尊重学生的认识和感受。只有平等地对待每一个学生、尊重每一个学生，学生才会感到安全，才能积极主动地参与教学活动。同时，教师应该确保学生之间、男生和女生之间、学优生和学困生之间的平等，创造宽松和谐的学习气氛。

第四是合作性。参与式教学提倡分组活动的形式，这种形式为师生、生生、组与组之间的合作提供了机会。智慧与经验在合作中得到分享，学习在活动中获得实现。

第五是开放性。教室里，从课桌的摆放、墙壁的布置、教师的行为举止到活动的内容和方式都是开放的。开放的课堂中，形式是活泼的，气氛是活跃的，学习内容是丰富的，参与式教学为每个学生提供了发现与创造的机会。

第六是激励性。参与式教学评价注重发挥激励功能，这里没有失败，只有不断地探究。每个学生在大家的热情期待中体验了学习的全过程。

第七是发展性。参与式教学过程期待每一个学生的发展，只要学生努力探究了，在他人的帮助下进步了，在学习中获得了自信的体验，他就获得了发展。发展有快慢之分，没有高低之分。

第八是反思性。参与式教学的最高境界在于反思，在于顿悟，在于通过群体交流不断发现自身之外的知识来建构新的经验体系。

参与式教学有两种主要的形式：一是正规的参与式教学，另一种是在传统的教学过程中加入参与式教学的某些元素。正规的参与式教学就是讲课和分组活动相结合，每节课讲课后，都要进行分组活动。正规的参与式教学以学生和学习的内容为中心，鼓励学生在整个学习过程中积极地参与。分组活动的内容可以灵活多样，可以采用绘画、演讲、辩论赛等形式。在传统的教学过程中加入参与式教学的元素，不仅可以保证学生对知识系统的掌握，还可以提高学生学习的积极性以及学生的动手能力和解决实际问题的能力。下面案例也反映出参与式教学的基本特征。

【案例 1.1】“圆的认识”教学片断[①]

上课铃响后，教师开始上课。出示题目：学校要建一个直径是10米的圆形花坛，你能用什么方法画出这个圆呢？

约定：每个小组合作完成一种方案，比一比谁的方案更简单易行、有创意，活动时间15分钟。

15分钟后各组纷纷示意完成任务，于是开始汇报。

第一组学生A：“我们组经过讨论认为，请木匠做一个大圆规，圆规两脚之间的距离定为5米，两人抱住圆规的一脚定在要画的圆心上，另一人抱住圆规的另一脚转一圈就画成了一个直径10米的圆。”

师板书：方法一，用大圆规画。

师说：“一组的同学对圆的画法非常熟练，他们的方案是否可行待汇报完毕后大家一起讨论。”

① 陈时见，冉源懋．参与式教学[M]．北京：高等教育出版社，2012: 3.

第二组学生B迫不及待地站了起来，说："我们组用爆破法。"话音刚落，其他同学的眼睛齐刷刷地朝他看过来。他接着说："找一炸弹专家，通过实地勘测进行精确的测量和计算，把炸药放在圆心的位置，叫所有人躲到安全地带后引爆，这样就能炸出直径为10米的圆。"同学们纷纷笑了起来。

师接着说："第二组的办法有创意，我们仔细听听其他组有什么好的办法。"

师板书：方法二，炸药爆破法。

第三组学生C在组员的鼓励下站起来汇报："我们美术老师教过，先画两条互相垂直的线段，每条长10米，使线段的交点是中点，然后在线段的每个断点之间点上3个圆点，把这些圆点依次用线连起来就是直径10米的圆。"

师："好像有些道理，我们再往下听。"

师说完后板书：方法三，美术画法。

第四组和第三组的方法一样。

第五组学生D汇报："第三组的方法不准确，应该是画很多条长10米的直径，把这些直径的端点依次连起来就是一个圆。"

"可以把你说的很多直径理解为无数条吗？"师说。她点头表示同意。师说："那就是极限直径画法。"

师板书：方法四，极限直径画法。

第六组学生E:"选一根5米长的竹竿，一端固定在圆心，另一端固定绑一支粉笔，围绕圆心转一周就是直径10米的圆。"

师板书：方法五，5米竹竿半径画法。

第七组学生F:"我们组的办法和六组的差不多，只是把竹竿换成绳子，这样更容易画。"

师板书：方法六，5米绳子半径画法。

汇报后老师组织全班讨论，方法一用大圆规画费时费力、操作性不强，方法二炸药爆破法虽有创意但不具备可操作性，方法三美术画法简单易行但不够准确，方法四极限直径画法虽可行但也费时，最后大家认为方法五5米竹竿半径画法和方法六5米绳子半径画法各有优点，任选一种均可。

【案例 1.2】"家乡的变化"课堂实录①

1. 导入新课

师：俗话说得好，一方水土养一方人，每个人对自己的家乡都有着深厚的感情。大诗人李白也曾用诗句"举头望明月，低头思故乡"来表达自己对家乡的思念，今天我们就要用我们的笔去书写家乡的昨天、今天和明天。我们的家乡近年来发生了不同程度的变化，把你们收集到的资料和同桌交流交流，我们期待着你们的精彩展示。

生：我收集到的是照片。

生：我收集到的是奶奶的旧棉袄。

① 杨东. 课堂教学的变革——小学参与式教学实践研究[M]. 北京：北京师范大学出版社, 2010: 141-144.

生：我收集的是童谣。

生：我收集的是爸爸讲的故事。

……

师：刚才说起家乡过去的请举手。（板书：过去）刚才说起家乡现在的请举手。（板书：现在）通过家乡的过去和现在的对比，你感受到了什么？

生：我感受到我们家乡的人民富裕了。

生：我觉得人们都很开心。

……

师：家乡的昨天记载着我们成长的足迹，让我们一起回忆家乡的过去，走进家乡的现在。（板书：家乡的变化）

2. 自由交流汇报

师：你能把你的发现告诉大家吗？

生：我爸爸小时候穿的是补丁衣服，现在是西装笔挺、皮鞋锃亮。

师：你是怎么知道的？

生：我听我奶奶讲的，听爸爸、妈妈讲的。

师：收集资料得用心记，用耳朵听，你能感受到这些，说明你是个细心的孩子。

……

师：你们还看到些什么？听到些什么？经历了一些什么变化？感受到了什么？

生：我家有彩电。

生：我家有太阳能热水器。

生：我家添置了电脑，还能上网呢！

……

3. 归纳总结，指导选材

师：这么多的材料我们该选什么样的来写呢？

（板书：吃、穿、住、用、行）

生：亲身经历的。

生：我们熟悉的。

师：写家乡的变化并不需要面面俱到，只要选取家乡微小的一两个方面来表现家乡的巨变就可以了。静心思考，想想你准备从哪一方面进行描写，原因是什么，想突出它的哪方面。

生：我想选我们家乡吃的方面的变化进行描写，我听我奶奶讲，我们家过去很穷。

……

4. 指导行文顺序

师：有了自己想写的内容，那你打算以怎样的顺序来写呢？

生：我想先写家乡的过去，再写家乡的未来。

生：我也是。

生：我想先写家乡的现在，再回忆家乡的过去。

师：究竟按照什么样的顺序来写，得根据自己选材的需要，看看哪一种顺序更适合你。

5. 指导学生写具体内容

师：内容、顺序都确定了，那怎么能让人们从咱们的语言文字中感受到咱们家乡的变化，让他们重新认识咱们家乡呢？

师：想想我们以前所学的，一篇文章怎样可以写具体。

生：写的事情要真实，是自己看到的、听到的。

生：是自己亲自经历的。

……

6. 独立行文

师：大家动笔吧！为我们的家乡喝彩，也为我们的家乡祝福吧！

二、参与式教学与传统教学特征的比较①

参与式教学与传统教学特征的比较，如表 1.2 所示。

表 1.2　参与式教学与传统教学特征的比较

参与式教学的特征	传统教学的特征
关注学生学会学习的过程，因而注重学生学习活动的设计，注重在教学中给予学生积极的学习指导	注重教师的讲解，注重教学内容，包括所传授的事实或信息等
基本预设是学生对自己的学习负责，因此，教师想方设法让学生积极参与到学习中	教师对学生学习什么承担责任，由此鼓励学生去学习规定好的内容
期待学生成为积极的知识探寻者，能够辨识和有效利用身边可获得的资源	教师决定学生需要什么，并通过讲解、诵读和课堂练习等方式向学生传授知识
尽力创造一种开放和信任的课堂氛围，关心他人，根据学生多方面的表现来给予相应的反馈和评价	期待学生主要通过记忆来学习知识，并学会用固定的公式解决问题
精心组织教学，将预料之外的教学问题视为良好的学习机会，并加以利用	鼓励学生之间相互竞争，创造一种相互不信任并对他人缺乏关怀的氛围
强调学生通过开发和评估不同的问题解决办法，从而以创造性的方式解决实际生活中的问题	只关注学生对课堂问题的解决，根据学生的考试成绩来回应学生
期待学生通过开发和评估不同的问题解决方法来解决问题	严格按照教学计划上课，以避免意料之外的课堂状况发生，或者尽快忽略计划之外的问题，从而保证教学计划不受干扰
期待学习者通过探究和发现来学习新知，提出问题，形成假设并检验假设，然后解决问题	期待学生主要通过记忆来学习知识，并学会用固定的公式解决问题

三、参与式教学实施过程中需要注意的问题

1）参与式教学活动要正确估量学生的认知水平。教学活动要以学生的认知水平为前提，过高地估计学生的认知水平，容易让学生产生“习得性无助”，而过低地估量学生的

① 谢泽慧. 参与式教学（培训者用书）[M]. 重庆：西南大学出版社，2009: 9.

认知水平，则不能调动学生学习的积极性，降低学生的学习兴趣，所以教学必须在学生的“最近发展区”内，使学生“跳一跳便能够摘到桃子”。只有从本班的实际情况出发，设计出具有可行性、可操作性的教学活动，才能保证教学活动的顺利进行，保证学生的有效参与，而不是为了活动而活动。活动是为了让学生更有效地、全面而深入地掌握知识，因此教师需要精心设计、充分准备，才能保障参与式教学的有效进行，以便达到课堂预期的教学效果。

2）参与式教学一般都以分组教学为主，教师在进行分组之前需要充分了解每位学生的实际情况，包括知识的原有水平以及思维能力、动手能力等。在分组的时候应该采取随机的分组方式，尽量使每组学生的整体水平保持基本一致，避免出现全班各小组进度不一致的情况。

3）实施参与式教学的班级人数不宜过多，一般 40 人左右为宜，便于分组，人数过多会影响课堂秩序和教学质量。

4）参与式教学以实践性教学为主，需要学生用大量的实践去探寻、分析和解决问题，所以教师要对教学内容进行精心的设计，要符合学生的实际情况，具有可操作性和实际意义。在教学过程中给学生留有足够的时间和空间，激发学生学习的积极性，培养他们的创新能力和合作能力，营造活跃的课堂氛围。同时需要注意，由于课堂时间有限，很少有足够的时间给学生详细、系统地讲授知识，因此教师应注意培养学生的自学能力，倡导学生养成及时预习和复习的良好习惯。

5）参与式教学方法与传统的教师讲授法不同，不仅需要教师要有广博的知识和较强的解决问题的能力，还需要良好的班级组织管理能力，能够对学生的行为进行适时的监控和调节，能够灵活地处理课堂事件。在参与式小组教学中，要选定该组的发言人，防止学生发言的时候出现失控的局面，造成课堂秩序混乱，影响教学效果。

第三节　参与式教学的意义

一、行动式教学研究的深化

弗莱雷在《被压迫者教育学》中提出行动参与式研究，认为教育要从师生解决矛盾入手，通过解决矛盾，让双方同时互为师生。教师要与学生一起努力，进行批判思考，追求双方的民主平等。教师必须对人的创造力深信不疑，为了达到这一目的，在与学生的交往中，教师要成为学生的合作伙伴。为了解决教师和学生的矛盾，弗莱雷提出了应以对话式教育来代替机械的灌输式教育。他认为，对话式教育与意识的本质相呼应，体现了人与人之间的交流。只有通过交流，人的生活才具有意义。只有通过学生思考的真实性，才能证实教师思考的真实性。教师不能代替学生思考，也不能把自己的思考强加给学生。真正的思考，即对现实的思考，不是发生在孤立的象牙塔中，而是只能通过交流才能产生。在对话式教育中，教师可以从学生的反思中不断更新自己的反思；学生在与教师的对话中成长为具有批判意识和能力的合作学习者。教师把材料提供给学生，供其思考；学生在发表自己的见解时，也在重新思考自己原来所持的观点。

参与式教学把以活动促发展作为指导思想，强调活动的自主性、开放性和平等参与，能够使个体参与到群体活动中，与其他个体合作学习。学习效果取决于学生参与的程度，学生的头脑不是知识的容器，而是可点燃的火把；此外，参与式教学本身的示范作用、生成性和迁移价值受到了重视，通过平等参与使学生亲身体验方法背后的理念，掌握丰富的参与方法，促进教育智慧的迁移和发生。这一切都有利于参与式教学研究的深化。

二、合作学习理论的实践和完善

合作学习理论是20世纪70年代兴起于美国的一种富于创新和实效的教学理论与策略。它以社会学、人本主义心理学、建构主义学习、主体性教育、合作学习等理论为基础，以研究与利用课堂教学中的人际关系为基点，以目标设计为先导，以师生、生生合作为基本动力，以小组活动为基本形式，以团体成绩评价为标准，以标准参照评价为基本手段，以大面积提高学生的学业成绩、改善班级内的社会心理气氛、形成良好的心理品质和社会技能为根本目标。合作学习是指学生在小组和团体中为了完成共同的任务，有明确的责任分工的互助性学习。它包括五个基本要素：积极互赖，积极的相互依赖意味着合作小组中的全体成员荣辱与共、休戚相关，帮助一个人就是帮助整个小组，具体表现为目标的相互依赖、资源的相互依赖以及奖励的相互依赖；人人尽责，人人尽责意味着每一个人都必须对小组的学习和成功有所贡献，每一个人都必须在小组中展示自己的能力和才华；同时互动，学生需要面对面坐在一起进行合作，以便于开展互动，处在合作学习互动中的学生，无论是说还是写，都有助于其能力的发展；合作技能，能否与他人协同学习、工作的一个重要因素就是人际合作技能，具备良好的合作技能是促进合作学习顺利进行的必备条件；小组自治，能够在遇到问题时，教师鼓励他们尽量在组内解决问题。在这些主要原则下，教学目标不仅有学业目标，即让学生通过小组团队的分工合作，相互依赖、鼓励，共同实现学业上的成功，以满足个人的学习愿望，并获得学习成功的乐趣；还有合作技能目标，即培养学生与他人合作的基本能力、主动探索与研究的能力及独立思考与解决问题的能力等。

参与式方法鼓励多元，鼓励个人建构对自己有用的知识和信息。个人只有通过赋予知识一定的意义，才能更好地理解知识，并能够根据自己的需要采取行动。此外，参与式方法注重调动参与者之间积极广泛的互动，让他们通过建立对自己有意义的情境来有效地学习。参与式方法为人们提供了一种自由表达自己的看法和对他人的看法的机会，促进了相互之间的交流，对个人的自我成长具有重要的意义。参与式教学是一种强调学生主体性和教学过程互动的教学方法，它能最大限度地实践合作学习的原则，使学习者参与到教学中来，注重发挥学生的主体作用，通过师生互动、生生互动使学生得到多方面的满足。参与式教学提倡分组活动的形式，这种形式为教师与学生、学生与学生提供了更多的合作机会，智慧和经验在合作中得到共享。在具体教学中，参与式教学是对合作学习理论的一种很好的实践和完善。

三、探索新型的课堂结构

参与式教学，首先把学生推到主体的位置，教学活动的设计以促进学生积极参与教学活动为出发点，它贯穿于教学全过程，而不是教学的某一环节，这就决定了参与式教学结构的灵活性。学生参与的四个过程（寻求参与、尝试参与、探究参与、创造参与）与教师指导过程（启发诱导、激情授法、鼓励点拨、拓展升华）虽然形成了四对相应关系，表现出了一定层次的发展趋向，但在教学活动的发展中，师生的相互作用还可能产生新的教学特质，随时引发一些“始料不及”和“节外生枝”。这样，教师在教学中就应打破原有的教学结构，经过临时调整，再构建新的教学结构。这种似乎没有结构的结构，实际上使教学面对一盘活的“棋子”，教师运筹帷幄，根据教学情况进行调整与重组，但这种重组应该始终忠实于原有的基本框架，变式万变不离其宗。

四、对传统教学的完善和挑战

基础教育课程改革的核心理念是“以学生的发展为本”。这一理念不仅仅体现在教学目标上，还体现在教学设计过程中。教师不仅要认真地研究学生并有效实施课堂教学策略，同时还需要激发学生的学习热情，体现学生主体性，尊重学生个性和人格，鼓励学生大胆地尝试和探索，主动发现问题、分析和解决问题，培养学生创新思维和能力。课堂教学应该以学生的学习为中心，通过创设富有情趣的教学情境组织学生积极地参与学习活动。参与式教学充分调动了学生和教师的积极性，营造了师生间平等的、和谐的、愉快的、积极向上的学习氛围，强调学生在教学过程中的主体性，旨在激发学生学习的兴趣，引导学生由被动地学习到积极主动地学习，从机械地听和记变为主动地探究和思考。从根本上改变了目前许多学生“上课记笔记、下课抄笔记、考试背笔记、毕业扔笔记”的现状，从而培养学生独立探究和独立思考、独立解决问题的能力。同时，参与式教学也可以打破学科界限，以本学科为主，穿插其他学科的知识，有利于学习的迁移和学生深入、系统、全面地掌握知识内容。

五、有利于促进教师队伍专业素质的提高

党的二十大报告明确提出“培养高素质教师队伍”，在教育教学中落实参与式教学法是促进教师队伍专业素质提高的有效途径之一。

在实施参与式教学的过程中，由于教学过程中知识的范围和内容是极其广泛的、丰富的，课堂教学难度大大增加，这就对教师的自身素质和教学水平提出了新的要求和挑战。教师不仅要有渊博的知识，而且要有高尚的人格、扎实的专业理论基础以及良好的课堂掌控能力，还要能够以身作则，严格要求自己，树立终身学习的观念。同时，学生积极参与整个教学过程，在师生互动过程中，激发教师的教学灵感，教学相长，促进教师整体素质的提高。尤其是目前开展了大批针对提升教师教育教学素质的参与式教学培训，是教师提高自身专业素质的有效途径。

【案例 1.3】参与式教学的现实写照①

1. 教学中的“放手”

在实际的参与式教学课堂上，经常看到这样的现象，教师经常会很随意地把问题抛给学生讨论，然后自己很盲目地四处走动，或站着等学生完成任务，等时间差不多，就随意找学生汇报学习结果。而站起来的学生反馈的学习结果一般都属于自己的观点，而不是小组学习交流的结果。

2. 评价反馈的“泛化”

在一堂小学四年级的语文课上，教师设置了问题让学生讨论，等到交流讨论结果时，很明显，一些学生的观点已严重偏离了问题本身，而教师为了鼓励学生，依然用“好，很不错”等很不负责的语言回应学生。

3. 小组学习活动的“泛滥”

一位教师在进行小学数学“可能性”教学时，先出示一个盒子，告诉学生盒子里有9个白球、1个黄球。然后问学生：如果从盒子里任意摸出一个球，摸出哪种球的可能性大？学生答：白球。教师接下来布置学习任务：好，下面就请你们分组进行摸球，记录自己摸球的结果，并与小组其他学生交流摸球的情况。

4. 课堂上的“迁就”

在一节平常的数学练习课上，教师出示一道看图写算式的题目，按惯例请学生观察图片并描述一下。话音刚落，一名学生说：“荷叶上有38只青蛙，忽然1个石子落入水中，‘啪’的一声，小青蛙们害怕了，纷纷跳入水中。最后只剩下5只青蛙妈妈了。”教师表扬了这个学生，并说他语言表达流畅，想象力丰富，还鼓励其他学生向他学习。这下班上的学生兴致来了，教师又叫了一名学生。他说“38只青蛙正在荷叶上晒太阳，一个调皮的小朋友路过，向水里打了几个水漂，胆小的青蛙都钻到荷叶下面去了，只剩下5只勇敢的青蛙了。”“嗯，你的想象力也很棒！”

两名学生说完后，教师正想让大家列算式，可学生们不依不饶：“老师，我有不同的看法。”一个粗粗的声音没等教师允许就出来了：“我认为是轰隆隆的雷声，快下雨了，它们急着回家。”“你的想法也很奇特。”教师说。此时，还有几只小手高高地举着，不肯放下，似乎在抗议——为什么不让我说？望着那一双双渴求的眼睛，教师真不忍心打消他们火一样的热情，于是教师就让学生来了一个畅所欲言！

这下可了不得，学生们一个接着一个地说开了：青蛙正在进行游泳比赛，正在学本领，正在寻找小蝌蚪……顿时，课堂成了想象的王国。不知不觉中下课铃响了，教师这才意识到数学课变成了看图说话课。

【课堂考查】

根据上面四种情境和下面列举的8种原因，把正确的原因分析和四种教学情境之间进行对应并把正确原因的序号填到表1.3相应的教学情境后。

---

① 陈时见，冉源懋. 参与式教学[M]. 北京：高等教育出版社，2012: 10.

表 1.3　教学情境及原因分析表

教学情境	原因分析
教学情境 1：	
教学情境 2：	
教学情境 3：	
教学情境 4：	

1）教师需要处理好学生主动参与和教师主导参与之间的关系。放手让学生交流讨论并不意味着教师在学生交流时可以闲下来、不作为，这忽视了参与行为和教学目标达成之间的关系。

2）教师依然持有一种拿着已有的参考答案去检验学生学习结果的态度，忽视了对学生交流过程的有效监督和指导。

3）学生参与课堂交流后，会出现各种意想不到的参与结果，教师需要根据讨论主题及学习目标的要求给予学生有针对性的指导，而不是很泛化的评价。

4）参与式教学实施后，很多教师都把小组学习活动作为参与式教学的推动点，小组学习成为课堂教学的主流，因而不管有没有可交流性和合作性，教师都很机械地让学生讨论。

5）参与式教学的本质是学生主动参与学习，但并不意味着教师在学生主动学习的过程中不作为。相反，教师需要更积极地针对学生的学习情况给予有针对性的学习指导。

6）参与式教学重视用积极的评价和激励来激发学生参与的热情，但也不意味着教师可以无视学生的无效参与行为。

7）小组学习是参与式教学的主要课堂教学形式，但并不意味着参与式教学是小组学习活动。

8）参与式教学注重学生学习活动设计，因而教师在课前精心设计学习活动是保障教学中学生有效参与的关键。

学生的学习过程不仅是一个接受知识的过程，而且也是一个发现问题、分析问题、解决问题的过程。这个过程中一方面暴露了学生的各种疑问、困难、障碍和矛盾，另一方面也展示了学生的聪明才智，有利于学生形成独特个性，产生创新成果。培养学生的创造性思维和创新能力离不开知识的传授和学生的学习活动。学习的知识虽然是前人创造性思维的成果，但学生作为学习的主体，处于再发现的地位，学习活动实质上仍具有发现和创造的性质。只有把待学习的知识作为待创造的结果，置身于知识的创造形式过程中，让学生亲历再发现活动，才能把获得知识和获得创造性思维能力统一起来。采用开放式教学方式，充分揭示知识的形成过程，暴露结果获得的思维过程，就是培养创造性思维能力的有效途径。教材中许多概念定理都简化了提出过程，省略了发现探索过程，而这些概念定理是如何被发现的，证明定理的方法又是如何构想的，对学生来说都有一种神秘感，而这些正是训练学生创造性思维的好素材。因此，在教学过程中，更多地展示概念的来龙去脉，让学生理解概念的生成过程，有助于提高他们对知识的兴趣，也有利于培养他们的创造性思维。合适的教学问题必须符合下列条件：

1）问题要有方向性。这是指问题要有明确的目的，要使学生的思维趋向于教学目标。

2）问题的难度要适中。这是指问题不宜太难和太易，难易之间要有一定的梯度。

3）问题要有启发性。有的教师往往把启发式误认为提问式，认为问题提得越多越好，其实，问题并不在于多少，而在于是否具有启发性，是否是关键性的问题，是否能够触及问题的本质，并引导学生深入思考。有"问"，才有所思、所想，才有发明创新。我国著名教育家陶行知先生曾说过："发明千百万，起点是一问。"创设恰当的问题情境，能激发学生学习兴趣，拓宽思路，启迪思维，激发创新意识。中学数学教材重视学科的科学性、系统性，文字表达严谨、准确，但很少创设问题情境，不利于激发学生的思维。为此，教师要紧密联系教学实际，深入钻研教材，提出有价值的问题，以触发学生的兴奋点，引发学生探求欲望与动机。

【案例 1.4】"过年：感悟我们身边的传统"教学设计①

新课导入

点击屏幕，出现礼物，以"互惠礼物"的传统来导入新课。通过让学生说说身边的传统引出传统都与中国的传统节日有关，所以通过中国的几个传统节日来感悟我们身边的传统。

新课教学

设计思路：以小组合作的形式进行探究活动，要求学生通过互问互答，初步了解传统节日的由来及各种民俗活动，分析传统文化对人们的影响，体会中国传统节日所蕴含的深厚情感。

假设我们现在来到了2005年，通过"传统节日我当家"的活动，分组探究。把全班学生分为三组：春节组、元宵节组和中秋节组。

1. 游戏过程

1）请学生根据自己的兴趣爱好，自由选择节日并组成三个探究小组，现场排好座位。

2）各组自己确定主持人、记录员、挑选物品的代表。

3）各组派代表挑选节日所需的物品。

4）各组根据探究学习讨论表的提示，围绕物品展开小组讨论，想方设法获得更多的知识，记录讨论结果并准备发言及提问。

（点击屏幕，出现春节日历，请学生互问互答）

春节组：农历正月初一，公历2005年2月9日

1）主持人介绍挑选的物品，围绕物品说说春节的安排，小组成员分别展示所挑选的物品。

2）记录人谈谈春节的相关知识，其他小组成员进行补充。

3）春节组回答其他组的提问，可以有选择地回答，如不能回答的，可以申请友情援助，或思考其他途径。

---

① 子金怡.《过年：感悟我们身边的传统》教学设计[EB/OL]. https://wenku.baidu.com/view/8c9058be2f60ddccdb38a05b.html [2018-4-29].

4）教师点拨，请学生亲身体验和感受亲人之间的团圆氛围，小组合作完成探究任务。

学生从亲身体验、互问互答中了解了春节的习俗、变迁以及对人们生活的影响。

（点击屏幕，出现元宵节Flash，请学生互问互答）

元宵节组：农历正月十五，公历2005年的2月23日

1）主持人介绍挑选的物品，围绕物品说说元宵节的安排，小组成员分别展示所挑选的物品。

2）记录人谈谈元宵节的相关知识，其他小组成员进行补充。

3）元宵节组回答其他组的提问，可以有选择地回答，如不能回答，可以申请友情援助，或考虑其他途径。

4）教师点拨，请学生亲身体验和感受亲人之间的团圆气氛，小组合作完成探究任务。

学生从互问互答中认识到元宵节的意义，通过对举家赏灯的美好回忆，引出亲人之间的团圆。

（点击大屏幕，出现中秋图片，请学生互问互答）

中秋节组：农历八月十五，公历2005年的9月18日

1）主持人介绍挑选的物品，围绕物品说说中秋节的安排，小组成员分别展示挑选的物品。

2）记录人谈谈中秋节的相关知识，其他小组成员进行补充。

3）中秋节组回答其他组的问题，可以有选择地回答，如不能回答的，可以申请友情援助，或考虑其他途径。

4）教师点拨，请学生亲身体验和感受亲人之间的团圆气氛，小组合作完成探究任务。

学生在互问互答中说古论今，体会思想感情，升华“团圆”的主题。

（点击屏幕，出现《乡愁》诗歌内容，请学生互问互答）

2. 各小组总结

对于我们身边的传统节日，你有哪些感悟？有哪些想法？（动机题）

3. 布置探究题

（点击屏幕，出现探究题）

4. 送出礼物

（点击屏幕，出现礼物）

【案例 1.5】“漫话沟通”教学片断①

师：老师今天第一次来南宁，心里很紧张。我今天来之前收到一张便条，上面写着“祝你平安”的祝福。你们猜猜，写这张便条的人为了让我看到，会把便条放在哪里？

① 俞冬伟，厉汾水. 小学阅读教例剖析与教案研制[M]. 南宁：广西教育出版社，2004: 59.

生：塞在你的手提包里。

生：放在早餐桌上。

生：您在电脑里发现的。

师：你们说的这些都是正常的。但是我的家人常常会用一种特别的方式来表达他们对我的爱，他们把这张便条放在我家抽水马桶的盖子上（教室里响起一阵笑声）。这就是我跟家里人沟通的方式。他们知道我很忙，就常用写纸条的方式与我沟通，这种纸条有时候贴在冰箱上，有时候放在电视机上，有时候留在枕边。你们平时是怎么跟家人沟通的呢？

生：用语言来交流。

师：好！我们先来做一个活动，叫做“有口难言”。

（第一位学生上台不说话，做出肚子疼痛状，请其他学生猜；第二位学生表演“等待”，请台上的学生猜；第三位学生表演一位父亲在产房外等待孩子出生时的焦急、激动的神情。学生们演得很认真，也很精彩，赢得了听课者的阵阵掌声）

师：除了语言，我们还可以通过动作、表情等方式来表达自己的心情。

师：我们在生活中会遇到各种不同的人，需要用不同的表达方式和他们进行交流。我带来了几道题目，现在请你们分小组讨论一下，你们会用什么方式来解决遇到的这些难题呢？

（教师把题目分给各小组，各小组学生仔细看问题）

师：你们可以大声地说，然后把你们讨论的结果告诉大家。

第一小组讨论的题目是：有一个从北京来南宁的小朋友下课想上厕所，你怎么办？

讨论结果：决定用标准的普通话告诉他哪里有厕所，或者亲自带他去，也可以画示意图告诉他。

第二小组讨论的题目是：上课之后，前面的一位同学睡着了，你怎样提醒他？

讨论的结果：可以在他的背上推一把，踢踢他的凳子或者踩他的脚。

第三小组讨论的题目是：一个小孩子哭了，你怎么逗他或者抱他？

讨论结果：做鬼脸，唱摇篮曲，拿东西逗他或者抱他。

第四小组讨论的题目是：朋友的生日到了，你们用什么样的方式向他表示祝贺？

讨论结果：打电话，发电子邮件，点歌或者邮寄礼物。

最后一组的讨论题目是：如果来到非洲，在主人家里，你怎么告诉他自己肚子饿了？

讨论结果：通过表演，用动作向主人表示自己肚子饿了。

【案例 1.6】“小音乐家杨科”教学片断[①]

（学生围绕重点句“白桦树哗哗地、不停地号叫”质疑后，梳理出中心问题：为什么写白桦树“号叫”？）

师：多有新意的问题啊！那我们怎样才能解决这个问题呢？

---

① 方亮辉，赵培敏. 小学语文教例研究[M]. 宁波：宁波大学出版社，2006: 145-147.

生：可以联系上下文。

生：可以小组讨论。

师：那就请同学们探究一下这个问题吧。

（学生探究后交流）

生：老师，刚才我查了新华字典，字典中这样写道：白桦树，落叶乔木，树皮白色，容易剥离，木材致密，可制器具。因而，我猜想杨科的小提琴是用白桦树做的。

师：你的发现很重要、很及时，你为解决这个问题找到了突破点。

生：哦，老师，我知道了，杨科的那把小提琴是用白桦树树皮做的，杨科一定会拿着小提琴到白桦林去拉。

师：而且是——

生：是一天到晚地拉。

生：老师，我有问题，杨科为什么一天到晚到白桦林去拉呢？白桦树能听懂吗？

师：好，问得好！谁能帮助他解决问题？

生：我觉得白桦树能听懂，因为书中写到杨科很爱音乐，他无论走到哪里，总能听到音乐声。有时候他到树林里采野果，他总能听到树林在演奏呢。这说明杨科能听懂白桦树“哗哗”的歌声，也只有杨科爱听白桦树“哗哗”的歌声。

师：白桦树会把杨科当成自己的——

生：好朋友。

师：是因为——

生：只有杨科才能听懂白桦树的歌声，只有杨科才爱听。

师：那杨科呢？

生：也会把白桦树当做好朋友。因为白桦树不仅给杨科带来了美妙的音乐，还帮助杨科做了一把心爱的小提琴，更是杨科的好听众。

师：你能告诉大家，白桦树只是杨科的好听众吗？

（学生一愣）

师：白桦树还会——

生：（心中有所悟）还会随着琴声“哗哗”地歌唱。

师：是啊！杨科那把用树皮和马鬃做的小提琴拉出的似蚊子哼哼的声音，只有白桦树才爱听，才听得懂，只有白桦树才是杨科的——

生：知心朋友。

【课后练习】

一、简答题

1. 简述参与式教学的含义。
2. 试论参与式教学的主要特征。
3. 简述参与式教学的实施过程。

二、论述题

1. 试述参与式教学实施的必要性。
2. 试比较参与式教学与传统教学的区别。

三、技能训练题

1. 搜集目前教学中一些违背参与式理念的教学实例，并提出自己的改进意见。

2. 搜集和阅读参与式教学案例，思考参与式教学的意义是如何在教学实践中具体体现的。

【参考文献】

陈向明. 2008. 参与式教学与教师专业发展——“西部基础教育发展项目”经验与反思[M]. 北京: 北京大学出版社.

和学新. 2004. 主动参与教学策略[J]. 中小学教材教学, (4): 39-41.

金辉, 李芳. 2000. 以问题为基础的参与式教学方法研究[J]. 西安交通大学学报, (s1): 113-115.

沈国华. 2008. 论实施学生主体参与式教学的必要性[J]. 山东师范大学学报(社会科学版), (2).

宋香兰. 2004. 学生主体参与课堂教学的情境与途径[J]. 教书育人, (12): 28-29.

王美英. 2003. 主体参与的误区及对策[J]. 山西教育(管理), (l): 46.

王坦. 2001.合作学习——原理与策略[M]. 北京: 学苑出版社.

谢泽慧. 2010. 参与式教学(参训教师用书)[M]. 重庆: 西南大学出版社.

杨东. 2010. 课堂教学的变革——小学参与式教学实践研究[M]. 北京: 北京师范大学出版社.

姚晓燕. 2005. 参与式教学在新课程改革中的实施要领[J]. 甘肃高师学报, 10(1): 85-87.

周金其, 李水英. 2004. 参与式教学的理论与实践[J]. 高等教育研究, (3): 77-79.

朱维宗, 徐昆, 李尧. 2004. 参与式教学的设计与案例分析[J]. 云南教育, (5): 13-15.

佐藤正夫. 1995. 教学论原理[M]. 钟启泉译. 北京：人民教育出版社.

Charles C M , Senter G W. 2003. 小学课堂管理[M]. 吕良环等译. 北京：中国轻工业出版社.

Joseph T. 1978. A Call for Participatory Teaching[J]. Improving College & University Teaching, 26(3): 208-209.

第二章　参与式教学的原则

【学习目标】

1. 掌握参与式教学的重要原则。
2. 理解参与式教学原则的制定规则与要求。
3. 能够结合案例，进一步理解参与式教学原则。

与填鸭式教学法相比，参与式教学法由于符合人类学习过程的心理学规律，因而更有利于培养出有独立思考能力、有创新精神、有解决实际问题能力的人才。参与式教学的原则是参与式教学的一个基本理论问题，是根据参与式教学目的和过程中的基本规律制定的对教学工作的基本要求，是指导参与式教学活动的一般原理，是客观教学规律的主观反映，是教学规则的统一整体。原则是前提，是保证，只有在原则的指导下进行参与式教学的实践，才能取得良好的教学效果。

第一节　参与式教学原则概述

一、教学原则的内涵

原则是指人们说话或做事所依据的法则或标准，教学原则是教学工作的法则或标准。教学原则是教学论的一个基本理论问题，是根据教学目的和教学过程的基本规律制定的对教学工作的基本要求，是教学活动的一般原理，是客观教学规律的主观反映，是教学规则的统一整体。教学原则，就其内容来看，属于主观性教学要素，它指明“该怎么做”以及“该遵循些什么要点去做”。然而，主观性要素有其特征，遇事应先明确其应有之特性，以求得主观与客观的一致，从而增强原则的现实指导意义。

就教学原则的特性而言，教学原则存在依附性、时代性、规范性、中介性、多样性等特性。教学原则的提出首先受到原则倡导者或制定者所持教育目的的影响，同时又依赖于其对教学规律的认识，此即为“依附性”；教学原则的确立受制于教学目的，而教学目的的制定又与人们对教学过程、教学规律的认识有关，教学实践亦能影响教学原则的制定，以上各要素都与一定社会背景、一定时代背景有关，是为“时代性”；教学原则是直接或间接指明“该怎么做”的，指明一些基本的关系如何处理，采取一些什么样的策略，按照什么标准去行动等，属于规范性内容，是为“规范性”；教学原则反映了理论但比理论更易于理解和把握，它既能指点方法的选择和改进又比具体方法更灵活，更便于实施者在教学实践中的创造，是更接近应用的理论，又是更靠近理论的应用，是为“中介性”；教学原则出自不同的教育家、教育理论工作者、教学理论工作者，由于他们的经历、立场等不同，几乎所有教育家提出的教学原则体系没有雷同的，此即为“多样性”[①]。

知识链接

原则是指人们说话或做事所依据的法则或标准，教学原则是教学工作的法则或标准。对于教学原则与教学规律、教学原理、教学规则之间的关系，人们常常混淆不清。有的把教学原则等同于教学规律，有的把教学原则等同于教学原理，还有的把教学原则等同于教学规则。我们认为，教学原则与教学规律、教学原理、教学规则是几个不同的概念，彼此有联系，也有区别。

1）教学原则与教学规律。教学原则与教学规律是最容易混淆的一对概念，这与研究者所站的角度、所持的立场不同有关，也与二者的内在联系有关。关于教学原则与教学规律的关系，主要有两种截然相反的观点：一是把教学原则与教学规律视为同一的东西，认为是规律的东西，也是原则，反之亦然；二是认为教学原则与教学规律是不同的，有着本质的区别。这两种观点都比较偏颇。事实上，教学原则与教学规律之间既有密切的联系，又有明显的区别。其联系性表现在，教学规律是基础，是依据，而教学原则是在教学规律的基础上派生的，两者是一对一、一对多、多对一、多对多的关系。即是说，既可以根据一条教学规律制定一条或多条教学原则，也可以根据多条教学规律制定一条或多条教学原则。区别主要表现在，教学规律是教学过程内在的、本质的、必然的联系。它是客观存在的，不以人的意志为转移，人们能够通过教学实践认识它、利用它，但不能制造或消灭它，因而教学规律具有客观性。教学原则则不同，它是人们根据对教学规律的认识制定的，必然地加进了制定者的主观意识因素，因而教学原则具有主观性。

2）教学原则与教学原理。教学规律是客观存在于人们意识之外的东西，不管被反映与否，如何反映，如何表述，它都客观地存在着，而教学原理则是客观地用名词、概念、命题来反映和表述教学规律的。教学原则与这两者存在着明显的不同。教学原理的任务和特点在于说明和揭示教学规律，只要做到这一点就算完成了自己的使命。教学原则则不然，它对客观规律的反映的重要特点就是带有明确的目的性和实践性。教学原则要从教学原理中作出实际的结论，提出行动的要求。从另一个角度讲，教学原则包含人的主观能动性的成分，由此就不可避免地遭遇到有关教学原则的正误性问题。所以那种认为教学原则即教学规律、教学原理的看法，不仅抹杀了主客观之间的界限，而且也忽视了教学原则的主观性。

3）教学原则与教学规则。教学规则是规定出来供大家共同遵守的教学制度或教学章程。有关教学原则和教学规则之间关系的探讨，历史上出现了许多迥然不同

① 张楚廷. 教学论纲（第2版）[M]. 北京：高等教育出版社，2008: 237-239.

的观点，而且目前尚未达成共识。究其原因，大多是对教学原则的内涵和范围认识不清所造成的。这主要表现在以下几方面。第一，不同的研究者对于教学中的一些矛盾进行划分的基础或标准不同。有的根据心理学进行划分，有的根据认识论进行划分，有的依据知识或能力进行划分……如此，没有一个统一的划分标准或基础，对于教学中矛盾的把握便成了无源之水、无本之木，而根据教学矛盾所制定的教学原则、教学规则如同空中楼阁，始终处于摇摇欲坠的状态之中。因此，标准的唯一性是我们探讨一切问题的基础。第二，历史的、时代的制约因素也是导致各概念之间界限不清的重要原因。古往今来，人们提出的教学原则有上百条之多，但却没有一个完全相同的版本存在。这是因为人们处于不同的时空状态，所处的社会阶层也大相径庭，人们拥有不同的世界观、人生观、价值观，对同一事物的认识便不可能完全一致。正如古人不可能预见到现代人遨游太空一样，孔子也无法对计算机辅助教学进行指导和评价。

综上所述，教学原则的范围和界限不确定，也就不可能正确区分出什么是教学原则，什么是教学规则。要认清这些概念之间的联系与区别，有赖于确定统一的划分标准，有赖于对教学过程有完整性的认识。①

【案例 2.1】优卡和埃拉——那儿正在发生战争②

学生档案：优卡今年14岁，看起来她对学校还是很有好感的。教师经常在评语中评价她是一个思想深刻、才思敏锐的女孩，也一直鼓励优卡在班级讨论中大声发言。优卡曾经对学校的各项体育活动表现出浓厚的兴趣，但在过去的三个月中，她的行为发生了很大改变。现在，她看起来不愿意参加学校里的任何活动。上个星期，她告诉一位教师，她觉得整个世界都在跟她作对。她变得畏首畏尾，她的母亲也在担心优卡逐渐下降的体重。优卡所在的班级有26名学生，其中有16名来自单亲家庭。然而，因为优卡的父亲经常使用暴力，所以优卡的母亲经常对她说，单亲家庭比不快乐的双亲家庭要好得多。教师也发现优卡的成绩大不如前了。尽管在最近的一次自我测验中，优卡还认为科学和外语是她最喜欢的科目。

教师档案：埃拉有多年教授历史课的经验。根据优卡所在班级的特点，学校专门为这个班配备了一名教师为其提供学习支持。刚开始时，这位教师的工作对象只是一名学生。然而，埃拉建议，两位教师应该共同开发课程，而不是为某个特殊的学生贴上标签、给予特殊照顾。埃拉相信两个人的力量比一个人的力量要大得多，她开始踌躇满志地采用各种教学策略实施教学。埃拉认为，历史课应该培养学生的调查技能，加深学生对不同时代人们的生活情况的理解。她还认为，学生应该有机会从那些公开的档案无法了解到的领域中获得对有关历史的深入理解。例如，在讨论一个主题时，她仔细阐述妇女在战争中的作用，提醒学生关注黑人士兵对战争的贡献。她希望带领学生走出“历史就是关于数据、事件和时间线索的知识”的概念误区。

① 李森. 现代教学论纲要[M]. 北京：人民教育出版社, 2005: 92-94.

② 蒂姆·奥布赖恩, 丹尼斯·吉内. 因材施教的艺术[M]. 陈立译. 北京：北京师范大学出版社, 2006: 151-156.

案例背景：学生正在学习关于第一次世界大战的知识。埃拉注意到，有的学生还是不明白当时士兵的处境是什么样子的，尽管他们在上个星期已经阅读过当时英国和美国诗人描写士兵的作品。在与学生讨论他们在上节课学到的内容时，学生回答说，战争诗人威尔弗雷德·欧文（Wilfred Owen）得了弹震症和战壕热，他在战争结束前的一次行动中被杀。学生又想起了另一位战争诗人——齐格弗里德·沙宣（Siegfried Sassoon），许多人都提及了他的英勇事迹以及他的哥哥也战死沙场的事。几乎所有的学生都记得这位战争诗人的小名叫“疯狂的杰克”。然而这些内容都只是一些次要的内容，她的目的在于使学生通过阅读诗歌，了解在枪林弹雨中士兵像牲畜一样被屠杀，嘴里吐着血沫的情景。

她希望学生能够理解那种士兵在战壕中自杀的物理和情感环境。战争诗人表达的是对战争的恐惧和抵制战争的期盼，这也是埃拉所传达的内容，可是学生学到的却是其他内容，大部分是一些无关紧要的、带有传记性质的信息。这就出现了一个问题，因为下个星期，这个班的每个学生都需要把自己想象成一名身处战壕的士兵，并要写一篇日记。教师会根据他们的日记来评分。埃拉发现，有的学生可能难以完成这项任务。为了实现她的教学目标，埃拉决定冒一次险。当学生进入教室之后，他们发现教室里没有一张椅子，所有的桌子都被搬到教室中间，并被黑布盖上了。此时教师奏响了音乐，但这几乎只是在潜意识水平上才能听到的声音。

埃拉以为，通过创设这样的氛围，学生会回忆起他们曾经学过的士兵的体验。埃拉希望通过这种方式能够将她的教学目标转化为学生的学习结果。

教学场景：在这个情景中，埃拉和优卡各自担任的是教师和学生的角色，他们是这个教学场景中的关键角色。优卡和班上的其他学生一起来到教室，他们立即意识到，某些不同寻常的、可能非常有趣的事情即将发生。学生被要求远离教室中间的位置，整个教室此时弥漫着兴奋的气息。这块布下面到底盖着的是什么东西呢？为什么把这些东西放在这里？耳边萦绕的音乐是什么曲子？为什么要在这里播放这首曲子？有的学生注意到教室的一角放着一只大箱子，上面也用黑布盖着，有人问箱子里面是什么，这是干什么用的。埃拉向全班学生解释说，过一会儿就会向大家公布答案，但是首先她要向大家介绍接下来一个小时即将发生的事情。此时学生想起来他们正在学习有关第一次世界大战的知识，他们回想起在上一节课中学到的内容。埃拉把全班学生分成两组。她解释说，第一个任务与声音、图像和情感体验有关，其中一个小组的学生被安排从墙脚的大箱子里面拿出金属盆和各种鼓，另外一个小组的学生则将黑布揭开，一起挤到桌子之间狭窄的空间里。桌子仍旧被黑布盖着，桌子下面的学生身处黑暗之中。然后，那些拿着盆和鼓的学生开始围着教室中间的桌子制造出尽可能大的噪声。他们可以大声地尖叫、呼喊，就好像他们自己也处在痛苦和恐惧的包围之中。

这个任务会持续大约三分钟，挤在桌子之间的学生需要记住他们在黑暗和噪声中的感受，如果可能的话，还要想象他们正身处狭窄的战壕中。任务结束之后，桌子下面的学生陆续钻出来，他们需要回忆并记录下自己的一些感受。然后，两组学生交换角色，再次执行同样的任务。埃拉进一步解释说，他们记录下的感受会成为每个人将来创作诗歌的基本素材。一些学生会踊跃地朗读自己创作的诗歌，供其他学生评阅。最后，他们还会重新阅读上个星期曾经读过的诗歌，并说出自己对参加这次任务的感受和诗歌的认识。

教师对学生的学习情况以及行为表现期待是明确、清晰的。埃拉说："我知道，这节课的某些内容可能会使一些学生表现出不成熟的行为，特别是当一大群学生钻到桌子和黑布下面去的时候。我期待看到成熟的行为，这也是为什么整个过程中并没有教师参与的原因。老实说，我不想让有的学生参加这个任务，但你们是一个成熟的集体，我相信你们能够做得很好。这就是为什么你们正在完成这个任务、享受这个任务的原因。"

这堂课在吵闹声中开始了，两个小组的学生都在述说他们在这个任务中的所作所为。在教师的指导下，一个小组的学生钻到黑布下面，另一个小组的学生拿起各种制造噪声的工具。埃拉提醒全班学生记住她的期望，此时从黑布下传出来的嬉笑打闹声也戛然而止。这种寂静突然被尖叫打破时，优卡却只是盯着地板。这一部分活动结束了。学生纷纷从黑布下面钻了出来，有的学生看起来被吓坏了。埃拉要求他们立即写下感受。同时，她向每一位在任务中表现出稳重行为的学生表示祝贺。

现在轮到角色互换了。原本制造噪声的学生飞快地钻到桌子下面，各自找到自认为安全的地方，只有优卡例外，她拒绝参加这次活动。埃拉暂停了授课，她把优卡叫到一边，向优卡解释说，如果她不参加这次活动，她就写不出诗来，也无法欣赏战争诗歌的魅力，还会发现下周的功课越发难懂了。优卡有礼貌地解释道，世界大战发生在很久以前，对她来说没有任何吸引力，她认为这堂课跟她和她在新千年的生活没有一点关系。埃拉试图劝说优卡参加进来，可是没有成功。她决定用更加专断的语气告诉优卡，参加这次活动是她对全班学生的要求，也是这堂课的一部分，优卡必须参加。如果上课的时候学生有权选择学什么、不学什么，那岂不是乱套了！优卡仍旧用一种非威胁性的口吻拒绝参加活动，理由还是她前面说过的那些。教师告诉优卡她陈述的理由不能被接受，她必须参加这次活动。突然，优卡的脸上流下了泪水，她转过身对埃拉说："无论你说多少次让我钻到黑布下面，我都不会这么做。你不理解我，我很害怕。"埃拉解释说，这就是这个任务的真实意图，为的就是让学生体验恐惧，体验与士兵同样的感觉。优卡回答说："我不会告诉你为什么我会感到害怕，我也绝对不会钻到黑布下面去，你愿意怎么说就怎么说，反正我不会去。"就在这个时候，埃拉当机立断，决定让其他学生继续完成这个任务。她平静地对优卡说，她希望优卡下课之后来找她谈谈。

思考分析：选一位或几位你信得过的同事，或者选择几位你很少与其一起共事的同事。选择一些问题，或者自己设想一些问题，这些问题应该能够将你的注意力集中在这个案例中你感兴趣的方面。与你的同事就你对这些问题的看法进行交流，尝试证明你的观点。你可能会参考本书或其他相关的细节内容。类似对话的目的并不是要求你们必须赞同或者否定我们提出的观点，而是让你投入到开放的、专业的辩论和质疑以及批判性的分析之中。

· 你能够在何种程度上识别这节课的教学进度？你能够对你的看法进行陈述，

同时证明你自己的看法吗?

·埃拉运用了哪些策略来传递教学信息，她运用了哪些分层的教学策略?

·你如何评判这个案例中的师生价值?你如何获取评价师生价值的依据?

·师生能量的转化发生在什么时候?能量的转化主要集中在教师一方还是学生一方?

·你认为优卡在应对学习互动的压力时表现得怎样?

·你认为埃拉在应对教学互动的压力时表现得怎样?

·有人表现出积极的或消极的力量了吗?他们是在什么时候表现出来的?为什么他们要表现出来?

·你认为性别因素在何种程度上影响了此次师生互动?为什么?

·你认为埃拉是否有效地向学生传达了她的期望?

·你为什么认为学生在上一节课中没有学到埃拉为他们设计的学习内容?你是根据哪些依据作出回答的?

·你可以想象一下，这种类型的群体活动能够在多大程度上出现埃拉期待的学习效果?

·你认为优卡为什么不愿意参加这次钻入黑布下的活动?你是基于哪些假设和依据作出回答的?

·你认为埃拉应该坚持让优卡参加活动吗?为什么应该?为什么不应该?

·你能想象一下，下课之后埃拉和优卡的私下对话会怎样?你是基于哪些已知信息和假设，才这样想象这次对话的?

二、参与式教学原则的内涵

在新课程改革思想的规范与要求下，参与式教学立足于学生不断发展和教师不断提高的基础，通过创造轻松和谐的教学环境，借助“分组活动的学习方式、自由的学习思想、自主的探究精神、合作的学习态度”不仅关注学生的主体地位，而且关注学习者内部动因的发挥，重视学习者自身潜能的开发。同时，它也关注教师的主体地位，要求教师主动参与，要求教师投入到为学习者开发教学活动、创设学习情境的工作中去。参与式教学是“对新课程倡导的自主、合作、探究学习方式的具体化”，它“不仅是一种学习方式，一种过程性学习目标，同时也是一种学习理念”①。

参与式教学的整个过程是以学生的积极参与、主动发展为中心展开的，教师与学生以平等的身份参与学习过程。教师是学习活动的设计者、组织者，也是学习活动的参与者。教师虽然设计了活动的学习目标与学习过程，但学习的“答案”却是开放的，是由参与者的自由行为、自主精神与合作态度等因素相互作用而产生的，它是发散的、多元的，体现了一定程度的创造价值。参与式教学是众多教学形式中的一种，参与式教学原则是根据参与式教学中的教学目的和教学过程的基本规律制定的指导参与式教学的基本要求，是参与式教学活动中

① 秦小炜. 参与式学习设计谈[J]. 祖国: 教育版, 2013, (12): 367-368.

的一般原理。一般教学原则的特性同样适用于参与式教学原则，它同样存在依附性、时代性、规范性、中介性、多样性等特性。原则是前提，是保证，只有在原则的指导下进行参与式教学的实践，才能取得良好的教学效果。因为参与式教学在中国发展尚不够成熟，关于其原则内容的研究还不系统，尚待进一步研究。

【案例 2.2】《金色的鱼钩》——抓争论促生成①

教学中，教师让学生用一定的速度读课文，完成一道填空题：这是一个______班长。小组合作讨论之后，学生代表发言。

生：这是一个忠于职守的班长。

生：这是一个舍己为人的班长。

生：这是一个诚实守信的班长。

生：老师，我反对。老班长没有做到诚实守信。

生：老师，这篇课文讲的是老班长牺牲自己，成全三个小战士的事情，与“诚实守信”没有什么关系……

师：我建议同学们先别急躁，你们都静下心来听听他的理由，好吗？

生：老班长答应过指导员，无论多么艰苦，也要把三个小战士带出草地，而在还有二十多里路就要走出草地的时候，老班长却死了，所以我说他没有实现自己的诺言，而且在老班长奄奄一息的时候，他自己也亲口说“我没有完成党交给我的任务”。

师：老师很喜欢听到你这样的观点，说明你认真看书、认真思考了，这个方法值得所有的同学学习。生命诚可贵，难道老班长就不愿意让自己好好活下去吗？请同学们再读课文，一边读一边想，老班长为什么就不喝那救命的鱼汤？（学生读书思考）

生：我从“奄奄一息”这个词看出来老班长快要死了，他知道自己就算喝了鱼汤也活不下去，所以他就说别浪费东西了。他不喝，是要省下来让给三个小战士喝。

生：文章前面说，老班长四十岁还不到，就“背有点驼，高颧骨，脸上布满皱纹，两鬓都斑白了”，我觉得老班长长时间营养不良，到这时，生命已走到了尽头。

生：老班长之所以会变成现在这样子，是因为他总把吃的东西让给三个小战士。书上说得很清楚，“我从来没见他吃过一点儿鱼”“他坐在那里捧着搪瓷碗，嚼着几根草根和我们吃剩的鱼骨头”。

生：老班长为什么要这样做，他自己也解释得很清楚，他说：“眼看你们的身子一天比一天衰弱，只要哪一天吃不上东西，说不定就会起不来。真有个三长两短，我怎么去向党报告呢？难道我能说，‘指导员，我把同志们留在草地上，我自己克服了困难出来啦’？”

---

① 抓争论促生成[EB/OL]. 2014. http://blog.sina.com.cn/s/blog_13129ffd00102uvzn.html[2018-04-29].

师问：现在我们再回到最初的那个话题，老班长是个讲诚信的人吗？

生：我觉得是，他答应指导员要把三个小战士送出草地，事实上三个小战士是平安走出草地了，老班长说到做到了。

生：老班长如果自私一点，每一次做好鱼汤先自己喝的话，死的人就不会是他了。他为了实现自己对指导员的承诺，付出了生命的代价。

案例分析：教师把握课堂内与众不同的声音，就能让自己的课堂焕发出不能预设的光彩，在这时候，教师的即时评价成了画龙点睛之笔，课堂的亮点在教师即时评价过后出现。当学生有争论的时候，教师不必过早地表明自己的观点。学生认真研读课文，悟出了字里行间所蕴含的前因后果，难能可贵的是，这是学生自发自觉地主动参与，因而生成的教育意义与教师的生硬解释有着天壤之别。在这里，既要求教师对文本的熟知，又要求教师敏锐地发觉问题的价值，而且一旦问题铺展开来，教师对它的动向要把握得不偏不倚，处理得恰到好处。否则，随意把握生发点，目标不定，或指向不明，或方法不当，都有可能导致丧失语文教学的特点，造成无效的生成。在即时评价用得好、生成状况来得妙的课堂里，学生才能敢于直言、畅所欲言，经过这样的锻炼，学生才有可能做到“言者善绘”“闻者有味”，或者“言者善辩”“闻者善断”。

分析与反思：以上教学片段真可谓“一石击起千层浪”，也是我没有预料到的。但学生的回答却让我看到了学生的世界是充满想象力的，他们思维的发散性很强，并富有开拓性，他们对课文有自己独特的理解。结合现代语文教学的新理念和新思想，以上教学片段主要体现了三个方面的新观念。

第一，以学生为主体，学生成为课堂的主人翁，而教师是课堂的发现者、开发者、欣赏者、组织者和引导者。整个教学片段当中教师自始至终没有去干涉学生的学习行为，充分体现了以学生为主的思想，让学生在课堂中交流、讨论、争辩、质疑……教师只是在规范学生学习行为、维护课堂秩序方面，作了适当的引导。学生在课堂上尽情地发言，抒发对课文的感悟与质辩，真正体现了以学生为主体的理念，使课堂成为他们学习的演练场。

第二，体现开放式教学思想。参与式教学所提出的开放式教学思想的渗透，并不是放任学生，而是对教材的开放，对学生评价的开放，提倡多元化教学，这当中包括学生对教材的不同体验和感受。以上教学片段就体现了学生对课文人物的不同理解，提倡从不同角度去欣赏。

第三，重视语文的熏陶作用，注意教学内容的价值取向的同时也尊重学生的独特体验。语文课程标准在总目标的表述中强调，情感、态度、价值观的教育要从学生发展的内在需要出发，注意不脱离语文学科的特点，将价值观的引导与提高文化品位、审美情趣联系起来。在教学片段中，教师在注意上述教学内容的价值取向的同时，适当对教学内容进行拓展，尊重学生的独特体验，鼓励学生多向思维、多种表达。

总之，参与式教学理念引导下的语文教学还有许多东西值得我们去探究，去实践，以上教学片段中体现了课堂教学的实验性、探索性，体现了参与式教学与探究性活动相结合的新理念，对于参与式教学的实施，无疑也是一个大胆的尝试。

第二节 参与式教学原则的制定

一、制定参与式教学原则的必要性

由于认识主体的立场、观点不同，对于同一事物的认识往往会产生截然相反的看法。在制定教学原则的必要性问题上，有人主张用教学规律来代替教学原则，有人主张用一般的学科教学原则来代替普通的教学原则。李森教授在其著作《现代教学论纲要》中对此问题进行过详细的探讨。综合起来看，对教学原则制定的必要性有从两个极端提出的异议，一个极端是用更为具体的学科教学原则来替代它，另一个极端便是用更为一般的教学规律来替代它，然而这两种极端都违反了科学研究发展的规律本身。比起教学规律，教学原则具有实践性品格；比起教学方法，教学原则又具有理论性品格。教学原则及其体系研究和制定的必要性应是肯定的，从理论与实践结合的意义上看都是没有疑义的。

参与式教学原则在整个教育教学活动中，既是教学活动的出发点，又是教学过程的总调节器；它在一定程度上具体决定着教学内容的安排、教学方法的选择及教学组织形式的运用；学习和掌握参与式教学原则能使我们按照教学的客观规律组织教学活动，正确解决教学内容、教学方法和教学组织形式等一系列理论与实践问题，提高教学效率；教学原则体系反映教学规律的多个原则之间不是孤立分散的，而是有机地相互联系的组合。只有建立一个科学完整的教学体系，才能发挥教学原则对整个教学过程以及教学活动各个基本环节的指导作用。

一部分课程实施者认为参与式教学主要依靠学生的活动，却不知学生热烈激动地参与背后是教师殚精竭虑地设计构思。一个话题、一个手势所带来的不同教学效果，恰能反映出教师在参与式教学中所付出的心血。可是，一些对参与式教学一知半解的教师，学生说到哪教师就跟到哪，学生汇报什么教师就教什么。学生说狐狸真聪明，教师就说你真棒；学生喜欢小猪及时享乐，教师说这样活着也很潇洒；争论了半天没结果，教师就说大家各抒己见，争论得非常激烈，教师说表现不错，有兴趣的课后可继续辩论；为了让学生自主，教师没了主见，教学无主次，不能正确把握教材的价值取向。有的教师被学生牵着鼻子走，有的教师跟在学生的后面，对学生百依百顺，有的教师甚至退出了教学的舞台，成了一名旁观者，把自主学习异化为放任自流，还说是为了体现自主学习的新理念，营造宽松民主的教学氛围。如此一来，教师教学的主导地位丧失殆尽。

一个真正发挥主导作用的教师，在参与活动中既能高屋建瓴地确定目的，设身处地地考虑到学生的年龄差异、接受能力及知识经验储备，细致入微地体察学生的所想与所做，又能匠心独具地给学生以巧妙的暗示或及时的帮助，并及时将偏离主题的讨论引导回正确的方向，以实现预期目的。教师既是一位训练有素的组织者，又是一位成竹在胸的指挥家，更是一位创造者、发明者；既能预测活动的结果、左右活动的方向，又不让学生感到自己被干涉或操纵。在这里，教师需要付出比备课、讲课更大的精力，其主导作用才能发挥得淋漓尽致。同样，有教师发挥主导作用的参与活动，每个学生面临着两难选择。如果不积极地去说、去写、去合作、去交流、去展示自己的才华，就只好被教师一次次地关注、帮助、引导。如此一来，会说、会写、会画、会做的学生受人尊敬，什么都不会的学生急于改变现状，不再甘心屈居人下。学生从开始的疑惑、胆怯、不知所措到结束时胸有成竹、充满自信地向大家展示自己的能力和才干。当活动因为师生忘我的投入和创造而显得生机勃勃、令人振奋时，参与式教学才真正地发挥出教师主导、学生主体的作用。

参与式教学不是一种万能的教学方式。除了它能充分发挥教师主导作用与学生主体作用的突出优点之外，花费时间较多，组织者需要花费大量精力来准备有关材料；有利于培养学生的发散思维，却不利于获得系统连贯的知识。我们应当在综合运用各类教学模式的同时，优先考虑在以下范围内使用参与式教学：在某一学科的讲授中，在需要获取多种答案的时候采用它。比如"你知道的××多少？""这类问题怎么解决，你有几种方法？"，此类讨论均可获得满意效果，可以得到书本上没有的答案；当教育对象存在个性问题时，可以通过这种模式营造一种公平合作气氛；在某个章节讲述前或讲述后采用此类模式，能使参与者获得与整个章节内容有关的广泛的基础知识；在理论性强的章节内，用于列举事实和现象，能帮助学生理解较为抽象的概念、原理；在各类知识的传授中，用于启发横向思维、训练学生发散思维及创新精神；在需要探究性学习或营造想象空间时用于激励、调动学生探究意识与想象力。最重要的是，需要的时候才运用参与式教学，不需要的时候绝不随意滥用，不为参与而参与。

总之，要使参与式这种先进教学方式得到恰当运用，就必须较好地理解参与式教学的实质与内涵，较好地考虑参与式教学在新课程改革中的实施条件等，只有这样，参与式教学才会成为达到最佳教学效果的良好教学方式。①

【案例 2.3】电和磁②

师：上节课我们一起认识了一个通电以后会产生磁性的装置，它叫什么名字？

生1：电磁铁。

师：对不对呀？

生齐：对。

师：非常好。电磁铁老师上节课已经给大家装置过了，现在我想请一位同学给装一下，看看他会不会，记不记得上节课的内容。（一位学生上台操作）

师：好，请你介绍一下怎么装的。

生2：首先把这个铜丝绕在铁芯上，绕几圈以后再把铜线的一头接在电池的正极，另一头接在负极上，这样就成了一个电磁铁。

师：大家说这个方法好不好？

生齐：好。

---

① 姚晓燕. 参与式教学在新课程改革中的实施要领[J]. 甘肃高师学报, 2005, 10(1): 85-87.

② 赵伶俐. 课堂教学技术[M]. 重庆：重庆出版社, 2006.

师：这就是一个电磁铁，而今天我们这节课的学习就要围绕这个电磁铁。今天老师给每个组发一些器材，等一会儿再给大家一点时间，自己组装一些电磁铁，然后玩一玩，看看在玩的过程中有什么新的发现。另外还有一张报纸，我先请一位同学，把报纸上带黑点的内容给大家简单地介绍一下，声音响亮一点。

生3：在玩的过程中你有没有什么发现，有新的发现就用☆$_1$、两个发现用☆$_2$，以此类推；如果用新的发现能得出相关结论，请用相应的O表示，一个就用O_1、两个就用O_2，表示你们有所发现的电磁铁。

师：好，同学们按组把纸上的内容念一下，请你们按要求一一记录。希望我们的同学能分工合作、团结协作，今天把完成电磁铁的活动安排好，大家都听清楚了吗？

生齐：听清楚了。（学生各组开始动手，有的拉铜丝，有的念步骤，有的接电池……）（老师来回指导）

师：刚才同学们做得热火朝天，那么现在把你的发现给大家分享一下，我们先来看一下某某同学组的发现。

生4：我们有四个发现，即①我们用一个最细的螺丝，绕10圈左右，然后吸大头钉时，只能吸出一根，但拉不出。②同样螺丝绕了很多圈，吸出了两根大头钉，并拉起来了。我们得出结论——绕的线圈越多磁力越大。③发现我们用最粗的螺丝线，绕了几圈，结果拉出了20针左右（学生很兴奋）。④用同样最粗的螺丝，绕了几圈，结果拉出了10针左右。我们得出结论——螺丝越粗磁性越大。

师：得出的结论是铁芯越粗磁性越大，对吗？（边问边板书）

生4：还有个实验，同样的螺丝用了2节电池，拉出针多，而用1节电池拉出的针少一些，得出结论——电池多，经过的电流大，即磁性大。

师：你们发现电池经过的电流大即磁性大。（边说边板书）

师：这个小组可谓大丰收，有4个发现、3个结论。其他小组可能也有类似的发现，那么有没有补充？

生5：我们的新发现就是在铂芯绕上几根铜线，通电后，可以使指南针随意移动，比如本来指到北的，可以移向很多方向，这样还可以吸起大头针。我们还发现通电后，把电池去掉，吸上的大头针也不掉。

师：那么我们又得到一个结论，当电源被切断后，电磁性还会保留。关于那个指南针的实验还有谁做过？

生6：因为电池有正、负极，指南针有N级、S极……

师：有什么关系？

生7：正极和正极或负极和负极碰到一起，它们就会转来转去的；负极与正极在一起，它们就会吸到一起。

师：我听到同学们在讲极性的问题，以前我们学过磁铁有磁极，现在问题是电磁铁有没有磁极？刚才同学们看见指南针就想玩一下，但没有深入地研究，我们这个问题暂时保留，可以在课后、家里或下一节课来研究一下。除了刚才两个小组的发现，还有什么发现吗？好，你们小组。

生8：我们第一个发现是用两节电池可以吸很多大头针，第二个发现跟他们的差不多，第三个是用两个螺丝可以把大头针一根一根地连着吸起来。

师：我发现他们这组有个特点，其他同学只用一根铁芯围绕，他们是用两个铁芯绕，这也是一种玩法，有什么新的发现吗？

生9：我们发现这样可以吸更多的大头针，磁力更大一些。

师：也就是说铁芯粗的磁力更大一些。你们还有什么发现？

生10：没有了。

师：刚才每个组的同学都说了一些自己的看法，那么我们现在还有一部关于磁铁的录像，我们一起来看一看。

（录像：电磁铁的用途广，学校里的电铃就是电磁铁最为典型的一种运用。瞧！这就是电铃中的电磁铁，电磁铁接触电源后就有了磁性，使小锤打击小铃，发声，电磁铁失去电力就会失去磁力，电流断开，就这样周而复始地进行。电话中电磁铁的运用，教室里常用的投影、空气开关中电磁铁的运用，在工业生产中电磁启动机用电磁铁装东西既快又省力，电磁铁的用途真大呀！）

师：刚才这个录像主要讲了些什么？想一想。

生11：电磁铁的用途。

师：好，不知你们看了后，有什么想法和感想吗？

生12：电磁铁在生活中的用途很大，能帮助我们做好一些事情。

师：好，除了这些外，电磁铁还有什么作用？同学们，你们还知道电磁铁的其他用途吗？比如在生活中看到的、听到的。

生13：电动玩具里有电磁铁。

师：你怎么知道？

生14：上次我把电动玩具打开，看见里面有电磁铁。在生活中，很多东西如果没有电磁铁就不能工作了。

师：今天我们在课上学了电磁铁，很多同学有新的发现。有些同学可能还想了解更多的，但由于时间有限，你们可以在家里继续研究。如果没有器材，可以找我借，发现新的结论，告诉我，我和你们一起分享新发现。今天就到这儿。还有就是我们在这里用的是两节电池，但是在家里不要玩交流电。

生15：我还有发现，电磁铁绕的时候，太乱了，吸力就小一些。还有我知道为什么用两个铁芯吸力大，因为一个铁芯产生一个电磁场，两个铁芯就产生两个电磁场，所以吸力就大了。

师：好，补充得好！很多同学还有补充的，下课后我们再研究好吗？下课！

二、制定参与式教学原则的基本要求

参与式教学作为教学的一种形式，其原则的制定必然遵循制定一般教学原则的基本要求，而教学原则作为教学理论体系中不可或缺的一个整体，其制定必然符合科学标准。

（一）辩证性

这是就教学原则体系内的子成分而言的。教学实践中人们已经揭示或认识的教学规律不少，如何有效地对这些规律进行表述而不至于相互排斥、相互矛盾，乃是制定教学原则的关键所在。辩证性这一标准，具体而言，包括两方面的含义。首先，教学各原则必须是相互独立的，不重复，不重叠，任何一条原则都不能为其他一条或几条所代替、所包含。这不仅是教学原则的独立性问题，还涉及原则提出的科学性。其次，教学各原则之间必须是适度相容的，不应该存在排斥现象，作为教学原则整体的一部分，任何一条教学原则与其他教学原则只有达到相互映照、相互作用、相互补充，才能取得预期的教学效果；否则，不仅教学原则本身成为相互矛盾的载体，更为重要的是它将失去作为指导性规范所应具有的品质，成为一纸空文，这是科学研究所忌讳的。

（二）完备性

任何一个可以用“整体”来描述的概念体系，其完备性是首先应具备的品质，教学原则体系亦然。“所谓教学原则体系的完备性，是指教学过程中的一些基本要求都应当在体系中得到反映。”具体地说，一套完整的教学原则体系应当包括教学活动的目的、主体、内容和方式等各方面的内容，而不能只反映其中某一或某几方面的内容，而忽视或遗漏掉其他重要内容。教学原则体系的完备性是保证教学各环节顺利、有效地进行的重要条件，对教学活动进行具体而全面的指导，从而促进教学活动的开展。

（三）适用性

教学原则的适用性可从时间和空间两个维度来考虑。从时间维度看，教学原则应具有时代适用性，现代科学技术发展日新月异，科学技术的应用遍布社会生产、社会生活的方方面面，当然也包括教育教学活动在内，这些都必然要求教学原则的制定要突破陈规，突破传统教学原则体系的樊篱，建立适用于现代的原则体系。从空间维度看，教学原则应该具有空间适用性，即无论教学地点、教学场所如何变化，教学原则都能起到应有的指挥棒作用，这就要求教学原则制定者通观全局，对各个阶段的教学实际作深入细致的观察研究，制定出高度抽象概括的教学原则体系。

上述制定教学原则的三条标准是从教学原则的微观、中观、宏观三个层次考虑的。具备了这三条教学原则制定标准，便大体上把握了制定教学原则的实质。或许还有另外一些标准，如简约性、科学性等，但究其根本，这些标准都只是以上三条教学原则的扩展。如果具备了上述三条标准，所建构的教学原则体系便达到了科学化的水平。就简约性而言，教学原则的制定者势必不会长篇大论，如果有，也只是对某一原则的阐述而已。精炼而准确地提出教学原则，是对制定者的必然要求。因此，完整地把握上述三条标准，是制定教学原则的前提，也是教学原则体系价值实现的根本条件。[①]

---

① 李森. 现代教学论纲要[M]. 北京:人民教育出版社, 2005: 92-94.

【案例 2.4】谈"鸟的天堂"一课的教学设计[①]

1. 质疑导入，以学定教，尊重差异

（1）质疑导入，以学定教

在讲“鸟的天堂”一课时，教师设计了这样的导入环节，“作者两次经过鸟的天堂，他最后的感受是什么？请你快速从书中找到相应的语句”。学生很快找到：“昨天我的眼睛骗了我，‘鸟的天堂’的确是鸟的天堂啊！”教师马上问：“对这句话你有疑问吗？”学生提出了“为什么说眼睛骗了他？”“为什么两次写鸟的天堂，一个加引号，一个不加？”等问题。根据学生的问题，教师先引导学生了解鸟的天堂是什么。通过学习，学生了解到了在那里鸟儿们快乐嬉戏的情景，接着教师引导学生学习为什么大榕树能成为鸟的天堂呢。学生心中有鸟儿们自由自在的图画，再抓住重点句理解，很快就明白了原因。

教师顺着学生的思维与他们共同学习，以他们的问题重排教学的次序，解决学生真正不懂的问题。

（2）师生平等，尊重学生的看法

上课伊始，学生刚对“为什么第一个鸟的天堂加有引号”提出质疑，一个学生马上说：“我能解答。”教师当时请他作答，他认为“加引号的鸟的天堂指的是所谓的鸟的天堂”。虽然回答不正确，但教师没有马上否定他，而是说在后面的学习中他若发现了自己认识上的偏差，可主动向教师补充。有时延缓判断也可以起到异曲同工的作用。

2. 精心设问，优化教学过程

课堂上烦琐的教师提问占据着学生学习的时间，一堂课上教师说得多，学生自然说的机会就少，所以教师要管住自己的嘴，这一点十分重要。为了保证学习时间充足，在讲“鸟的天堂”一课时，围绕“昨天我的眼睛骗了我，‘鸟的天堂’的确是鸟的天堂啊！”教师抓住“从哪儿看出这里是鸟的天堂？”在学生们了解鸟儿们生活的快乐之后，再启发学生思考“为什么大榕树能成为鸟的天堂？”这样两个问题引领学生开展学习。由于提问跨度较大，学生思维更加连贯，自己学习与小组学习时间得到保证，加深了对课文内容的理解和对作者思想感情的领悟。

3. 多种形式学习，培养能力

语文课堂上小组合作学习不能成为唯一的学习形式。对语句的领悟、诵读的联系、语感的培养等，小组学习与个体学习相比较并不占优势。为了保证学科特点，教师注重采用独立学习与小组合作学习相结合的形式进行语文教学。在学习“从哪儿看出这里是鸟的天堂？”时，教师采用让学生自己画重点词语体会的独立学习的方法；在学生学习“为什么大榕树能成为鸟的天堂？”时采用小组合作学习的形式。选择的依据是学生自己的实际。在小组学习时注重教学合作的方法，如在合作学习时提出要求：请你找到写榕树的段落读一读，划出重点语句体会一下，想一想读懂

① 王升. 主体参与型教学探索[M]. 北京：教育科学出版社, 2003.

了什么，还有哪些不懂的。也可以结合阅读思考第二题想一想。先自学，再四人小组合作学习。小组学习时先说说读懂了什么，再把不懂的地方提出来，大家探讨一下。由于在学生的难点和疑点处安排小组合作学习，帮助学生学习，给了学生自主参与的机会和时间，使他们参与教学活动，自主地、创造性地与教师一起完成任务。

4. 以读为本，突出感悟

读是语文课的重点，特别是通过新大纲的学习，进一步明确了读书的重要性。读书是语文教学的根，读是语文教学的魂。在这堂课上教师设计了几种读书的形式，如在体会鸟儿们快乐生活的场景时，运用的是自己选择自己喜欢的方式读书；在讲大榕树茂盛时，采用了对比读的形式。另外还安排了小声速读、齐读等形式。由于读得比较充分，学生读得比较有感情，要求背诵的段落也在不经意间记住了。

5. 补充材料，与课外语文实践相结合

为了让学生对大榕树有更充分的了解，教师查找了许多资料，如这棵榕树的树龄、树冠面积等，为学生了解榕树创造了条件。这棵生长在广东省新会县环城天马河的大榕树已经有400多岁了，许多枝干从树上垂到地面，伸入土中，又开始长出新的枝干，树根盘根错节，密密层层，枝叶婆娑，覆盖面积达13 000多平方米，相当于80多个多功能礼堂那么大，是世界少见的“独木成林”的奇观。学生听了之后更切实地感到这棵榕树为鸟儿们快乐生活提供了条件。

第三节　参与式教学原则的具体内容

一、一般教学原则的内容

教学原则的系统研究开始于夸美纽斯，此后，从赫尔巴特、凯洛夫到当代的赞可夫、布鲁纳等，教学原则一直是教学论的主要课题之一。捷克教育家夸美纽斯根据“适应自然”的原理，提出了三条重要的教学原则：教与学的便利性原则、教与学的彻底性原则和教学的简明性与迅捷性原则。苏联教育家凯洛夫提出了直观性原则、自觉性与积极性原则、巩固性原则、系统性与连贯性原则、可接受性原则。苏联教育家赞可夫为了使教学促进学生的一般发展，提出了自己的教学原则体系：以高难度进行教学的原则、以高速度进行教学的原则、理论知识起主导作用的原则、使学生理解学习过程的原则、使全体学生都得到一般发展的原则。美国教育心理学家布鲁纳基于心理学提出了动机原则、结构原则、程序原则、反馈原则。苏联教育家巴班斯基提出从教学目的来说有教学的方向性原则；从教学内容来说有教学与实际相联系的原则、科学性原则、系统性原则、连贯性原则、可接受原则；从选择教学形式和方法来说有全班教学、小组教学和个别教学合理结合原则，以及口头教学、直接教学、实践教学、再造性教学和探索性及与其他教学方法合理结合的原则；从分析教学效果来说，有教学的教养效果和教育效果相统一的原则。教学原则研究与教学论一样，一直为人们所关注。

我国对教学原则的研究也已有大量成果。例如，李森教授认为教学原则应包含：第一，民主合作原则。这一原则是针对师生关系提出来的。民主合作原则要求在教学过程中充分体现民主精神,创建平等协作的师生关系与和谐融洽的教学氛围,充分调动师生双方的积极性,以合作的方式完成教学任务，实现教学目的。坚持民主合作原则，需做到：①改变传统观念，正确处理师生关系；②师生共同努力，创建民主合作的师生关系；③教师克服话语霸权，给学生以言说的权利。第二，系统有序原则。这是针对教师与教学内容的关系而言的。系统有序原则的提出,要求教师按照学科知识的内在逻辑结构和学生的认知发展顺序系统连贯地进行教学，以促进学生合理地构建知识。这一原则要求坚持按照学科体系的内在逻辑结构进行教学；按照学生的认识发展规律进行教学。第三，知能结构优化原则。这一原则是针对学生与学习内容的关系提出来的。知能结构优化原则的提出，要求学生将所学的知识系统有机地联系起来，并进行适当的整合，以便于知识的理解、巩固和提取。这一原则要求：①教师在教学过程中应注重所传授学科的基本原理、原则，培养学生的概括能力；②学生应有效地内化知识，并自觉建立起知识之间的联系。第四，灵活施教原则。这一原则的提出是基于教学方法的选用而提出的。灵活施教原则要求教师在教学过程中，从学生、教学内容、教学环境实际出发，具体问题具体分析，采取不同的教学方法。具体需要做到：对学生做深入细致的了解，因材施教；对各种方法做深入的研究，了解各种教学方法的职能、适用范围和使用要求。第五，全面发展与个性培养相统一的原则。这一原则是针对教学目的提出来的。全面发展与个性培养相统一的原则要求教学目的坚持全面发展标准的同时,又要注重发展学生独特而独立的个性，而不是将学生套在完全相同的模式当中，千篇一律。为了达到这一目标，对教学活动提出了如下基本要求：①改变传统的以考试成绩作为唯一的评价标准的模式，建立合理的评价体系；②培养学生的创新能力，鼓励学生大胆质疑。第六，利用与创设相统一的原则。这一原则是针对教学环境而言的。利用与创设相统一的原则的提出要求教师要充分利用各种有利的环境因素为教学活动服务，同时又要善于改变不利因素，创设良好的教学环境。因此，该原则对教师提出如下基本要求：①综合利用各种环境因素，提高教学的有效性；②教师发挥主观能动性，积极创设有利的教学环境。①

而张楚廷教授另辟蹊径，从全新的角度提出了分类标准，提出如下教学原则：①智力培养与心力培养相协调的原则；②知识传授与能力培养相协调的原则；③思维训练与操作训练相协调的原则；④收敛思维发展与发散思维发展相协调的原则；⑤深入与浅出相协调的原则；⑥教师主导作用与学生主体作用相协调的原则。②在此不再一一细述。

【案例 2.5】课堂游戏③

游戏 1：别出心裁地开始上课

只要想出了办法，我就会以一种特别的方式开始上课。我目前最喜欢的游戏是在讲政治权力课时做的。在我发下教学计划或点名之前，我宣布说我们将做一个从

① 李森. 现代教学论纲要[M]. 北京：人民教育出版社, 2005: 92-94.

② 张楚廷. 教学论纲（第 2 版）[M]. 北京：高等教育出版社, 2008: 237-239.

③ 卡特. 教学游戏：Frederick J. Stephenson. 周渝毅, 李云译. 非常教师——优质教学的精髓[C]. 北京：中国轻工业出版社, 2002.

未做过的练习。我让学生坐在他们课桌前挨个唱《划船歌》。第一轮唱罢，他们没有一个唱得好的，然后我让他们站在课桌上大声唱。之后我叫他们停下来，问他们："我，一个政治学教授，怎么能让你们站在课桌上唱歌？权力就是让不想做某事的人们做那件事的力量，我刚才就是对你们施展了我的权力。"接着我问了下一个问题："教授的权力源于什么呢？"这次他们争先恐后地回答。这样，学生不用看教学大纲，只是通过亲身体验就理解了权力的基本定义。当然，这样的游戏必须随课程的变化而变化，我想象不出课堂上没有趣味性的课前准备活动会是什么样的情形。比如教基础数学时，在上课前不妨跟学生打赌说你能证明3加4等于12吗，然后看学生要多久才能算出这道题。

游戏 2：在课堂上不要太仁慈

魔术师能给我们带来欢乐。他们之所以能让我们开心是因为他们在骗我们。我认为，只有告诉那些不知道我的爱好的学生说他们错了，我才能保持对所教科目的热爱。在教知识性的课程时，要是让我只在教室里来回走动，问问学生的观点，我可不会分析问题。当然还有一些能纠正学生错误的积极方法。我采用的是准苏格拉底式的教学法。面对学生的错误，我的第一个问题是："有没有不同意见？"我有时停顿一会儿，然后补充说："除了我以外？"对于复杂的问题，我们可能会自然而然地分成几派——首先从教室中间划分是最容易的分法，其次以性别划分，再次是按照学生姓名的首字母顺序来划分，或者学生可以通过报数来分组。

在纠正学生的错误时，我认为有必要在每次上课时把我判卷的标准说清楚。我是这么跟学生讲的：

"我会这样评价你们在这门课上所做的一切，你们必须让我看出你们已经掌握了教过的内容。如果你在其他课上学到了有关这门课的知识或对这门课的某个问题有不同看法，那再好不过。但你仍然要向我证明它是怎样与这门课相结合，或相冲突的。如果你交了一篇出色的论文，但却被我发现是其他班上的好学生写的，那你就会得零分。"

这样，在纠正学生错误时，我要他们认清自己在这门课中所处的位置。如果他们搞不清楚，我会跟他们说：我的纠正是指导他们提高成绩的一个方法。我还帮助他们认识到出错是在所难免的。我有时会出一个命题，看起来合情合理，但实际是错误的，让他们来跟我辩论。我也经常会说错一些话。要想不出错，也许要十年的功夫，但我对全班学生说："我刚才犯了一个错误，忘掉它吧。很抱歉，让我重新说一遍。"这是非常有益的。

游戏 3：用你的魔法镇住学生

现在让我一一记住班里80个学生，已经不行了。但在年轻的时候，我在上课的一两天内就能记住一个大班的每一个学生。方法就是，在你第一次点名的时候，记下每个学生的主要特点，如跟你某个朋友或兄弟姐妹长得像，或者头发、身高、体重等特征。下课后，你就根据这些特征来记他们的名字。第二天上课时如果你能叫出来某个人的名字，这不仅说明你记性不错，而且更重要的是它传达出这个教师做的是脑力活动，你希望学生也动脑筋学习。其他一些方法也可以归在这一类，如尽可能快地批改作业和试卷。例如，星期五当学生交上试卷的时候，我会把我做的参考试卷发给他们。这样可以节省阅卷时间，因为你不必在他们出错的地方一次又一次地写出解析，只要注明“参看样卷”字样即可。

游戏 4：我可没秘密

魔术师在表演之前看起来都是很“诚实”的，这样就取得了我们的信任。而作为教师，他必须自始至终做到公平，这对教学和学习都有帮助。以下就是一些如何尽可能做到公平的方法。

1）尽量做到匿名判卷。所有学生都有他们的身份编号，让他们把这个编号写在任何一张纸上交给老师，当然不能写在给学生量身定做的练习上。

2）不允许给某些学生额外加分或者让他们补交作业，除非你给所有学生都加分或允许他们都可以迟点交作业（我从不这么做）。

3）如果你一定要以“课堂表现”作为成绩的一部分，那么尽可能地少占比例，而且要量化“课堂表现”，如出勤率。如果按照上课时回答问题的质量打成绩，就对那些反应较慢的学生不利。

4）尽量让你的评分标准简单化，这样学生就知道他们的起点。我用分数来评定成绩。也就是说，如果这门课总分为500分，得到400分以上（含400）的学生可得A或A^-。如果试卷上的某个题分值为20分，那么得分在16~20分的学生才能得A。

5）评分标准不要有起伏。我对我教过的所有学生说，我盼望着有一天你们都能得A，但我知道学生的能力是不同的，是按照抛物线形式分布的，因此这一天永远不会到来。教师要做的一件很重要的事情是：让学生相信他们不是与别人竞争，而是在与自己竞争。

二、参与式教学原则的内容

参与式教学作为一种新型的教学观，其教学原则亦独具特色。参与式教学原则理应源于一般教学原则，又不同于一般教学原则。迄今为止，参与式教学原则目前尚未有学者进行系统的研究，对其具体内容亦无定论。通过资料的收集和整理，参与式教学原则主要包括以下内容。

（一）参与式教学原则的基本内容①

1. 参与的全面性原则

全面性原则是指课堂教学中不只是少数人的参与，而是全体学生的参与；不只是个别教学环节的参与，而是整个教学过程的参与；不只是动作的外显行为参与，而是动作、思维、情感的全部参与。贯彻这一原则的主要要求如下。

第一，教师要树立全面发展的观念。每一个学生都有自己独特的天赋，首先教师应该仔细地去观察每一位学生的个性、兴趣、爱好、能力，去挖掘每一位学生在学习上的闪光

① 刘宏武. 课程改革教师岗位培训资源包•主动参与教学模式[M]. 北京：中央民族大学出版社, 2004.

点，尽可能选择有利于发挥每个学生特长的时机让他们参与。其次，对学生在参与教学活动中所取得的成功，哪怕是很小的成功，都要给予充分肯定，尤其是对基础差的学生的进步更要特别鼓励。

第二，教师要努力创造机会让学生参与教学的全过程。学生在教学中的参与不应局限于练习巩固阶段，而应体现在教学的各个环节上，包括教学目的的确定、教学过程的安排、教学方法的选择、教学媒体的使用、教学内容的理解以及教学活动的总结等。应该看到，学生参与越多越积极，主体地位的体验越强烈，其主体意识就越能得到增强，从而也就越能进一步提高其参与的积极性和自觉性。

第三，教师要创设全身心参与的环境。首先，教师要激发学生学习的兴趣，调动学生学习的情感，兴趣是学生参与的基础，情感是学生参与的动力，如果学生在参与过程中，没有兴趣的支配，没有情感的加入，那只是一种被动的“参加”。其次，教师要引导学生思维的参与，尽可能地为学生提供模仿思维的范例、尝试思维的机会、选择思维的条件、创造思维的情景。学生思维的参与是让学生主动参与教学活动的核心。最后，教师要给予学生动手、动口、动眼、动耳等各种感官投入的空间和时间，让学生在操作实践中发展自己。

2. 参与的层次性原则

参与的层次性原则是指要从不同层次学生的学习基础出发组织学生参与教学活动，使他们在原有的基础上，通过参与教学活动而有所发展。落实这一原则要注意以下几点。

第一，教师在组织学生参与教学活动时，对于学习基础不同的学生，应有不同的要求，不能“一刀切”。教师可以采取层次教学和个别化教学等手段，为不同层次的学生安排不同程度的参与内容，同时在教学过程中，鼓励、指点不同层次的学生选择、把握切合自己实际的参与机会，特别是学习有困难的学生更需要教师的帮助和关照。不仅如此，教师在教学中还要及时广泛地了解、搜集信息，以便有针对性地为不同层次的学生提供参与的时机。

第二，教师要帮助不同层次的学生树立参与的信心和培养参与的习惯。一般学习能力较强的学生在班级授课制教学中展现个人的个性、学识以及学业成果的机会较多，因而在参与教学活动中往往对自己充满信心，时间一长，就形成了一定的参与习惯。但是，其参与习惯是否科学、是否完美，就需要教师去了解、去分析，然后因人而异地指导学生掌握一些科学的思维方式和学习方法。学习能力较差的学生则不然，他们往往认为自己能力差而对参与教学活动信心不足，教师一方面要把握这些学生的能力基点，为他们提供可以参与的内容；另一方面根据学生的进步，逐步提高要求，不要“一步到位”，让学生在成功中慢慢树立信心，在学生有了强烈的参与意识后，再有机会培养其参与习惯。

3. 参与的连续性原则

参与的连续性原则就是根据学生认识事物的规律和参与行为的形成，在组织学生参与教学活动时整体设计、循序渐进。实施这一原则，教师要从以下两个方面去认识和努力。

第一，学生的认识过程不是一次完成的。学习总是从表面到本质、从片面到全面、从外部联系到内部联系，随着时间的推移，在发展中不断深化的。所以，教师要从学生学习的整体情况去设计他们参与教学活动的方案，不仅要从学习的内外部条件、时间、地点及学生、环境等因素进行整体考察，而且要从学生的知识技能学习、能力培养、个性品质形成几个方面全面规划。同时，还要对教学内容的结构逐章逐节逐篇分析，从整体上进行把握。

第二，学生参与教学的行为是逐渐形成的。教师应根据不同年级和年龄特征的学生、不同的教学内容逐步加以引导，就参与的数量而言，低年级可少些，随着年级的上升逐步加以引导；就参与的主动性而言，起始阶段可以是无意识的，随着习惯的养成逐渐变为有意识的主动参与；就参与的空间而言，可以从师生的双边活动开始，逐步增加学生的活动量，最终形成师生间、生生间多向交流的活动；就参与的深度而言，可以从教师示范、学生模仿开始，逐步过渡到以学生思考操作为主，教师从中点拨启发为辅，最后形成学生独立自主的学习活动。

（二）参与式教学原则的其他论述

1. “四性”原则

有学者将参与式教学的原则总结为“四性”原则。一是多样性原则。把参与式教学作为一种教学方式来看，只要是使个体参与到活动之中，与其他个体合作学习的方法都是参与式教学法。参与式教学方法应该是多种多样的。换句话说，凡是能够最大限度地使参与者参与到学习的全过程当中来，任何有效的方法均可视作参与式教学方法。参与式教学具有方法、手段的多样性原则。由此可见，参与式教学方法是让所有参与者都积极、充分地参与并注意开发所有参与者潜质的教学方法。二是主动性原则。要充分调动所有参与者学习的积极性，使所有参与者在积极的学习动机的驱使下，从他们内在的需要出发，明确学习目标，具有浓厚兴趣地、主动地参与整个学习活动的始终。三是公平性原则。每个参与者在教学活动的过程中共同享有教育资源，他们的地位是平等的，即使是参与式教学的组织者，他们的地位也应该是平等的。四是有效性原则。参与式教学目标的达成应该是有效的，不应拘泥于表面形式。参与式教学的有效性原则，不仅表现在学习最终目标的达成上，更重要的是应该体现在教学过程和方法上。

2. 语文参与式课堂的实施原则①

学者吴玉梅在其硕士学位论文中详细论述了语文参与式课堂的实施原则，笔者认为此论述基本适用于参与式教学的原则。

1）参与与合作相统一的原则。参与式教学是一个师生互动的教学过程，所有的学生都要积极主动地参与到教学的各个方面，教师也不再是讲授者而是参与式活动的组织者与促进者，师生之间、生生之间要通过密切合作来完成学习任务。这种参与既要求全体学生在行为上参与，也要求他们在情感、思维上积极参与；这种合作是建立在互相信任、互相沟通、共同负责的基础之上的。其中，对参与与合作原则的具体要求有：全员性、全面性、针对性、深入性和有效性。

2）主导性与主体性相统一的原则。课堂是展示育人艺术的神圣殿堂，“如何把握学生主体地位凸现问题”一直是（语文）课堂教学改革的关键。（语文）参与式课堂教学讲求民主

---

① 吴玉梅. 高中语文参与式课堂教学的理论与实践研究[D]. 兰州：西北师范大学, 2004.

性与主体性，教师与学生地位平等，教师是教的主体，学生是学的主体，二者同等重要。在教学中，教师一方面要指导学生向正确的学习方向迈进；另一方面又要充分尊重学生，发扬教学民主，把学生作为学习活动的真正主人。教学目的、教学内容、教学设备、方式手段以及教学环境等多种要素都以学生为出发点和归宿，着眼于学生的全面发展和个性充分发展，促进学生在整个教学过程中主动参与、全员参与和全程参与，最大限度地发挥自主性、能动性和创造性，使学生成为学习的主人。以学生为主体，既要尊重学生的道德人格，也要尊重学生的法定权利，两者并重。

3）均衡性与差异性相统一的原则。新课标在课程的基本理念中要求“促进学生均衡而有个性地发展”，这里的“均衡”即全面性，“个性”即差异性。学生是具有个性差异的学习主体，教学要承认差异性，立足差异性设计不同层次的活动内容、不同梯度的疑难问题，让处于不同层次的学生都能积极地参与到教学中去。与此同时，教师应设法解决教学过程中注重全体学生教育和注重学生个别差异教育的矛盾，以及课堂上无法照顾到所有的学生，对一些学困生关注不够的问题。因为人的个体差异是客观存在的，学生在不断的学习过程中，这种差异会越来越明显。新课程就是要改变这种“大锅饭”式的不平等，充分关注每一位学生的发展，使大家在原来的基础上都得到提高，让每一个学生的个性都得到张扬。贯彻均衡性与差异性相统一原则的基本要求是：进行有差异的教学；采取有效措施使各类学生得到共同发展；提倡有特色的语文教学。

4）启发与发现相结合的原则。启发是指在参与式教学中，教师要承认学生的主体地位，并想办法调动学生学习的主动性、积极性、创造性，引导他们独立思考、积极探索，生动活泼地学习。在这一过程中，教师应以“引导、激励、启发”代替“强迫、包办”，实现教师主导作用与学生积极性相结合；从培养学生的学习动机入手引发学生的学习行为，强调学生智力的充分发展，实现系统知识的学习与智力的充分发展相结合；强调激发学生内在的学习动力，实现内在动力与学习责任感的结合。同时，教师还需设置一定的教学情境，以智慧启发学生思考，以热情鼓励学生发表自己的见解，以耐心和诚意为学生搭起“断路”时的桥梁。发现是指在课堂上让学生通过自己动脑、动口、动手去发现、获取知识并发展探究性思维的一种学习方式，它让学生在矛盾与障碍中，不断思考、讨论，最后找到解决问题的思路与方法。让学生在互动学习中体验那种“豁然开朗”的感觉。发现学习的基本过程是：先由教师创设情境，使学生在这种情境中产生矛盾，从而进行积极、主动的思考，提出要解决的问题和设想，然后经过分析和操作等过程，对学习对象进行加工、改组，最后从中归纳出结论，并用之来解决新问题。

【课后练习】

一、简答题

1. 简述参与式教学原则的内容。
2. 试述参与式教学原则与一般教学原则的异同。
3. 分析文中的案例，简要回答体现了参与式教学的哪些原则。

二、论述题

1. 有人说:“只有组织没有参与,组织是无效的;只有参与没有组织,参与是低效的。”请问你对这句话如何理解?

2. 你认为有无必要在教学理论或教学实际中研究教学原则?如果有必要的话,我们怎样比较不同教学原则体系的优劣?可不可以为这种比较确立一些判别条件?运用你在上题中提出的判别条件,对本章所提出的参与式教学原则体系作一评述。

三、技能训练题

1. 根据本学期所学习的内容,设计一个运用参与式教学法的教案(教学内容自拟)。

2. 观察一个参与式教学课堂,并对其进行评价分析。

【参考文献】

蒂姆•奥布赖恩, 丹尼斯•吉内. 2006. 因材施教的艺术[M]. 陈立译. 北京: 北京师范大学出版社.

卡特. 2002. 教学游戏: Frederick J. Stephenson. 周渝毅, 李云译. 非常教师——优质教学的精髓[C]. 北京: 中国轻工业出版社.

李峻. 2005. 参与式教学: 透视与反省[J]. 教育科学研究, (12): 34-37.

李鹏, 张世林. 2011. 多元参与式教学原则浅析[J]. 吉林教育・教学, (2): 22.

李森. 2005. 现代教学论纲要[M]. 北京: 人民教育出版社.

刘宏武. 2004.课程改革教师岗位培训资源包•主动参与教学模式[M]. 北京:中央民族大学出版社.

卢正芝. 2003. 学会参与: 主体性教育模式研究[M]. 杭州: 浙江大学出版社.

王升. 2003. 主体参与型教学探索[M]. 北京: 教育科学出版社.

吴玉梅. 2004. 高中语文参与式课堂教学的理论与实践研究[D]. 兰州: 西北师范大学.

姚晓燕. 2005. 参与式教学在新课程改革中的实施要领[J]. 甘肃高师学报, 10(1): 85-87.

张楚廷. 2008. 教学论纲(第 2 版)[M]. 北京: 高等教育出版社: 237-239.

赵伶俐. 2006. 课堂教学技术[M]. 重庆: 重庆出版社.

第三章　参与式教学策略

【学习目标】

1. 理解参与式教学策略的基本特征。
2. 掌握自主性、探究性、合作性学习策略的具体操作流程。
3. 明确参与式教学策略的使用范围和注意事项。
4. 结合案例分析，理解参与式教学策略的实践运用。

参与式教学策略是目前国际上普遍倡导的一种进行教学、培训和研讨的方法。参与式教学既是一种教学理念，又是一种教学方法。教育的目的是培养人，所以人是教育的出发点，但教育是如何培养人的呢？当然有很多途径，参与式教学就是一种经过优化的教育途径。教学的重心是教师如何教，也就是如何把知识传授给学生，今天的教学除了注重知识的传授以外，更加注重培养学生的兴趣、学习习惯和学习能力，也就是教学生学会学习。[①]参与式教学策略就是引导教师进行合理的教学设计，实施有效的参与式教学的方式，这是沟通参与式教学理论和实践的桥梁，在教学中起到重要作用。

第一节　参与式教学策略的概念

我国著名教育家蔡元培先生曾经说过："所谓教育，其实就是为学习提供帮助。"[②]深究其中，不难发现，能为学习提供帮助的教育方式多种多样，而最能发挥学生积极性并培养其综合能力的方式要数参与式教学了。一切为了每一位学生的发展，是素质教育的核心理念和最终目标。新课程改革要求推行自主、合作、探究的学习方法，让学生在教师的指导下积极、主动和富有个性地学习，真正成为驾驭学习的主人，掌握终身学习的方法，培养创新精神和实践能力。教师必须更新教育理念，积极实施参与式教学策略，促进学生主动地全面发展。

一、对自主、合作、探究学习策略的认识

美国学者乔依斯和韦尔在《当代西方教学模式》一书中指出："教学，就是创造由教育

① 陈时见，于波，李秀双，等. 参与式教学的理念与策略[J]. 教师教育学报，2014, (4): 108-111.

② 杨雁. 大学生英语自主学习能力的培养[J]. 产业与科技论坛，2011, 10(2): 130-131.

内容、教学方法、教学作用、社会关系、活动类型、教学设施等组成的环境。”以自主、合作、探究学习为主的课堂教学模式应当是一个生动活泼的主动而富有个性的过程。

（一）自主性学习策略的表现形式

所谓自主学习（autonomous learning），就是在自我监控下的学习。课堂教学中学生的自主学习主要表现在四个方面：首先，学习目标自我确定。学什么、学到什么程度由学习者根据自己的实际情况和原有基础提出来。其次，学习方法自我选择。每个学生的认知风格是不一样的，在课堂教学活动中，教师应为学生提供多种学习方法的自由选择空间。再次，学习过程自我调控。不同的学生在学习时所需要的时间和所采用的方法也是有差异的。最后，学习结果自我反馈。改变传统教学中复习巩固大多是教师简单复述本课教学重难点的做法，而把学习结果反馈的主动权交给学生，让学生通过多种形式表述所学句型。这种学生自我反思的过程也是一个思想升华的过程。

（二）合作性学习策略的基本要素

所谓合作学习（cooperative learning），是指学生在小组或团队中为了完成共同的任务，有明确的责任分工的互助性学习。合作学习的基本要素是：积极地相互支持、配合，特别是面对面的促进性的互动；积极承担共同任务中个人的责任；期望所有学生能进行有效的沟通，建立并维护小组成员之间的相互信任，有效地解决组内冲突；对于个人完成的任务进行小组加工；对共同活动的成效进行评估，寻求提高其有效性的途径。合作学习的过程不仅仅是个认知过程，更是一个交往过程与审美过程，学生应学会交往、学会参与、学会倾听、学会尊重。

（三）探究性学习策略的条件

所谓探究学习（inquiry learning），即从学科领域或现实社会生活中选择和确定研究主题，在教学中创设一种类似于学术（或科学）研究的情境，通过学生自主、独立地发现问题及实验、操作、调查，以及搜集与处理信息、表达与交流等探究活动，获得知识、技能、情感与态度的发展，特别是探索精神和创新能力的发展的学习方式和过程。问题性、实践性、参与性和开放性是探究学习的本质特征。在课堂教学中实施探究学习必须具备以下条件：要有探究的欲望，探究要有问题空间，要有充分的自主学习时间，要有多维互动的交流的空间。

自主、合作、探究三种学习方式之间既相互独立，又相互影响。例如，探究学习既可能是自主的，也可能是他导的，既可能是个体探究，也可能是合作探究。由此可见，真正有效的学习方式应该是这三种学习方式的恰当组合，至于如何组合，则要依据教学目标和学生实际。

二、自主、合作、探究学习策略的课堂教学模式实践

基于以上认识，人们在课堂教学模式的改革方面做了一点尝试，比如，意在探索自主、合作、探究学习在外语教学中的作用和有效的组织形式。具体做法如下，以人民教育出版社

*Go for it!*八年级上册 Unit 10 为例说明。

1）自主学习、收集信息阶段。该阶段为该单元起始阶段，主要让学生自学生词，收集与谈论职业这一话题相关的词汇和句型。跟读录音，完成听力练习以及通过 pairwork 初步掌握该单元功能性语言。

2）合作、探究学习阶段。该阶段以任务型教学为主，明确任务，以小组合作、探究学习方式完成学习任务。首先，以 my dream job 为主题，精心设计 draw and talk 这个活动任务，然后把活动过程交给学生，由学生自由组合，自行分工合作，完成自画像、写句子和互相猜测理想职业等交流活动。随后，以 how are you going to do that 为题，设计了 my resolutions 活动任务。组内成员采取轮流发言形式，谈论自己实现梦想的计划，并评选出最佳计划。每个组选出一个小组长，其职责就是督促每个组员发言，并记录下组内的讨论内容，以便在组际交流时能提出各自的看法。在这个过程中，教师巡视每个小组的讨论情况，给予必要的帮助。

3）反馈评价及总结反思阶段。这个阶段各小组展示学习成果，让学生通过对话，即兴演讲、记者发布会等形式实际运用所学句型，不仅对学习结果进行了反馈，也培养了能力。师生共同评价小组活动、反思总结，评选出“最佳小组”“最佳创意”“最佳作品”。课后调查结果显示，90%以上的学生能主动参与合作学习，具有实际意义的话题能极大地调动他们的积极性，创造让学生在活动中运用英语进行交际的条件和机会，促进学生综合能力的提高。

另外，有学者在《参与式教学法在高等教育中的实现路径》中谈到“参与式教学是一种创新的教学思想，是在教师指导下的以学习者为中心的教学方式。参与式教学中学生是教学的对象和参与者，教师是学生主动学习的引导者、帮助者与促进者，要根据学生的实际需要和愿望，充分利用丰富多样、直观形象的教学手段，鼓励学生主动思考、主动探索、主动创造，加强教学者与学习者之间以及学习者与学习者之间的信息交流和反馈，使学习者能深刻地领会和掌握所学知识，并能将这种知识运用到实践中去”[①]。人都有实现自我价值的需要。人的价值实现在于获得组织、集体、他人、社会的认可、肯定以及承认自己的劳动、创造等。学生主体在参与教学的过程中，得到了创造更新和表现自我的机会，显示了自己的个性特征，发挥了个人应有的作用，体现了个人的价值，从而增强了自主学习、自我教育、自求发展的信心。因此，他们感激教师对自己的尊重，内心产生了实现个人价值的满足感，并由此产生了价值追求的新目标。[②]

三、如何有效利用参与式教学法

1）确立目标，做好准备。对于教师来说，应该让学生有非常明确的参与目的；师生之间相互都要有严肃认真而又积极参与的态度；教师的前期指导和说明要清楚明朗；应该选择适合学生的参与方法，而不是照搬硬套，流于形式；要督促每个学生都以不同的方式参与到教学中去；要了解学生参与前后的自我主张，尊重和理解学生；教师的语言要准确合理，并且要符合学生的概念理解水平；在互动过程中，利用教育时机，关注学生生命情感意识的培养。

---

① 张毅，刘媛媛. 参与式教学法在高等教育中的实现路径[J]. 绵阳师范学院学报, 2011, 30(8): 151-154.

② 李红泉. 课堂讨论的实施策略[J]. 新课程(教研版), 2009, (4): 140.

2）创设情境，激发兴趣。创设有趣的教学环境，让学生明确学习目标，充分调动学生上课的积极性，这样对上好一堂课具有十分重要的作用。因此，在教学活动中应十分注意教学环境的设计，诱发学生的学习动机，使学生集中全部感官参与学习活动。首先，教师应充分做好课前准备，展示与教学目标相关的图片、幻灯片、课件，设计新颖有趣的导语，如即兴表演、观看录像、启发式谈话等。其次，创设让学生主动参与的情境，教师不但要提出可供学生思考的问题，更应创设悬念，让学生主动提出问题，产生主动参与的兴趣，让学生提出各种各样的新问题，从新的角度去审视、想象问题，这样新课就会把学生带入一个新的境界，使他们在求知欲望的驱使下饶有兴趣地进入学习状态。

3）自学讨论，探讨方法。学生自主学习课文，主动探求新知识，是以已有的知识、技能经过自己的学习钻研而达到掌握新知识、新技能的目的。这种学习方法一是学生要坚持不懈地努力和钻研，二是教师要点拨、启发和引导，三是学生之间要相互讨论和合作、集思广益，四是教师要真心诚意地组织学生讨论，用心和学生交流，而不是把讨论作为教学改革的装饰品。只有走到学生中间去和学生一起讨论，这种讨论才具有实际意义，才会有好的效果。因此，在这个环节里，学生自学要围绕既定目标，结合教材文字、内容和插图理解知识，画出教材的重点和难点。教师要帮助学生选定适合的自学内容，点明自学过程中可能出现的问题，让学生把疑难问题记录下来。通过学生之间合作讨论甚至争论，以及教师点拨、引导，最后达到理解领会知识的目的，从而培养学生的认识能力和理解能力。

4）因地制宜，个性教学。在参与式教学过程中，应该根据当地情况、文化特点采用适当的方式调动学生参与教学的积极性，来促进他们的学习。能动性的方法使学习更有趣味，学生应该自愿接受而不是被动灌输，如在课堂上采用问答的方式或其他互动交流的方法有助于调动学生的主观能动性。另外，让尽可能多的学生都参与进去，并且把学生自我评价作为重要的反馈信息。

5）总结评价，拓宽提高。一堂课快结束时，应简要回顾重要的理论知识和基本技能，要有拓宽知识面的指导性评价，有利于学生进一步掌握所学知识并有所发现。在评价学生的过程中，要充分发挥教师的主观能动性，对出现的共性问题及时指出、正确引导，不能模糊不清，引导学生对个别出现的问题进行讨论，在讨论中使学生拓宽知识面、提高知识层次，这样不仅可以激发学生的学习兴趣，还能提高学生探索知识的积极性。总之，必须明确教学改革不能停留在表面形式上的轰轰烈烈，而要利用多种形式为提高教学效果服务，追求形式与效果的统一。教师只有不断反思自己对新课程的认识，不断在实践中调整和更新自己的观念，让学生轻松愉快地学习，让学生真正享受“快乐学习”，这才是新课程的最终价值取向。

第二节　自主性学习策略

一、自主性学习策略的概念

关于自主学习的定义，文献中有不同的描述。Pedagogiques（1983）认为，自主学习是学习者管理自己学习的能力，其中包括确立学习目标、自我监控和自我评价等；Huttunen（1986）认为，自主学习是学习者对自己学习负责的意愿和能力；Little（1990）将自主学习看作是学习者对学习内容和过程的心理反应；余文森（2002）认为，自主学习是一种主动学习、独立学习和元认知监控的学习。具体地说，自主学习应涉及五个方面的内容：确立目标、确定学习内容、运用合适的学习方法，以及控制适合自己的时间、地点和进度及评价学习结果。

学生的自主学习是指在教师的指导下，学生根据一定的学习目标，以自己为主体，独立、主动地进行学习活动。学生的自主学习活动主要表现在以下三个方面：一是学生愿意学，乐于学，学得有兴趣；二是学生能独立自主地学；三是学生会学，有比较科学的学习方法。

二、自主性学习策略的意义

研究发现，中国学生在学习上往往倾向于依靠别人的帮助，而不是自己主动采取措施。许多学生从小学到中学一直习惯于跟老师学习，“自己应该是学习负责管理人”的观念淡薄。被动、消极的学习观念势必影响学生的成长，这可能与我们传统教育思想和教学模式的影响有关。在学校开展自主学习的必要性已经达成广泛的共识。

1）开展自主学习，能够开拓学生自我管理的空间，促进教育由管理型向养成型转变。人一生的发展过程就是自我教育的过程。苏霍姆林斯基说：“唤醒人实行自我教育，按照我的深刻的信念，乃是一种真正的教育。”[①]教育的最高境界就是唤醒人实行自我教育。教师是学生情意的熏陶者，引导他们，而非塑造他们，因此教育要由管理型向养成型转变。叶圣陶先生说：“什么是教育？简单一句话，就是要养成习惯。”[②]要求学生能够自己管理自己的学习，如制订个人学习计划，并合理利用时间完成学习进度。同时要求学生能正确评价自己的学习状况，适时调整学习计划，完成学习任务。

2）开展自主学习，能够开拓学生学习的空间，促进学习由封闭型向开放型转变。现代化教育手段在教育上的应用，不仅扩大了学生的学习范围，而且大大改变了学生的学习方法，学校的社会化和学生的主体化在日益加强，过去的再现型、封闭型教学已在逐步向发现型、开放型教学转变。学校要积极创造条件，尽可能把学生投放到各种学习环境中去，使教育呈现出开放性状态，尽可能使学生与社会产生广泛的联系。努力拓宽学生学习的空间，开设综合实践课程和研究性学习课程，加强课程与学生生活和社会实际三者之间的联系，让学生有更多的机会走出教室，走进图书馆，走进实验室，走进网络，走向社会，走向生活，进行研究性学习、开放性学习，逐步达到离开教师会学习、离开教室会学习、离开学校会学习的境界。

3）开展自主学习，渗透终身学习的理念，培养学生可持续发展的能力。21世纪是一个

---

① 李启芝. 少年自我意识的发展到自我教育能力的培养[J]. 教育研究与实验, 1986, (2): 42-45.

② 曹燕琴. 关注习惯养成 实现高效课堂[J]. 新课程学习：基础教育, 2010, (1): 49-50.

学习化的社会，学校将不再是为学生的一生准备一切的场所，教育将贯穿于人的一生。学校改革的方针，应该是从终结教育转向终身教育。现代学校教育的目标应该把培养新一代生存能力作为其基本出发点，从传统的偏重单项灌输知识的教育转变为培养学生自主学习、独立思考能力的教育，渗透终身学习的理念，培养学生可持续发展的能力。

4）开展自主学习是学生各项能力发展的保证。由于课堂教学自身的局限性，学生不可能只通过有限的课堂教学获取知识和培养能力。课堂教学的成功更多地依靠学生课下自主学习的开展。学生的个性差别也要求学生根据自己的具体情况开展听说读写的相应练习。随着教学改革的深入，测试不再只是对知识记忆的考查，而更多的是对运用能力的检测，包括对策略运用能力的考查。只会被动接受知识的学生是难以适应现代测试的，也适应不了未来社会的发展需要。因此，要提高学生的学习能力，必须首先培养学生的自主学习能力。

5）自主学习是提高课堂效率的需要。课堂教学同样强调自主学习的重要性。这里的自主并非指学生在课堂上我行我素、不听教师讲课，而是指学习目标明确、认真听课、主动识别教师的教学目的与内容、充分调动主观能动性、积极配合教师、参与各种活动、实现最大限度的输入和内化。提高教学效率只在课堂上进行是不够的。由于课堂的学习时间有限，课外的时间相对充裕，要引导学生把工夫用于课外，一边巩固吸收课堂上所学的知识和技能，一边预习新课或寻找更多应用实践的机会。课内外学习的过程是提高课堂效率的保证，但这需要发挥学生的自主性，养成主动的学习态度和对学习的责任感。[①]

三、自主性学习的实施原则

第一，主体性原则。学生是学习的主体，教师处于指导的地位，教师的教代替不了学生的学，因此必须充分发挥学生学习的主观能动性，调动他们学习过程中的主动意识。

第二，整体性原则。实验过程中要面向全体学生，着力提高全体学生的整体素质，注重学生技能、非智力因素、自我监控等方面的培养，要在语文、数学、外语、政治、化学、物理等各学科中全面展开。

第三，个体性原则。在实验过程中允许有个性差异的出现，做到因材施教、分类指导，让学生在自主学习过程中有不同的经历，重视学生个体的发展。

第四，反馈性原则。教学是一个双向的活动过程，存在着反馈的机制。对学生来说，反馈能使他们及时了解自己的学习情况，对学习行为进行调控、修正。对教师来说，反馈可了解教与学的效果，对教学过程不断做出调整，提高教学的针对性，提高教学的效能。

第五，科学性原则。在实施过程中一定要遵循现代教学理论，遵循学生的认知规律进行教学，要结合本校的具体情况和教学的实际制订教学计划，确定探究方法、教学模式，做到既科学又有较强的可操作性。

---

① 田仁萍. 自主合作探究学习失败案例分析[J]. 语文教学与研究, 2006, (12): 106.

【案例 3.1】一次妙趣横生的作文教学——抓住写作教学的规律①

在作文教学中，师：同学们，中秋节快到了，我非常想到同学们家中去过中秋节，不知哪位同学愿意请我？

生：（面露喜色，急忙喊）老师到我家！我愿意请您！

师：大家都愿意请我，我很高兴。但这样争也不是办法。我看这样吧，谁会做月饼，而且做得色香味俱全，我就到谁家去做客。

生：（面露难色，不知如何回答）

师：这个条件可能让大家为难了。不过，离中秋节还有好几天呢，如果同学们肯学，一定能学好，能请到我的。

生：（兴高采烈）好，一言为定！

（两天后的作文课上）

师：同学们学会做月饼了吗？

生：（大声齐喊）学会了！

我：呀，这么快？跟谁学的？

生1：我跟妈妈学的。

生2：我跟奶奶学的。

……

师：感谢你们的一片诚心。那你们都是怎样做的？

生：（不等老师叫，就纷纷起立，七嘴八舌、争先恐后地说起来。老师请了几位同学上讲台说给大家听）

师：刚才这几位同学讲得都不错。听他们一讲，我就知道月饼一定做得不错，老师连口水都快流出来了。但全班这么多同学，不可能每个人都上来说，有什么办法能让老师知道每个同学做月饼的过程是怎样的呢？

生：老师，让我们把做月饼的过程写出来，您不就知道了吗？

师：这个主意真好。这样，老师不但能知道你们怎样做月饼，而且能比较一下谁做得最好，谁做得最好，我就到谁家去做客，好吗？

生：好！

师：那就快写吧。

案例分析：传统的作文教学，大多是命题或是半命题的作文，其内容老化、枯燥、脱离生活实际。所以作文一般拘泥于课本，从句式到文章结构，模仿的居多，雷同的居多。在传统课堂上，写作被限制在课堂里。学生在课堂上的写作过程大体上可以分为两个阶段：一是思维阶段，包括审题、立意、选材构思；二是书面表达阶段，包括起草和修改。在教学中，又由于教师思维定式，学生作文千人一面，毫无新意可言。在长时间的传统教学中，学生一直处于被动接受的状态，以致“谈写色变”。案例中讲述的作文教学体现了参与式教学中的新作文教学观。

① 一次妙趣横生的作文教学[EB/OL]. 2016. https://wenku.baidu.com/view/728807c410a6f524cdbf853b.html[2018-04-29].

从写作教学的内容和方法看，新课标倡导“写作教学应贴近学生实际”，倡导学生“自主写作”，“减少对学生的束缚，鼓励自由表达和有创意的表达。提倡学生自主拟题，少写命题作文”。从写作教学的过程看，教学不再局限于课堂，而是为学生“提供有利条件和广阔空间”，在写作前体验生活，“引导学生关注现实，热爱生活，表达真情实感”。

案例中教师抓住了写作教学的规律，选用“学做月饼”为写作内容，素材直接来自生活。教学时，教师先以“老师要到月饼做得最好的同学家过中秋节”为由，不觉中给学生布置了学做月饼的任务。这是引导学生在写作前先对生活实践进行体验，在体验中培养学生观察、思考、表达的能力。到了写作课上，教师先通过充满智慧的谈话引导学生说说做月饼的过程，然后借口方便教师比较，让学生书面写作。因为每个学生都想请教师到家中做客，所以整堂课上，虽然教师只字未提“作文”二字，可学生却在宽松、和谐的气氛中积极主动地完成了写作。从教学片段中，我们可以看到，学生一直处于主动学习状态，个个都充满了表达的欲望。可以说这则作文教学案例真正做到了“让学生易于表达，乐于表达”，“说真话、实话、心里话”。

这个案例让我们明白了：写作来源于生活；写作描写生活；学生只有在观察生活、体验生活、思考生活的基础上才能表现生活，只有在像生活一样的环境中才“易于表达，乐于表达”。总而言之，文无定法。

【案例 3.2】自办“甲午中日战争”图片展①

1. 教学目标

1）通过举办“甲午中日战争”图片展，学习相关的历史知识。

2）通过举办“甲午中日战争”图片展，提高学生搜集、整理资料和实际动手的能力。

3）在工作中体验合作精神和爱国主义情感。

2. 教学过程

1）组织学生了解有关的历史事实。

2）要求学生自行搜集一些有关的照片、图片或剪报。

3）以学习小组为单位将本组学生的资料，按时间顺序分类整理，编成专题条目。

4）各小组将资料汇总后，确定展览提纲。

5）从全部资料中精选出最典型的图片、剪报或复印件，整理成图文并茂的初稿。

6）各组按照总要求制作展板，全班合成。

7）各组写出本段解说词，展出时按组分段为大家讲解。

8）全年级进行一次历史图片展览。

3. 教学评估

1）学生是否热心投入、积极参与是检验教学效果的一个首要标准。

---

① 张静华. 2012. 关于指导学生“自主性学习”案例反思[EB/OL].http://www.docin.com/p-450733395.html[2018-04-29].

2）以学生是否表现出爱国主义情感，达到自我教育目的为评价效果的标准。

3）新旧知识能否正确联系，综合能力是否得到正确运用和提高。

4. 历史辩论会

学生讨论是课堂上经常采用的活动形式，其功效是多方面的。它促使各种想法和解决问题的思路、不同观点对立、明确化和外显化，可以更好地引发学生的认知冲突，使他们更好地对自己的理解和思维过程进行调整。为解决某个问题而进行交流、争论，进而达成对问题的共同理解，有助于学生建构起新的、更深层的认识。根据教材中讲过的一些史实，结合现在对于一些历史问题的争议，可以举办一些小型的辩论会。教师在班级里以组为单位，进行过有关洋务运动、李鸿章、辛亥革命的评价的小型辩论会，也曾举办过班级之间的历史辩论对抗赛，反响不错，也很有教育意义。

【案例 3.3】辛亥革命辩论会[①]

1. 课题目标

1）解决传统课堂教学“一言堂”的弊端，促使学生积极思考，主动发言，提高学生的思维能力和表达能力。

2）创设学生主动学习的情境。

3）改变学生单纯从教师或书本上获取信息的单一途径，可从图书、杂志、音像材料、网络等众多途径获取有效信息。

4）要形成自己的观点（辛亥革命是成功或失败或既成功又失败），并要提供有关的论据。

5）在活动中学会与人合作、交流，学会与人分享成果。

2. 活动过程

1）出示活动课题。

反方：有人说“辛亥革命推翻了封建帝制，建立了资产阶级共和国，革命胜利了”。

正方：也有人说“辛亥革命只赶走了一个皇帝，剪了一条辫子，革命失败了”。

胜利还是失败，你同意哪种观点，请就此结合你所了解的史实发表你的看法。

2）主持人宣布辩论的一般程序和规范。

3）正反双方由一辩、二辩、三辩、四辩和自由人按顺序开始辩论。

4）全体学生补充观点和论据。

5）正反双方作总结陈词。

6）全体学生评出一名最佳辩手和两名表现最佳同学并及时进行奖励。

7）指导教师对本次活动进行小结。

3. 实施效果

这种新课堂模式可以充分发挥学生主动学习的精神，锻炼学生表达能力和思维

---

① 张静华. 2012. 关于指导学生“自主性学习”案例反思[EB/OL]. http://www.docin.com/p-450733395.html[2018-04-29].

能力。学生完全成为课堂的主角，教师只是起了引导的作用。这符合现代的教育理念——教师在课堂中起主导作用，学生在课堂中起主体作用。

4. 图说历史

在历史教学中，教师如果能根据教材内容和学生的心理特征，注意教学的趣味性，就既可以调动学生的学习积极性，又可以增强知识点对学生大脑的刺激度，使学生加深印象，以达到良好的教学效果。漫画历史就是一种全新的学习历史的方式。它用图片来反映具有一定影响的历史事件，以一定的史实、合理的想象，再加上学生的绘画技术、表现手法和巧妙构思将一段历史内容整合在一起，从而达到娱乐和教育的双重功效。

【案例 3.4】图说“中国民族资本主义的进一步发展 ”①

1. 教学目标

1）通过漫画教学，学习有关历史知识。

2）创设学习情境，激发学生学习兴趣和创作欲望。

3）培养学生的整理、加工和创新能力。

2. 教学过程

1）课前准备所需的绘画工具和纸。

2）课堂上组织学生了解有关的历史事实。

3）学生动手设计，构思创造。

4）学生展示自己的作品，并做一简要说明。

5）课后挑选优秀作品在班级宣传栏展示。

3. 实施效果

这种教学形式激发了学生强烈的创作欲望，挖掘出深藏在他们心中丰富的情感和想象力，也方便针对每个学生的需要给予创造性的指导。

此外，在教学中教师还尝试进行了学生上讲台、角色扮演、历史影视的欣赏与评价等多种形式的课堂教学活动，使学生充分体会到了参与的乐趣，培养了他们自主学习的能力和创新思维的精神。同时教师也在课题实施过程中，积累了宝贵的经验、教训和丰富的资料，为今后的研究发展打下良好的基础。当然在其中也遇到了一些困惑，如教学要求学生花费大量的时间、精力搜集材料，撰写小论文，加上传统教育的惯性，缺乏激励机制，学生学习新课程的动力不足。在课堂教学的准备过程，教师投入的精力和时间远远超过传统课堂模式，因此无论是教师还是学生，能否长期坚持是一个考验。姜淑琴老师的一句话说得非常好：“你不能左右社会观念随你的意志改变，但你可以用自己的意志、行为去争取一定的社会影响。”②

---

① 中国民族资本主义的进一步发展教案[EB/OL]. 2011. http://wenku.baidu.com/view/8ab24b610b1c59eef8c7b4a7.html[2018-04-29].

② 张静华. 2012. 关于指导学生“自主性学习”案例反思[EB/OL]. http://wenku.baidu.com/view/7ddf427402768e9951e738dc.html [2018-04-29].

第三节　合作性学习策略

一、合作性学习策略的概念

从国外相关研究来看，以下是若干有代表性的合作性学习策略的定义：美国约翰斯·霍普金斯大学教授斯莱文认为，合作性学习是指使学生在小组中从事学习活动，并根据他们整个小组的成绩获取奖励或认可的课堂教学技术。美国明尼苏达大学的著名学者、合作性学习的主要代表人物约翰逊兄弟认为，合作性学习就是在教学上运用小组，使学生共同活动以最大限度地促进自己以及他人的学习。美国肯塔基大学嘎斯基教授认为，合作性学习是为完成教师分配的学习任务，由学生组成小组进行合作与互助的学习活动。英国著名学者赖特认为，合作性学习是学生为达到一定目标而在小组中共同学习的学习环境。以色列特拉维夫大学著名教育心理学家沙伦博士认为，合作性学习是组织和促进课堂教学并以自主与合作为基本特征的一系列教学方法的总称。

从目前国内外关于合作学习的研究文献来看，合作性学习是一个复合性、多层面的概念。我国近些年来，也开展了不少以"合作"冠首的学习和教学改革。从这一角度看，合作性学习可以说是对这些合作性教学改革实践的总称。另外，这些合作性教学改革实践，虽然大都以教学中的人际合作与互动为基本特征，但在活动取向上却不尽相同。具体来说，可以归结为四类：以师生互动为特征的合作性学习、以生生互动为特征的合作性学习、以师师互动为特征的合作性学习以及以全员互动为特征的合作性学习。①

二、合作性学习策略的现状与问题分析

在现代社会中，仅仅凭借个人的苦思冥想就想抵达成功的彼岸，是不可思议的事。因此，新课程所倡导的合作学习新理念，已被越来越多的教师所接受，合作学习走进了小学各科课堂，"鼓励学生合作学习，促进学生之间的相互交流、共同发展，促进师生教学相长"。但是，在实施合作学习策略的过程中，存在诸多问题，影响了合作学习效率的提高，主要存在以下几个问题。

1）分组不够合理。其主要表现为：有的教师随意指定几个学生组成合作学习小组；有的教师一味地按学生水平分组，使公平竞争失去基础；有的教师一味地让学生自由组合，且美其名曰"给学生选择学习伙伴的权利"。

2）未建立合作学习机制，组内自由松散。其主要表现为：组长由教师临时指定，未明确组长的职责，也未明确组员的分工与职责。合作学习时，组长、组员不知所措，各行其是，合作难以进行。

---

① 李家黎，谢芳. 合作学习：历史发展、现状及展望[J]. 湖北第二师范学院学报，2005, 22(6): 76-77.

3）学生合作意识差，无合作的内在需求。其主要表现为：有的学生以自我为中心，不尊重他人，只关注自己，不倾听，不配合，甚至出言伤人，引发矛盾；有的学生不把学困生放在眼里，认为他们可说可不说，说了还浪费时间，不如不说；有的学生依赖学优生，“搭便车”现象突出；有的学生过于喧哗，组间干扰大，合作质量差。

4）学生不知合作之法，缺乏合作之能。其主要表现为：有的学生一听说合作，便七嘴八舌，你说你的，我说我的，不知用什么方式进行合作学习；有的学生不能耐心等别人把话说完便抢着说；有的学生不能相互督促、纠错、补充；有的学生在汇报合作学习成果时，仍是个人意见，合作学习流于形式，难以完成合作学习任务。

5）重形式轻有效价值。其主要表现为：有的教师把课桌摆成马蹄型，不管学习内容有无合作学习的必要，都让组员讨论，认为这就是合作学习；有的合作学习未建立在组员充分自主学习的基础上，组员无法交流互动；有的合作学习时间极短，合作不充分，不能完成合作任务；有的在学生合作学习时，教师在讲台上等待，或做自己的事，或走下讲台虚晃一下，又回到讲台，合作学习流于形式。

6）未建立评价体系，“三重三轻”突出。其主要表现为：重个体评价轻小组评价；重学习成果评价轻合作意识、合作方法、合作技能评价；重课堂随机评价轻定期评价等。讨论内容简单化，有些小组合作学习的问题、内容过于简单，看似热闹，但缺乏讨论、研究、交流的价值。

三、合作性学习策略的注意点

合作学习可以将个人之间的竞争转化为小组之间的竞争，有助于培养学生合作精神和竞争意识，增强学生的集体荣誉感，形成积极健康的竞争意识；有助于因材施教，调动每个学生学习的积极性和主动性，从而真正实现使每个学生都得到发展的目标。同时，合作学习使教学过程不只是一个认知过程，还是一个交往与审美的过程。①

（一）合理分组巧排座，相对稳定适度调

合理分组排座是合作学习成功的前提、基础。“合理分组巧排座，相对稳定适度调”是针对“分组不够合理”而采取的策略。合作学习大多以小组的形式进行。在课堂教学中，小组可以是临时组成的，由兴趣相同的学生自愿组成学习小组，对共同感兴趣的问题进行研究。教师在组建学习小组时，要注意考虑成员之间的搭配，每个小组的成员要按不同程度、不同性别比例搭配好，让学优生带动学困生，达到学生与学生之间的互补，并选好组长，明确组长的责任——组织好小组讨论、协调好组内成员的分工等。

明确共同任务及个人的责任。在布置了学习任务后，让学生明确本组的任务，并明确自己的职责。为了使每一位学生各方面能力都得到锻炼，要求学生在小组学习中要注意轮换角色。

① 裴娣娜. 合作学习的教学策略——发展性教学实验室研究报告之二[J]. 教育学报, 2000,(2): 1-6.

（二）健全机制明分工，角色轮换定期担

健全合作学习机制，明确小组成员的角色与职责是有效合作的基础。“健全机制明分工，角色轮换定期担”是针对“未建立合作学习机制，组内自由松散”而采取的策略，其操作要求是：①制定选定组长的办法，如推选法、竞选法、特殊指派法；②确定组内角色（岗位），制定角色的职责，明确分工；③制定角色轮换担任制度。

（三）创景教育多体验，培养意识添内需

合作意识是有效合作的基石。“创景教育多体验，培养意识添内需”是针对“学生合作意识差，无合作的内在需求”而采取的策略。其操作要求如下：①让学生懂得发展来自合作，合作是现代人工作和学习的重要方式之一，懂得每个人都有自己的长处和不足，既知己知彼，善待自己，又善待别人，扬长补短，才能发挥出最大的小组学习的优势；②自我教育，体会合作的重要性，可组织以“合作”为主题的班会，让学生搜集、讲述有关合作的格言、典故和切身事例等，进行自我教育，体会合作的重要性；③自我体验，树立合作意识，可设计一些须经过多人合作才能完成的学习任务或游戏，也可把合作的理念渗透到日常生活中。

（四）导法悟法学合作，掌握技能会合作

掌握合作之法与合作之能是有效合作的保证。“导法悟法学合作，掌握技能会合作”是针对“学生不知合作之法，缺乏合作之能”而采取的策略，其操作要求如下。

1）教师的示范点拨与学生的领悟自得相结合，让学生构建合作学习之法。合作方法七字诀如下。

个体自学奠好基，互教互学同进步。辅导组员齐参与，游戏竞赛勇争先。
讨论切磋共学习，切块拼接出成果。首席发言组员补，悟法用法学合作。

2）教师的点拨训练与学生的领悟自得相结合，让学生掌握表达与倾听、求助与帮助、支持与说服、反思与建议、自控与协调等合作技能。合作技能七字诀如下。

表达紧紧扣中心，有根有据说得清。倾听专心不插嘴，注视对方动脑筋。
支持对方露微笑，点头鼓掌竖拇指。说服他人表明理，话语委婉少批评。
求助别人要虚心，得到帮助表谢意。帮助同学有热情，诲人不倦解疑难。
反思自己有勇气，敢于认错学别人。建议之前多思考，敢于创新献良策。
自控守纪听安排，融入集体留个性。协调沟通求大同，交往合作齐向上。

（五）把握教材重学情，选准目标（合作点）求实效

选准合作点、讲求实效是有效合作的核心。“把握教材重学情，选准目标求实效”是针对“重形式轻有效价值”而采取的策略，其操作要求是：①合作点明确适当，具有探索性、开放性、挑战性；②挖掘教材，选准合作点，设计好预案；③关注学情，挖掘合作点，调整预案，顺学而导；④构建模式，精心组织。

（六）研究评价建体系，激活内因促发展

建立评价体系，积极评价，是激活内因、促进合作学习、成功发展的关键。“研究评价建体系，激活内因促发展”是针对“未建立评价体系，‘三重三轻’突出”而采取的策略。其操作要求是做到三个结合：课堂随机评价与定期评价相结合；小组自我评价与小组互评、教师评价相结合；小组成员自评与互评相结合。

【案例 3.5】一年级的数学“30 以内的数比大小”①

教师在教学前一天布置一个前置小研究，内容如下。

第一个环节：小研究“你能比较25和15的大小吗？请说出你的方法。”

小组内的每个学生在准备阶段先根据上面的小研究进行个体研究，并把研究的结果写在小研究的作业纸上。在上课的时候，第一个环节就是让学生在四人小组内进行交流、分享自己的研究成果。在小组活动的时候，一定要分好工，并且培养一个小组长或者一个小主持人主持全局。在小组活动时，我们通常有这样的要求：

1）小组长要有一个明确的分工，谁先说，谁跟着说。

2）说的学生要先站起来，听的学生一定要认真听，听完了要给掌声。

3）如果你觉得其他学生说得不好或说错了，等他说完了再提出意见。

4）如果小组里的学生不会说的时候，就找小组内的其他学生来帮忙。

5）完成好的就可以先拍三声并坐好。

第五步可以根据各个班的实际情况来改变，如果上到高年级，还可以让学生互相出一道或者两道题目考考其他学生，直到教师说时间到的时候就停下来。通过一定的约定制约学生的行为，可以更快地养成良好的小组合作的习惯。在这个阶段，学生往往在讨论过程中会产生许多出乎意料的想法。

这时教师在各个小组间巡视，用“问题”的形式来提示，但不直接给出答案，引发学生的思考。

第二个环节：小组在全班汇报

师：现在请各个小组汇报自己的研究成果，每个小组汇报自己小组最有特色的方法（因时间关系，只能这样处理），其他小组可以对这个小组进行适当的评价和补充。

在小组形成阶段，小组汇报也有一定的约定和要求，比如：

1）汇报的学生注意组织性的语言，如“请注意听”“请听题”“请看我出色的表现”“请听我流利的表达”“请看我的做法”“请听我的想法”“看看我的做法和你的有什么不同”“看谁最会尊重我”等，引起其他学生注意听。

2）汇报的学生要先分好工，按照顺序进行。

3）汇报完了还要问问“谁对我们小组的汇报有补充？”

---

① 数学教学中的小组合作学习案例[EB/OL]. 2016. https://max.book118.com/html/2016/1015/59293433.shtm[2018-04-29].

师：看看哪些小组最勇敢，把自己研究的成果和同学们共同分享一下？

组1：“因为25个苹果比15个苹果多（苹果还可以换成牛、花、鸡蛋、饼干、小超人、衣服、铅笔、玩具、小鸟……），我家的菊花（高25厘米）比郁金香（高15厘米）高，所以25大于15。”

师：这个组的同学是举生活中的例子（数学小故事）来说明他的研究结果。大家认为可以给他们小组的汇报打几分？

组2：“25的十位是2，15的十位是1，2比1大，所以25大过15。”

师：这个组是根据数位来比较大小的（这也是比较常用的办法），这个小组哪些方面最值得我们学习？

组3：“因为　5　5　5　5　5　多。

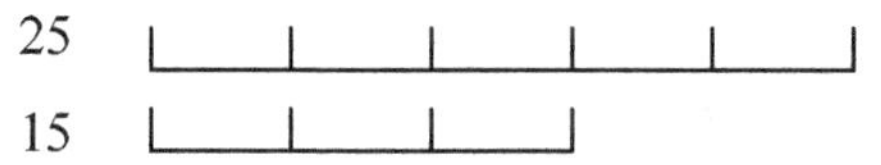

师：这个组是用图形的形式表示出来的，因为5段比3段的长，所以25大于15。我们的同学能这样用图形表示，说明他们积极动脑筋了，把25和15的大小比较出来了。

组4：“因为5+5+5+5+5=25，5+5+5=15，25里边有五个5，15里边有三个5，五个5比三个5多，所以25大于15。”

师：这个组的同学采用分解数的形式来进行比较，也不失是一个好办法。

组5：“因为10+15=25，25－15=10，所以25大于15。”

师：这组同学是通过加减法计算来比较的。

组6：“我把25克的木头放在天平的一边，另外一边放15克的木头，结果25克那边比较低；2个水杯，一个倒25毫升的水，另一个倒15毫升的水，结果倒25毫升水的一边比较高；所以25大于15。”

师：这组同学是通过自己的亲身实践，然后用语言表述出来，真的很了不起。

组7：因为正正正正正，5个正字有25画，正正正，3个正字有15画，所以25大于15。

师：这组同学把语文的数笔画也用到数学上了，有一定的迁移能力，真棒。

……

在这个环节中，加入老师的评价和学生的互相评价以及对汇报的知识的互相质疑，老师和学生、学生和学生之间形成一种师生、生生互动的局面，也为更好地养成一个小组汇报的习惯做好反馈和小结。

第三个环节：引导学生总结比较大小的常用方法或者简便方法。在学生汇报完后，我们引导学生总结出最常用、用得最广泛的方法。

师：在这些方法中，哪个方法是最常用的呢？哪个小组汇报的方法是你最喜欢的？

组8：组2的同学汇报的方法最常用，不用那么麻烦。

这个环节也是必不可少的。因为这是积累知识的环节，由具体的例子总结出计算或者比较的方法，也是优化方法的体现。

第四个环节：师生互相考一考

师：出3对数字让他们比较大小（49和61、55和53、30和3），并要求他们把自己的发现说出来。结果一些学生很快就举手了。

组9："49和61，我发现2位数的比较，只要看十位就行了，十位大的就大，十位小的就小，49小于61；55和53，十位相同的就看个位，55大于53；30和3，2位数比1位数大，30大于3。"

师：接下来，同学们出一些两位数比较大小的题目，考考同学。

学生在小组内出题目互相考，或者组织一些有趣味的关于比大小的数学游戏活动。学生互相考的环节或者做游戏的环节，也是在小组内进行的。有时候学生通过小组的智慧，还会不断创造出更多、更好玩、更有趣的游戏。

最后，在全课小结的环节，还可以让全体学生评选出得分最高的小组，评为最佳合作学习小组。这样利用小组合作的形式来上课，对学生来说获得的不仅仅是学科知识，还有语言表达能力的提高、组织管理能力的提高、评价能力的提高，学生也在合作学习中潜移默化地学会了如何与他人进行合作和交流，体现了一个人综合素质的提升。

【案例 3.6】活动材料：*A Charity Show* 牛津版初中英语八年级下册①

教学班级：初中二年级（1）班、（2）班

活动时间：35分钟

教学目标：

1）阅读课本第73页A部分海报内容，总结设计一张海报所需的信息。

2）作为一所陶艺特色学校，学校每年举行校内陶艺作品拍卖活动，4人一组合作为此慈善活动设计海报。

3）增强学生合作学习意识和合作学习信心，培养学生合作学习能力和创新精神。在互助互学的氛围里，使学生体会到获得知识、掌握知识的成就感。

语言技能：侧重阅读和写作。

合作学习形式：拼盘式、小组成绩分享、共学式。

合作技巧：小组组建，鼓励他人参与，及时鼓励参与者的应答。用恰当的方式协助小组继续活动，整合不同视觉。

分组方式：将全班分成4人的异质小组，各小组成员在学习活动中分别作为海报版面设计者、海报内容起草人、文字书写者、图画设计者。然后成立专家组，各专家组先讨论，然后回到原组。在设计学校陶艺作品拍卖活动海报时，各成员合作，大家一起出谋划策，共同完成海报设计任务。

教学步骤：

1. 导入

师生互动，复习上一课部分内容，问学生：

① 英语合作学习课堂教学案例分析 2[EB/OL]. 2013. http://wenku.baidu.com/view/a9a845d37f1922791688e8bb.html[2018-04-29].

If you are going to hold a charity show, what will you do before the show?

What should you plan?

How would you attract people's attention to your poster?

2. 呈现

引导学生带着问题阅读课本第73页A部分海报内容并找出问题答案，同时引导学生总结设计一张海报所需的信息，回答完毕后让学生看课本第74页A部分的总结。

3. 任务提出

1）小组学习与讨论：要求学生完成海报所需的信息，教师呈现海报所需信息的表格，要求学生四人一组讨论，务必把表格中的所有信息包括进去。要求每组设计自己的学校陶艺作品拍卖活动海报，提醒学生考虑自己的海报面向的观众以及如何能使人注意并对宣传的活动感兴趣。

2）班级汇报：各组汇报学习与讨论的结果，并展示各小组的学习成果，对各海报的优点和特色进行评价。

4. 活动过程

1）小组共同讨论，合作学习，确定海报需包括以下信息：name of the show、place、date、time、purpose、price、programme、which charity you are raising money for and why。

2）小组分工，绘画、书写、文字起草、版面设计各分派一人负责，分别用字母A、B、C、D代表（课前需通知各组带好绘画笔，教师准备好海报用纸）。

3）成立专家组，专家A组由各小组成员A组成，依此类推。各专家组在一起合作讨论、互相帮助，然后回到原组。

4）在活动中，每个成员互助合作、尽职尽责，完成本组学习任务。

5）各组汇报交流，展示自己设计的海报，教师肯定鼓励，解答学生活动中存在的问题。

5. 评价

1）对本节课所学内容、效果和合作学习活动进行反思。

2）师生共同做出评价，分别对绘画、书写、文字起草、版面设计等组的优点进行鼓励和夸奖，使全班每个学生都获得合作学习的信心和成就感。

6.家庭作业

1）学习本课第74页B部分writing a speech。

2）为自己组设计的海报写一篇演讲稿。

案例反思：本堂合作性学习教学关键有两点，一是各组成员确定此海报需包括的信息，在检查时要提醒他们不能遗漏任何部分；二是专家组的建立充分发挥学生各方面的特长，使每个学生都能获得成就感，增强对学习英语的兴趣。在布置家庭作业时，把写海报发言稿的任务在课外完成，让学生在合作学习课堂上产生的英语学习的兴趣和热情保持到课外。

在这堂合作性学习英语教学上，还需特别注意以下三个方面。

1）在实施合作学习的过程中，教师的任务要非常明确，精心组建、合理安排各组成员。小组合作学习的分组是以组间同质、组内异质为基本原则。将学生分组的过程是要使各小组之间保持平衡。每个小组都包括学业成绩低、中、高的学生；使全班各小组的平均成绩大致相同；不允许学生自由选择本组成员，防止出现组内同质现象；另外，还要注意小组成员在性别、兴趣、能力等方面的合理搭配。

2）创造合作学习的环境，在小组合作学习过程中，教师的职能就是为学生创造合作学习环境。小组合作学习不仅仅是完成学习任务，更重要的是通过小组合作学习，培养学生的合作参与意识和与人友好相处共同完成任务的能力。因此教师特别注意培养学生的合作意识，并教授合作技巧，使小组内学生之间密切合作，保持和谐的同伴关系，增强内部团结。根据本课教学重点为慈善活动设计海报这一学习内容，教师把学校陶艺作品拍卖活动的话题引进课堂，为学生创设学习情景，把小组学习活动与他们的生活实际和内部需要结合起来，激发合作兴趣，营造氛围，培养探索精神。

3）在开展合作学习过程中，教师加大指导力度，负担起更大的管理和调控职责。认真观察各小组的学习活动情况，积极启发和引导学生之间的互动，让学生共同探究，尝试合作学习知识的乐趣。小组合作设计海报的过程中，随时都会有意想不到的问题发生，如果这些问题得不到及时有效的解决，往往会阻碍合作学习的顺利开展。必须对每个小组的合作学习进行现场的观察和介入，为他们提供及时有效的指导。

合作学习应强调培养学生的合作精神和人际交往能力，在合作课堂上主要体现在以下三个方面：①营造平等和谐的学习气氛；②降低语言学习中的焦虑感，提高学生自信心；③发展学生个性，激发学习动机。

总之，合作学习有助于提高学生学习主动性，有助于培养学生尊重他人的合作精神，同时课堂效率也会大幅度地提高。

【案例 3.7】查理定律①

1. 教学实录

1）课前准备

复习玻-马定律，掌握理想气体的压强与温度的关系。预习新课“气体压强与体积的关系”，上网搜集法国科学家查理的有关资料。

2）教学流程图（图3.1）

① 小组合作学习案例[EB/OL]. https://www.51wendang.com/doc/065c15675737775086cff5cd/2[2018-04-29].

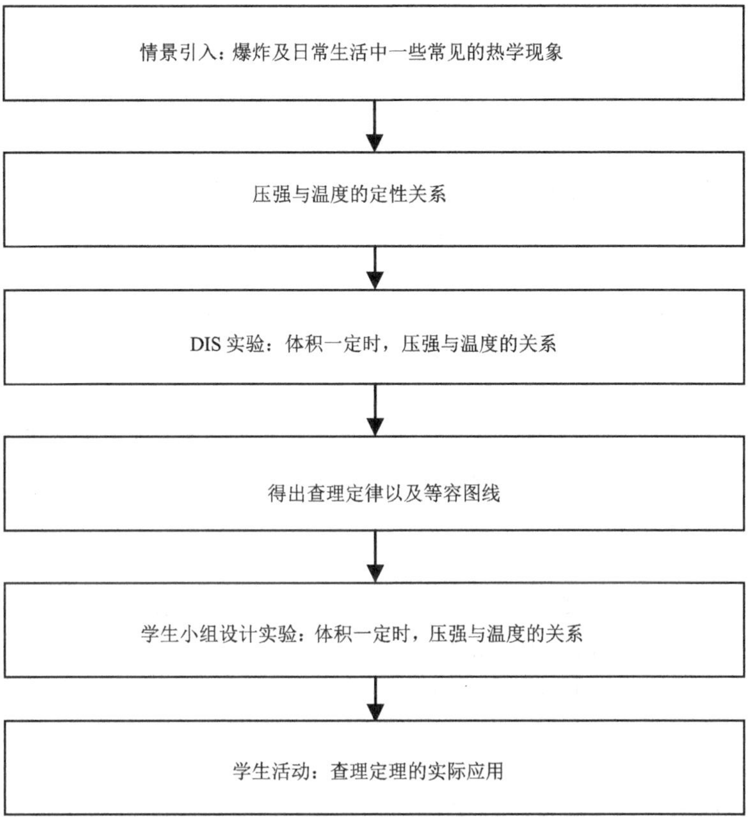

图 3.1　教学流程图

2. 小组合作片段

学生小组设计实验：体积一定时，压强与温度的关系。

给定器材：长颈烧瓶（附活塞）、大烧杯、直尺、温度计、直角玻璃管、橡皮管、铁架台（附试管夹）、红墨水、冷（热）水。

教师启发提问：

1）如何连接实验装置？

2）为保证气体体积一定，实验中应注意些什么？（活塞塞紧；上下移动A管使得B管中液面回到原来的位置）

3）该实验的误差来源有哪些？（读数；气体温度不均匀）

4）需要记录哪些数据？（如何设计表格）

5）有没有其他办法，不用通过上下移动A管而使得B管中的液面回到原来的位置？（往B管中继续注入红墨水）

3. 学生独立思考

1）小组讨论，画出实验装置图。

2）小组派代表上台展示并讲解方案。

3）师生共同评价方案。

4. 分析

（1）选题

恰当的学习内容、健全的小组和有效的指导是合作学习的三个要素，其中恰当的学习内容是教师首先面临的选择。选准、选精学习内容是确保合作学习实效性的重要因素。适宜合作学习的教学内容要遵循以下三个基本原则。

一是某些有一定探索性、挑战性的内容。一般来说，较简单的认知学习任务可让个人独立自学或开展全班教学，而某些较复杂、综合的、具有探索性和挑战性的学习任务靠个体的力量往往不能解决，学生觉得有讨论的需求和必要，这时教师可组织学生合作学习，从而充分发挥集体的智慧。

二是某些方法、结果容易出现分歧的内容。如果要解决的问题答案非常明显，而且是唯一的，那就没必要合作讨论了。而当学生对某个问题看法出现不同意见后，教师可不加任何评论，让学生在小组内去讨论，给学生创造一个生动活泼、民主和谐的学习氛围。这样的教学不仅使学生的主体地位得到充分的体现，也使学生的创新思维得到发展。

三是方法不确定、答案不唯一的开放性内容。一些开放性、探索性的问题，让学生独立思考之后再进行充分的合作交流，可以改善学习效果。因为一个人的思维总是有局限的。合作学习一方面为每个学生提供了表达个性思想的机会；另一方面能汇集多角度的思想，便于学生在倾听中发现别人的长处，突破个人思维的局限，拓展自己的视野，建构问题的解决策略。另外，个人无法完成的复杂内容，一些操作性强、需要同伴的帮助才能完成的活动内容，也适合通过小组合作进行。

在这个教学片段中，按照所提供的实验仪器设计实验，本身是一个开放性的内容，具有一定的难度，要考虑的方面较多，包括方案的可行性是否大，因此需要学生经过独立思考之后，再进行小组合作才能较圆满地解决该问题。

（2）给学生独立思考的时间

无论是什么方式的合作学习，都应该建立在学生个人独立思考、亲身体验的基础上，一旦离开了独立学习这个前提，合作学习就如水上浮萍，落不到实处，也就达不到合作学习的目的。可以说，没有独立的思考，也就没有真正的合作。因为学生要参与讨论、参与探究，必须要以自己的见解和认知能力作为基础，而个体的独立思考是无法由别人或小组来替代的，只有在学生思考达到一定程度时展开讨论，才有可能出现一点即通、恍然大悟的效果；也只有在此时展开讨论，才有可能出现观点的针锋相对和正面交锋。

在这个教学片段中，教师的做法是在小组合作前，先让每个学生独立做一做、想一想，或者把想法写一写，把图画一画，然后再进行小组交流，其他人倾听，经过讨论形成集体意见，这样每个人都有思考的机会和时间。

（3）营造互动气氛

当学生进行合作学习的时候，教师不应该是清闲的，而应该担负起更大的管理和调控职责。教师该做的，不是等待、观望，而是对各个小组进行观察和介入，为他们提供及时有效的指导：当个别学生不认真参与交流，做与合作学习无关的事情，或个别小组交流不认真时，教师要及时加以引导，提出明确的要求，确保合作学习顺利进行，而不是流于形式。

在本次讨论中，教师在班级里巡视过程中，当学生对小组的任务还不清楚时，教师耐心地向学生反复说明任务的内容及操作程序；当小组讨论偏离主题或讨论一时受阻时，教师及时发现、及时制止，或为小组讨论提供及时的点拨，使小组讨论顺利开展；当小组的交流和讨论出现浅层次、表面化的现象时，教师及时引导启发，鼓励学生积极思考，使得问题的讨论不断深入；当有的小组提前完成任务开始讨论其他话题时，教师马上走过去检验他们是否正确完成了任务，并且给他们提出新的任务，如帮助其他组完成任务或自由活动，前提是不影响他人；当学生在交流的过程中思维碰撞火花闪现时，教师也给予了及时的肯定。

（4）评价小组讨论结果

小组汇报、交流学习成果时，教师一方面要以共同学习、共同进步为宗旨，兼顾公平、公正的基本原则；另一方面要积极引导每位组员站在小组的立场上。个人的发言将代表小组，个人的成败将与小组息息相关，以增强集体荣誉感，促使其在今后的小组合作中全力以赴。特别是一些有争议的结论，教师要作出妥善的处理，切不可凭个人感觉“决定一切”，要引导学生在此基础上作进一步的讨论与探索。

（5）反思

自从开展小组合作这种教学模式的实践活动以来，组内很多教师在课堂中能很自然地用小组合作的学习方式，并且已经逐渐形成了习惯。这是可喜的现象，说明新的课程理念、新的学习方式已经走进了课堂。但一经仔细观察，便会发现隐藏在其后的问题。

1）在此教学过程中最常见的形式就是小组讨论，作为一种新的教学模式，小组合作学习的内容应该是丰富的，形式也应该是多样化而不是单一的，范围也不应该仅仅局限于课堂，而应该延伸到课外。

2）如今的高中学生普遍缺乏的是善意的、发自本性的合作与帮助，显现更多的却是狭隘的“独立学习”。作为引导他们的教师，是否能够在平时的教学活动中，积极实践、积极思考、积极总结摸索出更适合学生心理特征，也更加行之有效的小组合作模式，是每个教师都应该努力的方向。

第四节 探究性学习策略

一、探究性学习策略的概念

探究性学习是一种积极的学习过程，主要指的是学生在学习活动中自己探索问题的学习方式，这种学习方式必然要渗透到各学科学习活动中。从探究性学习的含义来看，可以有以下两方面的理解。

1）探究性学习泛指学生探究问题的学习，是一种学习方式、一种教育理念或策略。显然，它可以渗透于学生学习的所有学科、所有活动之中。学科教学中的研究性学习主要指研究性学习方式，当然学科内的专题研究活动则属于这种广义上的探究性学习活动。而目前学科课程的课堂教学仍是学生学习的主阵地，学生学习方式的改变最终还得落实到学科教学中，因此在学科教学中开展探究性学习的意义就显得十分重要。

2）学科教学中的探究性学习虽然也可以在课外进行，但更主要的还是立足于课堂内；虽然也可以让学生自主选题、自主研究，但更主要的还是在教师的引导下进行；虽然探究的结果也可以是开放的，但更多的还是发现存在于书本或教材中预知的结论；虽然也强调过程，但更多的时候还要强调结果。在目前学科教学任务和教学方式还没有改变的情况下，在学科教学中开展探究性学习显得更复杂、更困难，更需要我们去进一步研究。

二、探究性学习策略的具体培养目标

培养学生探究性学习策略，把课堂教学和学生课外活动作为主阵地，在语文、数学、英语等学科领域进行具体实施，找到培养学生探究性学习的策略。

1. 语文

1）巧妙引导，让学生善于质疑。

2）创设氛围，让学生善于探究。

3）重视学生在学习过程各环节中问题意识的培养，重在解决问题的方法和能力的培养。

2. 数学

让学生独立自主地发现问题，并通过实验、操作、调查、信息搜集与处理、表达与交流，找到培养学生探究性学习的策略。

3. 英语

激发学生的学习愿望，使学生有学习的内驱力，以积极的态度和情绪去对待学习活动，由过去的被动学习转变为主动学习，使学生自主地探究发现问题，并且学会解决问题，从而发现解决问题的方法。尊重学生的人格和权利，使他们敢于发表自己的见解，有责任心，善于与人合作，有进取心，乐于解决生活中的实际问题；尊重学生的身心发展规律，使自主、自信、自尊、自我约束等人格中可贵的品质得以培养和发展，为他们未来能适应社会打好基础。

三、探究性学习策略的基本流程

探究性学习是以学生的学习为出发点和归宿，遵循学生的认知规律。在实际的教学运用中，我们确定了“激趣设疑—引导探究—评价总结—应用创新”的基本流程。下面以音乐课堂教学为例进一步阐述。

1）激趣设疑。兴趣是探究的内在动力，古人云：“知之者不如好知者，好之者不如乐知者。”只有产生音乐学习的浓厚兴趣，才能促使学生产生探究的欲望。为此，在音乐教学中除了应建立平等、民主、和谐的师生关系外，还应注意营造良好的学习氛围，以激起学生的学习动机，从而让学生发现问题、提出问题，明确探究目标。例如，在教歌曲《小青蛙找家》之前，在放录音的同时用课件展示小青蛙的各种图片，以此来创设问题情境，然后让学生探索出一些与歌曲内容相关的问题，如小青蛙在干什么？小青蛙怎么叫？怎么走路？小青蛙是益虫吗？它能做什么？等等。接着引导学生围绕“小动物来到学校—小动物在校园游玩—下雨了—小动物找家”这一主线进行音乐实践活动，这样学生既可以主动参与音乐活动，又可以在宽松愉悦的音乐课堂活动中获得丰富的情感体验，从而激发学生学习音乐和探究音乐内涵的兴趣。

2）引导探究。它是音乐探究学习的核心部分，在学生明确探究目标后，教师已成为学生进行探究活动的“参与者”和“合作者”，要给学生恰当的时间和空间去探究，给学生一个条件去大胆设想，保护其独立见解，鼓励学生大胆想象和创造，让学生在思维碰撞中发出灵感的火花，从而体验探究的乐趣。例如，在让学生创编《小动物找家》的歌词时，可先让学生探究各种动物的叫声，走路的姿势、节奏，有别于其他动物的特点、习性等，接着引导学生进行歌词的编创和表演活动，这样学生便能自信地、主动地参与到音乐教学活动中来。在教打击乐器的演奏方法时，教师放手让每个学生自主去探究演奏方法，学生探究出来的演奏方法有几十种之多，如拍打铃鼓，有的拍鼓心，有的拍鼓边，有的用手指拍，有的用手掌拍，有的用胳膊肘拍，有的用肩膀拍，等等。可见，教师注意把握音乐课堂教学中的探究点，引导学生积极参与、自主探究，学生对于音乐的内涵及创造能力将表现得淋漓尽致。

3）评价总结。此环节主要是组织学生互相交流，对探究的结论进行归纳总结，从而使问题得到解决。对探究性学习的评价，要重视对学生的行为进行积极性评价，从而使学生能以积极的心态参与探究学习活动。为此，教师在这一环节活动中要善于捕捉学生探究创新的思维闪光点，让他们体会到成功的喜悦与成就，进一步激发他们的探究创新意识。例如，在学生唱歌、表演、创编展示时，引导其他学生通过互相交流，能客观、公正地评价其表现中的美与不美、好与不好等。在评价其他人的同时，应注意引导学生取长补短，以便在音乐评价中潜移默化地受到自我教育。

4）应用创新。教师要组织好学生将探究归纳出的新知识、新方法应用于实践，解决实际问题，这就要求教师要精心设计好课堂延伸这一教学环节，设计具有探究创新性的练习题、结束语，使之具有启发性、创造性。可见，教师应在充分利用教材的基础上，对教材进行适时延伸。例如，在教会《过新年》歌曲后，在班级建立合作探究小组（小组成员是根据学生的兴趣爱好自由组合的），各探究小组的任务是组织一场班级迎新春联欢会，展示一学期以来各小组在音乐课上的学习情况。各探究小组通过讨论创编出了迎新春的各种表演形式，有舞蹈、唱歌、打击乐器、绘画、配乐诗朗诵、小品等多种表演形式，以此来展示新春的热闹、祥和、喜庆的气氛，同时也展示了学生以合作探究的方式表现喜迎新春的喜悦。这正是音乐课堂探究性学习所要达到的最高层面，充分调动了学生动手、动脑及参与创新的积极性。[①]

四、探究性学习策略的意义与创新

探究性学习策略的实施对于广大小学教师来说，是一项全新的工作，需要边实践边探索，进行创造性劳动。教师经过教育科研实践，可学会教育科研的基本方法，理解探究性学习的基本思想，自觉将探究性学习的基本思想运用到教学实践中，并把指导学生开展课外探究性学习活动和课堂教学中自觉运用探究性学习基本思想及探究学习方式有机地结合起来，创造性地开展探究性学习活动。

探究性学习和学科教学是我国基础教育课程体系中相互补充、相互促进的两个版块。探究性学习和学科教学各有自己的价值，它们完全可以建立相互弥补、相互促进的关系，共同对学生发生作用。学科教学中所传授的知识和形成的能力是学生开展探究性学习必不可少的基础和材料，学科教学中的许多内容都可以在探究性学习中得到拓展和延伸，而学生在探究性学习中所形成的能力、所得到的信息和知识又很自然地由学生迁移到学科教学中。学生是一个完整的人，两类课程的结果将同时在他们身上发挥作用。

【案例 3.8】人生的境界[②]

1. 教学目的

1）通过发问，深入研究，理解作者观点。

2）写读书笔记，阐述对境界的认识。

2. 重点和难点

概括四种境界的内涵。

3. 教学过程

第一课时

课前预习

（1）跟读录音，正音朗读

（2）阅读指导

师生谈感悟（学生先讲，通过事例谈启发）。

仔细品味冯友兰先生的《人生的境界》，探究人生境界的四个等级，我想到下面的几则小故事。

山区放羊娃的人生（自然境界）

有一记者前往某山区，碰到一个放羊娃，记者便和放羊娃有了一段对话。记者问：“你放羊为的是什么？”放羊娃答：“卖钱。”记者问：“卖了钱干什么？”放羊娃

① 郑玉敏. 探究性学习的误区[J]. 农村教育：理论与实践，2009, (2): 45

② 人生的境界[DB/OL]. https://yw.chazidian.com/xiangxi-137346/[2018-04-29].

答："娶媳妇。"记者问："娶了媳妇呢?"放羊娃答："生孩子。"记者问："有了孩子呢?"放羊娃答："放羊。"记者默然。

芸芸众生皆为利（功利境界）

1997年和二十几位老师一起在大连旅游，一天从旅店去星海广场，的士司机在星海广场绕道走有十公里，说多看看市容风光。回来时，大家都坐公交车。车子开动了，一会儿就到。来时的桑塔纳走西路有十公里，现在走东路，才五公里……

大无大有周恩来（道德境界）

周恩来惊人之无有六：一是死不留灰，二是生而无后，三是官而不显，四是党而不私，五是劳而不怨，六是去不留言。这六个"大无"，说到底是一个无私。公私之分古来有之，但真正的大公无私自共产党始。1998年是周恩来100周年诞辰，也是划时代的《共产党宣言》发表150周年。这个宣言公开提出要消灭私有制，要求每个党员认识到只有解放全人类才能最后解放自己。梁衡说，150年来，实践《共产党宣言》精神，将公私关系处理得彻底、完美，达到如此绝妙境界者，周恩来是第一人。因为即使如马克思、恩格斯、列宁也没有像他这样长期处于手握党权、政权的诱惑和身处各种矛盾的煎熬之中。总理在真正实现"大无"的同时得到了别人没有的"大有"：有大智、大勇、大才和大貌，特别是他的大爱大德。

遥想《逍遥游》（天地境界）

仰望茫茫宇宙，遥想庄子《逍遥游》。"若夫乘天地之正，而御六气之辩，以游无穷者，彼且恶乎待哉……"

板书

人生境界：山区放羊娃的人生（自然境界）
　　　　　芸芸众生皆为利（功利境界）
　　　　　大无大有周恩来（道德境界）
　　　　　遥想《逍遥游》（天地境界）

第二课时

课文探究

（1）重点精析

1）人生四种境界划分的依据是什么?（觉解的不同）

2）"境界说"的拓展：近代大学问家王国维认为，古今成大事者必须经过三种境界："昨夜西风凋碧树，独上高楼，望尽天涯路"，此第一境也（向往）；"衣带渐宽终不悔，为伊消得人憔悴"此第二境也（追求）；"众里寻他千百度，蓦然回首，那人却在灯火阑珊处"，此第三境也（顿悟）。

中国的禅宗认为成佛需经三种境界：

第一种境界是"落叶满空山，何处寻行迹"，这是寻找禅的本体而不得的阶段。

第二种境界是"空山无人，水流花开"，这是似已悟道而实未悟的阶段。

第三种境界是"万古长空，一朝风月"，这是写悟到了瞬间即永恒，刹那成终古的心态。

（2）问题探究

1）“人之战”和“蚁之战”的区别是什么？

探究学习：冯先生认为，有觉解才是人与动物的根本区别，才是人生最特殊、最显著的性质。人只有觉解到了“觉解”这种人的本性，人生才真正有意义。道德也必须以觉解为前提，凡可称为道德的行为，必同时也是有觉解的行为。无觉解的行为，虽亦可合于道德，但严格地说，并不是道德的行为。蚂蚁打仗时，每个蚂蚁都各为其群，奋不顾身。从表面上看，与军人为国打仗、奋不顾身似无区别。但人打仗是很危险的，在这种前提下他仍能奋不顾身，其行为是道德行为。蚂蚁打仗时奋不顾身只是一种本能，它对于打仗及其危险并无觉解，所以严格地说，其行为并不是道德行为。

2）若把曹丕和曹植相比，谁的成就大，谁的境界高？

探究学习：我们不能把一个人的境界与一个人的成就等同起来。境界的高低，以觉解的多少为标准。成就的大小，在艺术上有艺术的标准，在事功上有事功的标准，我们不能认为一个人有很高的境界，就一定有很大的事功。其成就的大小，不能以境界的高低为标准。

3）关羽的人生境界是道德境界吗？

探究学习：在功利境界中的人，其合乎道德的行为是为了追求自己的利。功利主义者（如那位的士司机）以为道德不过如此，这是对于道德没有完全的了解。功利境界中的人做道德的事，只是合乎道德的行为。他们的境界是功利境界，而不是道德境界。

4）怎样理解道德境界？

探究学习：“我”有自私义和主宰义。就“我”之自私义说，道德境界中的人无“我”；就“我”之主宰义说，道德境界中的人真正有“我”，亦即有“真我”。这就是说，道德境界也就是无“小我”之境，或曰有“大我”之境。道德境界中的人以社会为“我”，所以他们不自私，不利己。他们为社会做事，为社会谋利时没有任何个人目的。他们的行为被“真我”所主宰，所以其行为虽无个人目的，但却有觉解，他们的行为是出于“真我”自觉选择的行为。

板书　觉解

第三课时

课后演练

（1）知识拓展

课外阅读：

1）李泽厚：《中国古代思想史论》，北京：人民出版社，1986年。

2）冯友兰：《中国哲学简史》，北京：北京大学出版社，2012年。

研讨题目：冯先生的人生境界（超越人世的渴望）。

研究方法：比较法。

3）王国维：《人间词话》，南京：译林出版社，2010年（见《语文读本》）。

4）冯友兰：《三松堂全集》第四卷，郑州：河南人民出版社，2012年。

（2）课后检测

见同步练习。

【案例 3.9】问题是思维的起点①

1. 问题是思维的起点，是学生主动探究的动力

本教学案例始于如下研究性问题，同时通过动态地展示图形变化，让学生观察、探究。

1）已知：弦AB和CD相交于⊙O内一点P（图3.2），则$PA \cdot PB$与$PC \cdot PD$有何关系?为什么?

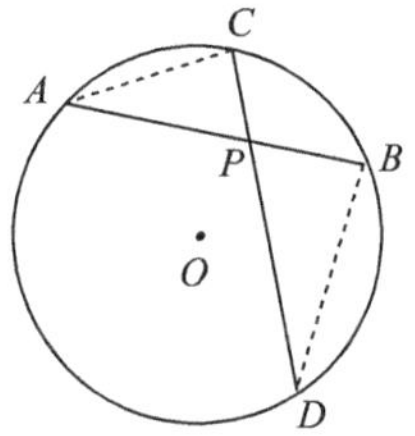

图 3.2

学生：连接AC、DB，由$\triangle APC \backsim \triangle DPB$可得$PA \cdot PB=PC \cdot PD$。

教师：板书“相交弦定理”。

2）若AB、CD的交点P在⊙O外（图3.3），上述结论成立吗?

学生甲：成立，连接AC、BD，由$\triangle PAC \backsim \triangle PDB$可得$PA \cdot PB=PC \cdot PD$。

学生乙：成立，连接AD、BC（图3.4），由$\triangle PAD \backsim \triangle PCB$可得$PA \cdot PB= PC \cdot PD$。

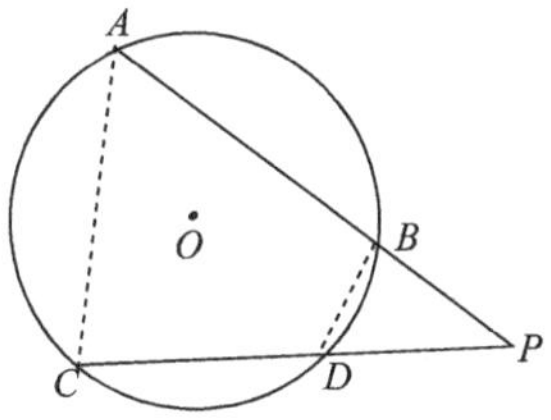

图 3.3

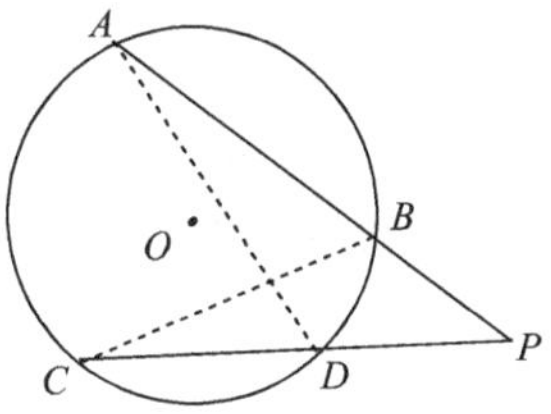

图 3.4

3）对图3.5，令PA绕P点旋转，使它和圆相切，上述结论有何变化?

学生：此时A点与B点重合，即$PB=PA$，可猜想上述结论变为：$PA^2=PC \cdot PD$。

证明：（略）

教师：板书“切割线定理”。

① 学生研究性学习案例之《初中数学课堂教学探究性学习案例简析》[EB/OL]. 2013. https://wenku.baidu.com/view/88d31ce5856a561253d36f04.html[2018-04-29].

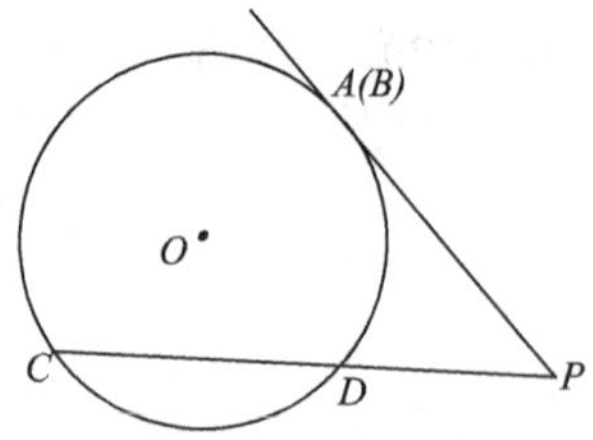

图 3.5

4）对图3.6，再令割线PC绕P点旋转，直到和圆相切，此时结论又如何呢？

学生：此时C点与D重合，即$PC=PD$。

∴上述结论将变为$PA^2=PC^2$，即$PA=PC$（负值舍去）。

其实，这就是前面已学过的切线长定理。可见，切线长定理是切割线定理的特殊情况，它们是相互联系的。

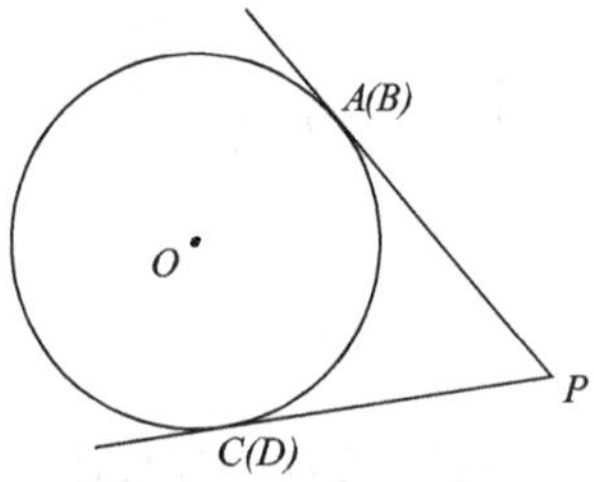

图 3.6

这激起了学生探索的好奇心与好胜心，为教师设计探究性学习带来了契机。此时，教师不要急于归纳总结或巩固练习，而应引导学生继续探究隐含于其中的数学问题的本质特征。

2. 深入探究，揭示和提炼规律

教师：如图3.7和图3.8，由上述结论可得$PA \cdot PB=PC \cdot PD=PE \cdot PF$。

这又反映了怎么样的规律呢？

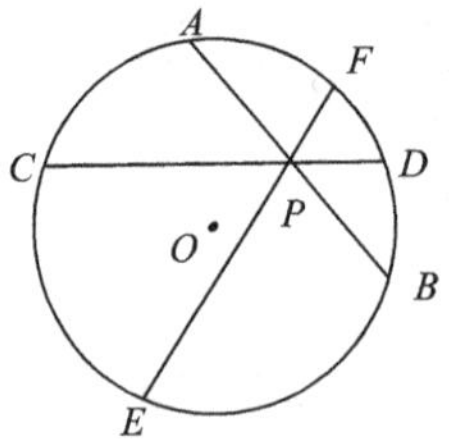

图 3.7

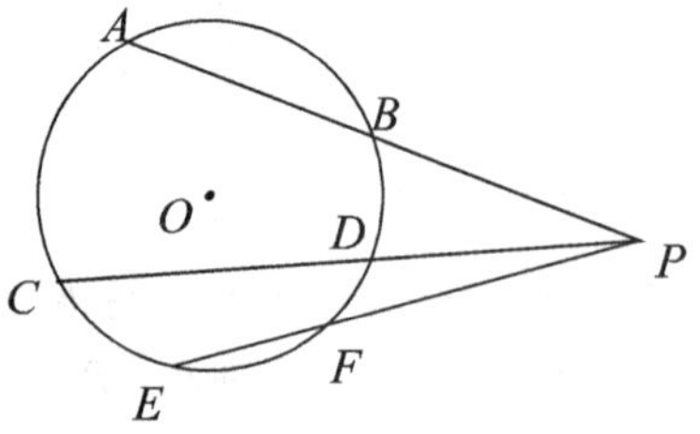

图 3.8

简析：这是教学难点，教师打开几何画板演示：AB绕P点任意旋转，且分别在CD处、EF处停留一会儿，让学生慢慢地领悟到AB转到CD或EF或……时，$PA \cdot PB$或$PC \cdot PD$或$PE \cdot PF$……的值不变。这说明了什么呢?学生思考、探索……

学生：割线AB的位置变化，但$PA \cdot PB$的值不变。

教师：即$PA \cdot PB$为定值。若⊙O的半径为R，$PO=d$，能用d、R表示这个定值吗?由此你发现了什么结论?请你把这一结论用文字叙述出来。

简析：此时学生充分地联想，如何将$PA \cdot PB$转化为R与d的关系式?由AB的位置变化而$PA \cdot PB$的值不变这一特征联想到，将AB旋转到过圆心O，就可得到R与d的关系。

学生：将AB旋转到特殊位置上，经过圆心O。

1）如图3.9，当P点在$\odot O$内时，$PA \cdot PB=PC \cdot PD=(R-d)(R+d)=R^2-d^2$。

2）如图3.10，当P点在$\odot O$外时，$PA \cdot PB=PC \cdot PD=(d+R)(d-R)=d^2-R^2$。

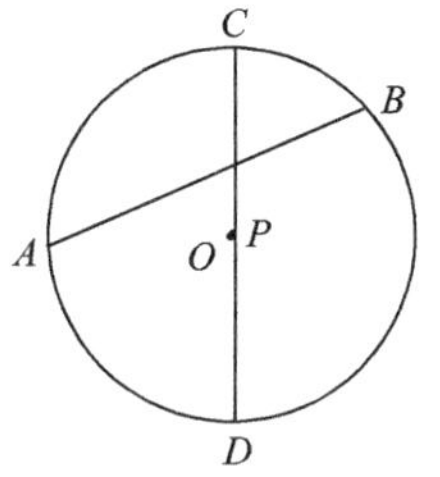

图 3.9

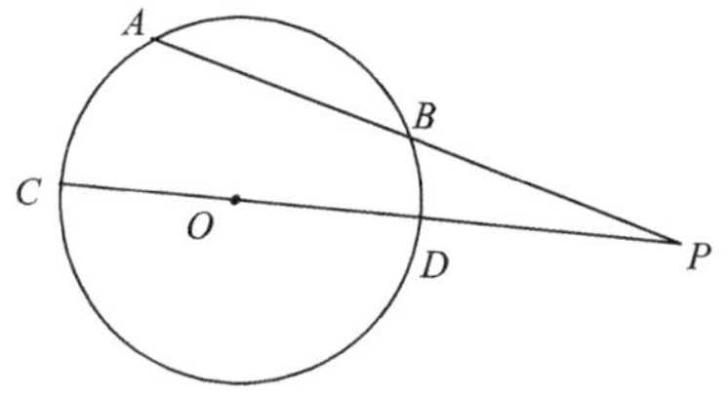

图 3.10

3）如图3.11，当PA为切线时，$PA^2=d^2-R^2$。

由此可知：无论点P在$\odot O$内或外，PA是割线（或切线），均有$PA \cdot PB=|d^2-R^2|$，因而有结论，过不在圆上的一个定点作任一条直线与圆相交，则这点到直线与圆的交点的两条线段长的积为定值。

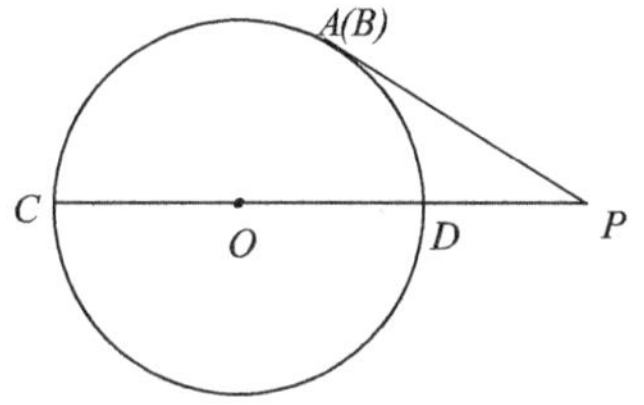

图 3.11

简析：通过这一深入探究，学生学会了将一般情形转化为特殊问题、化动为静的思想方法，用运动的观点去探索图形变化过程中所存在的结论。

3. 巩固练习

1）如图3.12，AB是$\odot O$的割线，交$\odot O$于A、B，PO交$\odot O$于C，$PC=OC$，$PA=4$，$AB=5$，求$\odot O$的半径。

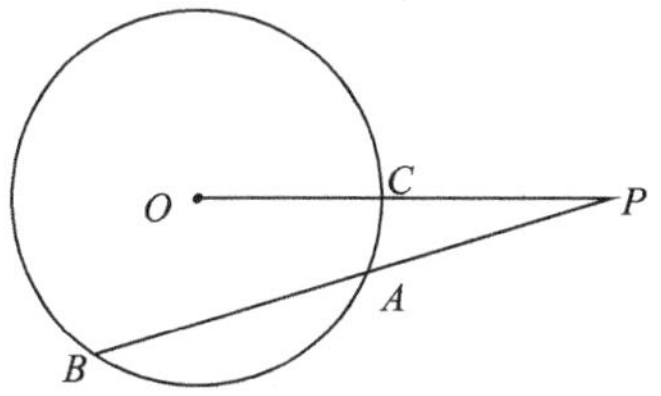

图 3.12

2）如图3.13，AB是过点P的一条弦，$AB=10$，$PA=8$，$PO=3$，求$\odot O$的半径。

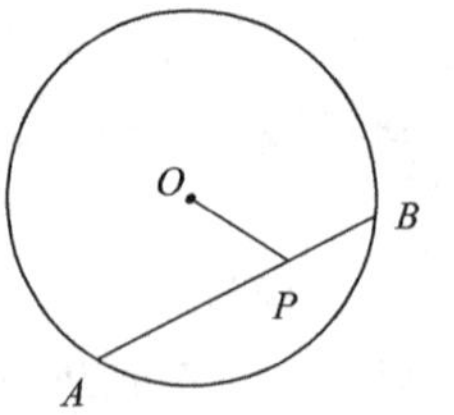

图 3.13

3）如图3.14，A是$\odot O$上一点，过点A的切线交CB的延长线于点P，且$AD\perp BC$，垂足为D，求证：$\dfrac{PB}{PD}=\dfrac{PO}{PC}$。

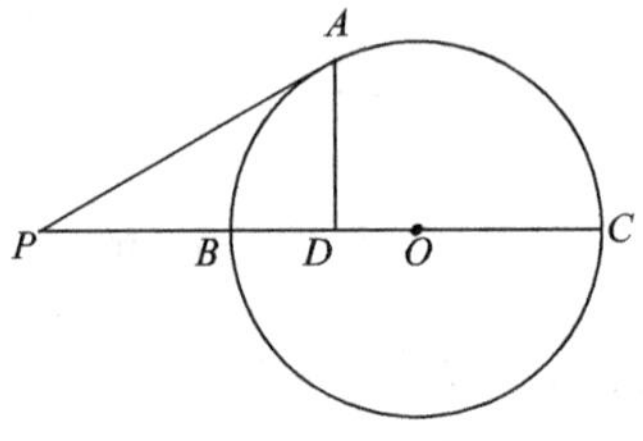

图 3.14

简析：这一探究性学习的教学案例虽不是十分典型，但还是有许多地方值得肯定，它既是对教师的教学观念和教学能力的挑战，也是培养学生创新精神和实践能力的重要途径。本教学案例的设计实现了以下三方面的转变：①教的转变，教师的角色从知识的讲授者转变为学生学习的组织者、引导者、合作者与共同研究者。本教学案例没有像教材那样给出一个定理，一步一步地练习，一点一点地落实，而是利用几何画板直观地、动态地展示图形变化，突出观察点。例如，交点P在圆内延伸到圆外，直线与圆相交，旋转到相切，激发学生自觉地去探究数学问题现象背后的本质（$PA\cdot PB$的值不变），体验发现的乐趣。②学的转变，学生的角色从学会转变为会学，对相交弦定理、切割线定理及其推论，并不是孤立地去记一个又一个定理，而是观察它们的联系，探究本质特征（割线PA的位置改变，而实质不变），发现隐含于其中的一般规律（$PA\cdot PB=|d^2-R^2|$），从而培养学生运动、变化、发展的辩证唯物主义观点。③教学目标的转变，教学目标从落实双基、培养思维能力转变为情感、意志、能力、知识等全方位的培养，达到如下几个目标：知识目标，随着对图形演化的研究，学生对圆幂定理的理解层层推进、螺旋上升、整体掌握，从而能灵活应用；能力目标，学生学会了联想、类比、化归等数学思想方法，培养了探索和发现的能力；学法目标，不是停留在学会课本知识的层面上，而是站在研究者的角度深入其境、由表及里，将课本知识拓广深化、再创造，体验研究的氛围和真谛；德育目标，学生的主体意识被唤醒，获得积极的情感体验，如探究的好奇心、好胜心倾向及认真探究、克服困难的心理素质等，培养了学生的科学态度和科学精神。

【案例 3.10】被子植物的个体发育①

被子植物的个体发育教学案例如表 3.1 所示。

表 3.1 被子植物的个体发育教学案例

<table>
<tr><td>课题</td><td colspan="2">被子植物的个体发育</td><td>授课人</td><td>××中学 ×××</td></tr>
<tr><td rowspan="8">教材分析</td><td>教材地位</td><td colspan="3">本课是有性生殖的延续和发展，也为下一节课的学习奠定了理论基础，是承上启下的一课，在教材中占有重要地位</td></tr>
<tr><td rowspan="3">教学目标</td><td>知识与技能</td><td colspan="2">1）知道被子植物种子的形成过程。
2）知道种子的萌发过程。
3）知道植株的生长和发育过程</td></tr>
<tr><td>过程与方法</td><td colspan="2">1）通过分组自学、问题讨论、归纳总结，学生自主学习、合作学习、探究学习，掌握科学的学习方法及发展分析、比较、综合等思维能力。
2）通过解剖，观察玉米等种子结构，初步学会生物科学实践的基本操作技能及分析、解决实际问题的能力</td></tr>
<tr><td>情感态度价值观</td><td colspan="2">1）培养学生的自主学习兴趣和执着的探索精神。
2）通过互动交流，培养学生合作精神，拉近人与人之间的情感距离</td></tr>
<tr><td rowspan="3">重点难点及确定依据</td><td>重点</td><td colspan="2">种子的形成</td></tr>
<tr><td>难点</td><td colspan="2">胚的发育</td></tr>
<tr><td>确定依据</td><td colspan="2">1）教学大纲及考试说明。
2）知识内容体系及现实意义。
3）学生的认知水平</td></tr>
<tr><td colspan="4"></td></tr>
<tr><td rowspan="4">教法学法及教学思想</td><td>教学手段</td><td colspan="3">多媒体课件，浸泡的大豆、花生、玉米种子及相应的实验用具，学生分为 6 人一组，共 9 组，分组有利于合作学习、交流互动</td></tr>
<tr><td>教法</td><td colspan="3">探究式教学方法</td></tr>
<tr><td>学法</td><td colspan="3">1）自主学习，探究学习，合作学习。
2）利用实物、课件，综合分析、推理</td></tr>
<tr><td>教学思想</td><td colspan="3">学习是学生积极主动构建知识的过程。教学过程中，突出学生的主体地位，使学生完全成为学习的主人，把传授知识的过程变成学生动脑、动口、动手的主动学习过程，变成学生积极探索求知的过程，变“要他学”为“他要学”，使学生的学习主动性、积极性得到充分的调动，使学生真正成为学习的主人，不仅收获了知识，还学会了学习方法。为了强化学生的主体地位，必须充分发挥教师的主导作用，注重创设情境，开拓学生探究、求知的空间，最大限度地实现学生有效学习</td></tr>
</table>

教学过程

教学环节	教学内容	师生活动	设计意图
导入新课	由复习个体发育的概念切入，且明确本课的学习内容	教师提出问题，创设情境，学生积极思考，回答问题	起到承上启下的作用，创设了互相探讨的和谐氛围，自然引入新知

① 探究性学习的教学案例展示[EB/OL]. 2010. http://wenku.baidu.com/view/2cd7334e852458fb770b5606.html[2018-04-29].

续表

课题	被子植物的个体发育	授课人	××中学 ×××

教学过程

教学环节	教学内容	师生活动	设计意图
讲授 新课	1.种子的形成 （1）胚的发育 受精卵 ↓ ↓ 顶细胞 基细胞 ↓ ↓ 球状胚体 ←营养激素— 胚柄 ↓ ↓ 胚｛胚芽、胚轴、胚根、子叶｝ 退化消失 找到胚的各部分结构，并比较种子结构。 （2）胚乳的发育 受精极核 ↓ 胚乳细胞 ↓ 胚乳 （3）种皮的形成 珠被 → 种皮	学生阅读教材“胚的发育”，自主发现问题、提出问题、解决问题。 教师明确任务 1）小组讨论总结胚的发育过程。 2）提出小组经讨论研究仍不能解决的问题至全班讨论探究。 展示每组的总结成果，小组派代表陈述，全体学生比较、评价。 展示出代表性问题，各小组积极讨论，踊跃发言，有理有据。 教师总结。 学生解剖观察大豆、花生、玉米的种子。 展示“导学题目”，学生阅读教材、讨论学习。 （1）受精卵和受精极核是同时开始细胞分裂的吗？ （2）有人说：“双子叶植物的种子没有胚乳，是因为它的受精极核不发育。”这种说法对吗？为什么？ 了解胚乳发育的部位、起点、过程，引导学生自主学习，以小组为单位，合作探讨。 各小组派代表陈述结论，教师总结	让学生自主讨论总结、发现问题、解决问题，增强自主学习意识，变“教”的课堂为“学”的课堂。提高学习效率，充分体现学生的主体地位 明确探究方向，发挥了教师的主导作用。 知识在比较、评价中得到了明确，增强了学生的合作意识、竞争意识。 充分挖掘学生的智力潜能，使探究学习向更深、更广的方向扩展，使学生的知识、思维、表达等方面都得到了提高。 理论联系实际，且引发了学生继续探究学习的愿望，自然导入下一环节的学习。 培养学生阅读、分析、处理教材的能力。 理论联系实际。 深化对知识的理解
	2. 种子的萌发 种子 → 幼苗 3. 植株的生长和发育 幼苗 ↓ 营养生长 ↓ 花芽 ↓ 生殖生长	学生阅读自学， 师生共同学习总结	培养自学能力

续表

课题	被子植物的个体发育	授课人	××中学　×××
教学过程			
教学环节	教学内容	师生活动	设计意图
总结新课	归纳主要内容 构建知识体系	学生归纳总结	培养学生自主整理教材、归纳总结的能力
巩固练习	—	学生利用本课知识，分析解决实际问题	深入课堂知识，反馈掌握情况，并锻炼学生学以致用的能力
探究性作业	如何用实验方法探究胚的发育过程，各小组形成实验设计报告		探究实验设计和科学研究方法，培养学生生物科学素养
板书设计	被子植物的个体发育 个　受精卵　　　　　受精卵→胚 　　↓　　种子的形成　受精极核→胚乳 体　种　子　　　　　珠被→种皮 　　↓　　种子的萌发 发　幼　苗 　　↓　　植株的生长和发育 育　性成熟个体		板书清晰简练 展示课堂内容 突出教学重点 便于理解记忆

【课后练习】

一、简答题

1. 自主性学习策略的基本要领是什么？
2. 小组合作学习应注意哪些问题？
3. 探究性学习策略应注意的学习误区有哪些？

二、论述题

1. 课堂提问的策略有哪些？
2. 合作性学习策略中的基本特征与基本策略是什么？

三、技能训练题

1. 新课程教育背景下，培养学生的自主构建能力尤指什么？
2. 有效课堂管理的含义与基本特征是什么？

【参考文献】

李红泉. 2009. 课堂讨论的实施策略[J]. 新课程(教研版), (4): 140.

李家黎, 谢芳. 2005. 合作学习: 历史发展、现状及展望 [J]. 湖北第二师范学院学报, 22(6): 76-77.

裴娣娜. 2000. 合作学习的教学策略——发展性教学实验室研究报告之二[J]. 教育学报, (2): 1-6.

田仁萍. 2006. 自主合作探究学习失败案例分析[J]. 语文教学与研究, (12): 106.

杨东. 2010. 课堂教学的变革——小学参与式教学实践研究[M]. 北京: 北京师范大学出版社.

余文森. 2002. 简论学生学习方式的转变[J]. 课程·教材·教法, (1): 25-26.

郑玉敏. 2009. 探究性学习的误区[J]. 农村教育: 理论与实践, (2): 45.

Pedagogiques M. 1983. Melanges Pedagogiques (Pedagogical Mixture)[J]. Melanges Pedagogiques: 161.

Huttunen I. 1986. Towards learner autonomy in foreign language learning in senior secondary school[M]. Oulu: University of Oulu.

Little J. 1990. Tutoring Success! A Joint Project of Anderson School District One and the National Dropout Prevention Center[J], 11: 25.

第四章　参与式教学的设计

【学习目标】

1. 理解参与式教学的理论基础、理念和依据。
2. 掌握参与式教学设计的流程。
3. 结合案例，更加深入地理解参与式教学设计在教学中的合理性和优越性。
4. 能够针对某个知识点进行参与式教学设计。

本章主要介绍参与式教学设计的定义、观点、理念、依据、流程、分类、方式、实施和应该避免的问题。从理论和实践两个角度论述参与式教学的合理性和优越性，并在实施参与式教学活动中穿插丰富的案例，以便更详细具体地介绍如何结合具体的科目采取合适的参与式教学方式。通过本章的学习，了解参与式教学在体现学生学习地位、创造民主平等融洽的师生关系、活跃课堂气氛等方面的作用。同时希望通过本章的学习，能对参与式教学设计有更直观、更深刻的认识和体会，当走上讲台后，结合本章所学知识，让你的课堂更富有活力和感染力。

第一节　参与式教学设计概述

一、参与式教学设计的定义和观点

（一）参与式教学设计的定义

有学者认为参与式教学设计是一个过程，把教学设计看作一个系统规划或计划的过程，具体是指将教学设计看作用系统的方法分析教学环境、明了教学问题、探索解决问题的途径，以及形成教学方案、评价教学过程等的过程。持这种观点的代表人物主要有加涅（R. M. Gagne）、肯普（J. E. Kemp）、史密斯、雷根等。其中，加涅认为，“教学的系统设计是教学系统的系统过程”[①]。肯普认为，“教学系统设计是运用系统方法分析研究教学过程中的相互联系的各部分的问题和需求，确立解决它们的方法步骤，然后评价教学成果的系

① R. M. 加涅, L. J. 布里格斯, W. W. 韦杰. 教学设计原理[M]. 皮连生, 庞维国译. 上海: 华东师范大学出版社, 1999: 20.

统计划过程”①。史密斯、雷根也指出，“教学设计是指运用系统方法，将学习理论与教学理论的原理转换成教学资料、教学活动、信息资源和评价的具体计划的系统化过程”②。

认为参与式教学设计是一门技术的代表人物是著名教学设计专家梅瑞尔（M. D. Merrill）。Merrill 和 Others（1996）将教学设计定义为“教学是一门科学，教学设计是建立在教学科学这一坚实基础上的技术，因而教学设计也可以被认为是科学性的技术（Science-based technology）”。此观点将教学设计视为开发学习经验和学习环境的技术，认为“教学的目的是使学生获得知识技能，教学设计的目的是开发促进学生掌握这些知识技能的经验和环境”。

（二）参与式教学设计的观点

把教学设计视为一门科学的代表人物有帕顿（J. V. Patten）和瑞格卢斯（C. M. Reigeluth）。帕顿在《什么是教学设计》一文中指出：“教学设计是设计科学大家庭的一员，设计科学各成员的共同特征是用科学原理及应用来满足人的需要。因此，教学设计是对学业成绩问题的解决措施进行策划的过程。”③瑞格卢斯在《教学设计是什么及为什么如是说》一文中指出：“教学设计是一门涉及理解与改进教学过程的学科。任何设计活动的宗旨都是提出达到预期目的的最优途径，因此教学设计主要是关于提出最优教学方法的处方的一门学科，这些最优的教学方法能使学生的知识和技能都发生预期的变化。”④

对于以上三种观点，第一种观点突出教学设计的操作性，强调教学设计如何操作以及操作的程序和步骤；第二种观点突出教学设计的技术性，强调教学设计过程中创设与开发学习经验和学习环境的技术与方法；第三种观点突出教学设计的学科属性，指出教学设计隶属于设计科学。这三种观点反映了人们理解与认识教学设计的不同视角，观点之间也并不矛盾，只是强调与侧重的方法有所不同，三者其实是在阐述教学设计不同方面的性质与特点。⑤

已有研究表明，参与式教学设计对学生发展的作用主要体现在：学生参与度增加，学生动机增强，学生能力提高；学生在合作背景下社会技能和合作能力、决策能力、问题解决能力、分析能力、批判思维能力都得到增强；学生学习兴趣、责任心和自信心都得到增强。

二、参与式教学设计的理念

（一）教师应该对教学内容有明确的定位

教学设计的核心理念体现为以学定教、教服务学、教学相长，即根据知识和认知过程中动态生成的“我”，教学设计者（绝大部分情况下即实施者本人）开发出适合于学习者自主意义建构的具体的、明确限定结果的最好方式。其设计思路是：设计者在课前调研学习者的

① 何克抗，郑永柏，谢幼如. 教学系统设计[M]. 北京：北京师范大学出版社，2002: 2.

② 何克抗，郑永柏，谢幼如. 教学系统设计[M]. 北京：北京师范大学出版社，2002: 2.

③ 何捷. 本位观:教学设计的基本问题——“写作教学进行时”的教学设计观之一[J]. 新课程研究，2014，(2): 61-64.

④ 陈鲁峰. 追寻个性化教学设计[J]. 中学语文教学参考，2017，(19).

⑤ 张广兵. 参与式教学设计研究[D]. 重庆：西南大学，2009.

知识体验，分析教学内容的课程定位，反思自身前期相关内容的教学实践，然后在系统思考的前提下按学科课程标准的学习要求和教学建议，独立解读教学内容并设置教学目标，创设协作学习情境，促进学生自主意义建构，开展个体学习体验的课堂系列活动。

（二）学生应该参与到教学活动中并体现其主体地位

参与式教学设计的理念就是变独裁式教学设计为分享式教学设计。在传统教学中，学生往往被当做填塞的对象，教师对学生有绝对的权威，一切由教师说了算，无论是教学目标、教学内容、教学方式、教学方法的选择还是教学媒体的选用、教学评价的标准等，学生完全被排除到决策的门外。教师成了课堂的垄断者，学生的意见无法发表和体现，教师的想法掩盖了学生的想法，这很容易导致学生缺乏独立思考的精神甚至引起学生对学习和教师产生不满的情绪。

（三）师生应该共同探讨、决策

参与式教学设计鼓励、倡导学生积极参与教学的设计过程，学生可以对设定的教学目标、教学内容、教学方法、教学进度提出自己的意见与建议，学生不再是教学设计的被动接受者，而是成为教学设计的合作伙伴，分析教学决策的权利。在思考参与式课堂如何设计时，教师应该时刻心中怀有学生，要考虑班上所有学生的认知水平差异、现有知识结构差异、学生所处的社会背景等。

参与式课堂的出发点是学生应处于学习主体地位，从积极参与中获取体验。在教学过程中，教师诚心诚意把学生当作学习的主人，使他们发自内心地感受到自己掌握了学习的主动权和与其他学生共同探讨知识的良好的体验，体会到了学习的乐趣。这是对传统教师“一言堂”和“填鸭式”教学的颠覆，具有里程碑式的意义，其目的是让所有学生都积极参与到课堂中来，而不是优秀生独占课堂发言权。

第二节 参与式教学设计的依据与流程

一、参与式教学设计的依据

参与式教学活动的目的是让更多的学生参与到课堂里来，成为课堂的主人，学生在课堂里充分发挥其主动性，这就对教师提出了更高的要求，教师要从以下几点来把握课堂：课程标准、教学内容、学生、教学目标。

（一）课程标准分析①

分析学科课程标准和学科教学指导意见对该科目在认知、技能、情感、学习策略、实施

① 谢泽慧. 参与式教学[M]. 重庆：西南大学出版社，2010: 189.

建议等方面的规定和要求。课程标准中规定的基本素质要求是教材、教学和评价的灵魂和核心，也是整个基础教育的灵魂。无论教学设计如何设计、教材怎么编、评价如何开展，都得围绕课程标准来展开，不能脱离这个核心。因此，教学设计必须遵循课程标准的指导，体现课程标准的精神。

（二）教学内容分析

课文分析：独立解读课文，摆脱对教学参考书的依赖，准确而深入地理解教学内容的精髓和要义，确定知识效能，并分析课文内容与其他学段的联系。只有在认真分析课文内容后，教师才能有针对性地进行教学设计。根据不同的科目和授课内容，灵活选择不同的教学方式。

【案例 4.1】《初冬》①

> 李吉林老师在上《初冬》一文时，她会鼓励学生留心观察周围事物，她经常对孩子们说："要用你们的眼睛去看啊！用你们的耳朵去倾听啊！"有一天，她到农村去讲课。那天早晨起来，她站在田埂上，看见田野上笼罩大雾，像弥漫着轻纱似的。她想文章写的就是雾中和雾后的景象，不知道班上的孩子有没有观察。第二天回到学校，她就问他们："昨天下雾了，我们班上有哪些小朋友观察了雾？"很多孩子都举手，她很高兴，连忙夸奖了他们。这样孩子们就知道，老师是很喜欢他们观察的，喜欢观察的孩子是非常棒的。此后，孩子们更乐意去用心观察。

参与式教学就是要求科任教师根据具体的教学内容让学生亲自参与。通过亲身体会加深对事物的了解。现在随着城市化的不断发展，越来越多的孩子的童年在电脑游戏和各种玩具中度过，不像以前农村的孩子与大自然亲密接触。很多孩子不知道春天有油菜花、蜜蜂、蝴蝶、野花、蝌蚪、螳螂；不知道夏天有青蛙、荷花、田螺、蝙蝠；不知道秋天有黄灿灿的稻谷，秋天是收获各种水果蔬菜的季节，因为他们从没见过。他们习惯了城市的高楼大厦，对自然界很陌生。很难想象，没有真正置身过大自然的学生能对美好的大自然产生热爱，能培养敬畏自然、歌颂自然、保护自然的情怀。童年时期在大自然特别是农村成长过的孩子有更强的社会适应能力，有更开阔的视野、更丰富的生活经历，知识来源于生活，很多知识在生活中能找到直观的例子和解释。根据授课内容，适当地让学生走进大自然接触生活，是参与式教学倡导的课堂组织形式之一。当然，针对不同的科目和所学习的内容，可以灵活采取其他课堂组织形式，比如，在初高中英语课堂和语文课堂，教师可组织情景对话表演、角色表演、戏剧、小品等形式多样的活动使学生乐于参与，感受学习的乐趣。

（三）学生的分析

要将学生纳入课堂教学的目标受众群体，依据构建主义学习理论确定其课前已经掌握了与新授课内容相关的知识以及学习新课必须掌握的新知识与技能。

分析学生的兴趣与需求，学生喜欢这些学习内容吗？学生之前接触过这些内容，具备必

---

① 李吉林. 李吉林与情境教育[M]. 北京：北京师范大学出版社, 2011: 59.

要的背景知识吗？这些学习内容怎么在实际生活中运用？他们可能会遇到什么困难？怎么解决这些困难？

分析学生已有的知识水平和能力，学生已经知道了什么？他们自己能够解决什么？分析学生在学习过程中可能采取的学习策略，哪种授课方式和教学活动能更好地帮助学生接受新知识，能更好地达到情感、态度、价值观方面的提升？只有认真了解和分析了学生的上述情况，才能缩短与学生的心理距离，帮助学生更好地掌握知识。对学生准确地分析是建立在热爱学生和热爱教学工作的基础上的，只有发自内心地对教育事业有崇高的追求和孜孜不倦的奉献精神的教师才能很好地做到这一点。

（四）教学目标的分析

教学目标是整个教学过程的指挥棒，是教师专业活动的灵魂，是规定课堂上教与学全过程的纲领，是判断教学是否有效的直接依据。教学目标分为：知识与技能、过程与方法、情感态度与价值观。要从以上维度来确定教学目标是否达成，教学设计也应围绕这个中心来设计。

【案例 4.2】初中英语课文 Unit 23 A 教师教案设计中提出的目标①

知识与技能目标

1. 词汇

Words and phrases: person, speed, though, technology, best-seller, interested, be interested in, future, in the future, large, spend, unusual, in the end, work out, program, university, develop, tool, personal, improve, golf, bridge, pleased, T-shirt, disease, TB, million, decide, billion, lucky, unlucky, size, almost, speaker, joke, play a joke on, lose, hide, conductor, check, lie, deaf, seattle, Washington, software, Harvard, basic, microcomputer, Microsoft.

2. 日常交际用语

It must be very interesting.

I don't think you'll like it.

It seems to be an interesting book.

I am sure （that）…

I am not sure if…

I am not sure what to…

3. 语法

冠词的用法：Here is a book. The book is not mine. Mine is an English book.

过程与方法目标

1）使学生能够根据教师设计的情景对相关著名人物进行口头和书面的介绍。学会书写有关“人物”的文体，要特别注意所用时态和文段的设置。

2）使学生能够熟练掌握冠词的用法，分析其中的差别。

① 初中英语教案 Unit 23 A famous person. http://www.5ykj.com/Health/ba/31025.htm[2018-04-29].

3）使学生能够读懂第91课的文章，回答课后的问题，并能根据上下文判断出生词的大意。

4）使学生能够听懂与课文难度相当的听力材料。

5）使学生能够在具体语境中运用I am sure that/ I am not sure if… 句型。

情感态度与价值观目标

通过本单元教学，学生在简要了解比尔·盖茨生平的基础上，得到一些有益的启迪。

1）年轻人从小就要树立远大的理想，同时要坚忍不拔、持之以恒地为实现理想而努力。

2）一分耕耘，一分收获，只有不畏艰辛的人，才能摘取璀璨的明珠。

3）现代科学的发展日新月异，作为一个成功者，必须有科学的预见性，才能永远立于不败之地。教育学生努力学习，以名人为榜样，学习一个成功者之所以成功必须具备的条件，树立为社会做贡献的崇高理想。

由此可以看出，英语教师设计的教学目标不只是学会英语词汇和句子等知识维度的目标，也包括了解文中主人公的成长经历以及从他们身上学习一些精神的情感态度价值观方面的目标，融德育和智育为一体。

二、参与式课堂设计的流程

参与式课堂教学设计的典型流程有："联系实际，导入"（lead in）、"探索实践，新知"（new learning）、"实践运用，体验"（experience）和"归纳知识，拓展"（development）等四个环节。教师在课堂上的行为设计，包括解说、指令、提问、评价与反馈（预测中的反馈）、情境控制等。

"联系实际，导入"环节要特别注意根据学生原有实际生活经验和学习能力进行真实问题的有效设计，导入的问题要起到能引出新知识的桥梁作用，既能激发学生的兴趣，又引起学生的求知欲望，为新课做准备。注意不要提一些过于简单的问题和不能引起学生思考的无效问题。操作要求：教师要善于运用多媒体、实物等多种用具，创设轻松、和谐、民主的学习氛围。操作实践和体验要领：①目标要明确，表述要具体、体现教学目标；②目标呈现形式要灵活；③课程实施具体活动要明确，可选的学习方式有自学、小组讨论、教师巡回指导、小组交流、学生提问等。

"探索实践，新知"和"实践运用，体验"这两个环节的设计最能体现教师的业务能力。设计教师的任务，引领学生积极参与和创新思维发展，指导学习方式和学习行为，设计并搭建脚手架，监控和评价学习过程和教学成效，鼓励学生在有限的课堂中自主探究、学会学习、学会做人。

"归纳知识，拓展"这一环节要求教师在完成一节课前，对本堂课的所有教学内容和教学活动进行总结、归纳，使学生进一步明白本课学习的重点和主要内容，在适当的时候对新内容进行必要的延伸，为下一节课的顺利开展做好准备。知识巩固温习和拓展性作业设计要体现衔接性、层次性、代表性和激励性，以顾及学习者个性及其建构能力和认知水平的差异。教师可提出一些探索性问题，提供相关背景知识、案例，便于学生的后续深度学习，进一步发展其探究能力和自主学习能力。

第三节　参与式教学活动的分类

学生参与学习活动的质量高低是参与式教学质量的核心指标之一，是衡量参与式教学是否有效或效果高低的主要参照依据。因此，合理设置学生的学习活动是参与式教学设计的重要环节，是成功实施参与式教学的前提。教师对学生学习活动的设计要以教学目标为基本出发点，应围绕教学目标提出核心问题并将问题转化成学生的任务、活动或成果展示。教学设计的每个环节都离不开教学方法的选择和使用，先进的教育理念只有通过与之相适应的具体的方法策略，才能取得满意的效果。参与式教学的分类可以从多角度来划分，从参与的单位来看，可以将活动分为以下三种。

一、个人独立学习

个人独立学习，顾名思义，就是每个学生都是独立的学习者，个体从始至终都需要独立思考。个人独立学习优点在于能锻炼学生独立思考问题的能力，培养学生独立自主的习惯。经过独立思考后解决的问题往往能留下最深刻的印象。有独立思考、独立解决问题习惯的学生往往具备坚忍不拔的毅力和自力自强的精神。培养学生的这些精神是教育工作者不可推辞的任务，因为我们的培养对象终将长大成人，离开父母和教师的怀抱，独自面对一切挫折和困难。

二、双人互助学习

双人互助学习，就是每个学生都有一个 partner，相互可以讨论商量、互助。这是个人独立学习的一种补充形式，互助合作能力也是青少年学生必备的能力之一。你有一个苹果，我有一个苹果，大家交换后，我们还是只有一个苹果。你有一个思想，我有一个思想，交换后，我们就有两个思想。建立双人互助合作机制，不仅可以使学生在学习的过程中，分享彼此的学习经验，共享学习的乐趣，当你面临困难时，有个人在旁边默默地倾听你的难处，在力所能及的范围内为你排忧解难，这是一份很宝贵的精神财富。有个例子：一个人到了地狱，看到地狱里的人正用很长手柄的勺子在吃东西，可是由于手柄太长，不管里面的人如何使劲，食物还是够不到自己的嘴里，里面的人过得很郁闷、痛苦。那个人又来到了天堂，看到那里的人用同样的工具：也是很长手柄的勺子，可是里面的人懂得合作，两两为一组，你喂给我吃，我喂给你吃，这样他们都吃得很开心。同样的工具和事物，可是由于人的思想不同，得到的结果也不同。

我们可以从这个例子中看出，在某些时候，懂得如何互助合作将会带来意想不到的收获。很多时候，由于每个人擅长的能力不同，有的人以空间想象等发散型思维见长，有的人擅长语言等以形象性思维为主的学科。在课堂中，要是以同桌或相邻座位的学生为单位，组建互助搭档共同参与课堂活动，将是个人独立学习的有益补充。在现代社会，随着社会发展水平的不断提高和劳动分工的日益细化，一个受过高等教育的劳动者也不可能掌握所有的知识，不可能具备完成所有环节任务的能力，懂得如何与人沟通和合作，是现代劳动者必备的素质之一。未来劳动者的竞争力取决于今天青少年学生的综合素质。

三、小组合作学习

小组合作学习就是随机将学生分成由若干名学生组成的小组，共同参与讨论、思考，然后形成大家共享的结论或总结。在这个小组单位里，学生都有思考和发言的机会。“众人拾柴火焰高”“三个臭皮匠，顶个诸葛亮”这些都告诉我们有同伴的共同思考和参与，思维的深度和广度才会扩展，因为每个人独特的经历和思维方式有利于学生从各个角度来思考问题，提高学习的效率。在日益竞争激烈的社会中，竞争和合作都相当重要，但是合作也只有建立在个人努力的基础上才能进行。要是小组内成员都不努力思考问题，小组的存在就没有意义，如果组内偶尔有几个袖手旁观的成员，只有几个成员在参与，那么这样的小组合作便是失败的，违背了小组合作的初衷，没有效果。因此，小组合作的使用也是要有讲究的，以下是一位数学教师总结的经验，以供参考。

（一）做好准备工作，保证合作的顺利进行

1. 有效分组

在实际教学中，有些教师在分组时为了方便，常常把同桌的两个学生组成一个小组，或前后四个学生组成一个小组。但是，这种合作比较牵强，学生的参与度不均衡，合作得不够深入，小组之间的差异明显。那么如何分组才能更有效地开展小组合作学习呢?

目前比较流行“异质分组”，也就是按学生的性别、知识基础、学习能力、组织能力、性格特点的差异进行分组，认为在小组中保持差异可以有效地促进优势互补，但也存在如下问题。

1）小组合作学习往往变成一些成绩较好、反应较快的学生的“一言堂”，其他学生缺少思考的空间和发言的机会。

2）小组讨论时，多数学生只表达自己的意见，不愿意听取其他学生的意见，或者认为小组其他成员的意见没有讨论的必要。

3）成绩较差的学生往往成为被动接受者，逐渐丧失了讨论的信心和兴趣。

为了避免如上问题，有些合作实验中尝试同质分组，即按学生的性别、知识基础、学习能力、组织能力、性格特点相近的进行分组。研究发现由于学生兴趣相近，组内合作十分融洽，组内讨论十分热烈，组内竞争转化为组间竞争和组间交流。

总之，异质分组和同质分组各有其优点，应在教学中根据实际灵活地选用。一般来讲，

对于活动性、操作性较强的学习活动，采用异质分组可以强化组内合作；对于思考性、探索性较强的学习活动，采用同质分组可以强化组内交流、组间互补。在两种合作的基本组织形式下，还可以进行组内分组、组间交叉交流、自由选择合作小组等多种合作形式。因此，分组应是灵活多样的，需要根据班级学生情况、问题的类型、学习的内容、学生的兴趣与能力特点予以确定。

从理论上来看，一般以四人为一组最佳，因为四人小组可变成两人一对，能最大限度地实现学生的互动，一对学生讨论完后可以及时与组内的另一对学生交流结果；一旦小组人数超过四个，学生就难以应付，而且小组规模越大，个别学生隐藏或被忽略的机会就越大。但在实际教学中班级规模、教室大小和设备多少等都会影响分组情况，所以一般以六人为一小组。此外，小组形成后最好保持一段时间，有很多教师曾很成功地让小组持续了一个学期或半个学期，这使学生有时间去学习怎样与他人共同工作，有利于培养成员间的默契，经过探索建立更积极的相互依赖，进而研究更深入的项目，并让他们在学习中结下深厚的友谊。但若在合作期间出现什么问题，需要教师及时协调，为每次合作的顺利进行提供保证。

2. 教学中要明确小组合作学习的任务

学生进行小组合作需要知道为什么要进行合作、合作学习有哪些要完成的目标，如果目标不明确，那么合作往往就流于形式。例如“分式的乘除法”这节课涉及 13 个问题，教师让全班小组合作了 13 次，每次小组都不知道要合作什么内容，而且都是如闪电般几秒后就让学生进行汇报、展示，学生无所适从，一堂课如果在小组合作学习之前就明确小组的任务，并在小组合作完成后进行考查，这样就会增强小组合作学习的实效性。

【案例 4.3】全等三角形的性质①

在进行这节课之前使学生明确以下两个问题：

1）全等三角形的边有什么特点？

2）全等三角形的角有什么特点？

这样学生在合作时就能明确任务要求和个人的责任。

有时教师可以通过简单演示来说明一些较复杂的实验或游戏规则，使得学生明确任务，提高合作效率。让学生坐在一起，并不代表他们能够进行真正的合作学习。在合作中，除了知识方面的内容外，更多的是人际关系、行为规范等方面的内容，如果教学中没有意识到这一点，那么一堂课下来，学生会什么也没有得到。下面的情景就值得我们深思。

【案例 4.4】制成一个尽可能大的无盖长方体②

开门见山，直入主题：课题学习——用一张正方形纸制成一个尽可能大的无盖纸盒。

---

① 数学小组合作学习的实施[EB/OL]. https://wenku.baidu.com/view/70a38578524de518974b7d11.html[2018-04-29].

② 数学小组合作学习的实施[EB/OL]. http://www.360doc.com/content/11/0226/20/4663481_96403825.shtml[2018-04-29].

接着教师提出合作要求："为此我想采用分组合作的办法，要求同学们精诚合作、互相帮助、互相学习。四个人一组，这里有一位组长，主要负责协调、分工合作；再推选一位发言代表，把咱们组的研究成果公布给全班；第三位推选一位统计员，对咱们研究的过程进行记录，对必要的数据进行处理；第四位主要负责制作工作，也就是咱们组的能工巧匠。下面呢，一三五排的同学向后转，前后位四个人一组，分组后马上分工。"（4×6，刚好6组）

半分钟后，教师进一步明确分工情况："请六位组长起立，我们认识一下好吧！"

师："那么我们六个组长就需要很好地把咱们组四个同学的力量团结起来，最大限度地发挥四位同学的合力，大家的力量能不能很好地整合就全靠你们了，好，请坐！"

师："每个组哪位同学是负责统计的？知道你们的任务吗？"

生："知道！"

师："如何对咱们这节课的内容进行数据化的处理，以及把大家的观点、讨论的要点记录下来是你们的任务，等一会儿我会发给每个小组两页稿纸，把研究的过程记录下来，我们课后再进行展示，好，请坐!"

师："那么哪些是小组的发言代表呢？""噢，应该是能言善辩之士。那就需要你们把小组研究的成果告诉别人，展示给别人，不能因为咱们的工作而埋没了四个人的成就。好，请坐！"

师："最后请每组的能工巧匠起立！""你们主要是负责咱们这个组的纸盒的制作，我说的是主要并不是承包，所以需要动员其他三位同学和咱们一起来完成。好，请坐！"

创造合作的机会——情境创设

问题情境和教学方案的设计是否合理，将直接关系到小组合作学习的效果。问题的设计最重要的是要有挑战性、探索性、开放性和可操作性。把教学内容设计得具有实验性和探索性有助于学生进行小组合作学习。然而，许多教学内容和问题并不适合学生开展小组合作学习，需要教师进行筛选、重新设计。

【案例 4.5】问题情境设计①

问题一：正三角形、正方形、正五边形的外角和分别是多少度？

问题二：在有理数中，较大的数减去较小的数是否一定是正数？较小数减去较大数一定是负数吗？为什么？

问题三：正n边形的外角和是多少度？为什么？

问题一探索性不强，不具备挑战性，学生只要经过独立思考很快就可以解决。问题三由于问题的探索性较强，有一定的难度，学生一下子达不到这样的高度，很难进入合作角色。所以并不是每一个问题都适合小组合作学习，而且有些问题是可以改变的，把它重新设计成一个探索性的问题，以利于学生开展小组合作学习。例如，问

① 问题情景设计[EB/OL]. http://blog.sina.com.cn/s/blog_137b913270102uxxi.html[2018-04-29].

题一和问题三可以合成一个具有一定层次感、可操作的探索性问题。问题二有一定探索性、可操作性，所以学生容易开展研究，能很快进入合作角色，他们独立思考、互相交流，并很快得到答案，但当他们回答为什么时，思维遇到了障碍。这时就需要教师作一定的引导，如提示他们能否用有理数的减法法则和加法法则来探讨。

由此可见，设计问题情境应具有层次感、探索性、开放性、可操作性，让它具有小组合作学习的可行性。由于开放性的问题本身具有多种答案，因此在合作学习的环境下，学生可以集思广益，相互交流与沟通，碰撞出不同的思维火花，体现出不同学生对于同一个问题所采取的不同的解决策略。

【案例 4.6】24 点游戏①

从一副扑克牌（去掉大、小王）中任意抽取4张，根据牌面上的数字进行混合运算（每张牌只能用一次），使得运算的结果为24或−24，其中红色扑克牌代表负数，黑色扑克牌代表正数，J、Q、K分别代表11、12、13。

案例分析：像这样的问题，分组活动比较合适，不仅仅每个成员都能参与，而且不同的小组会得到不同的结果。教师在设计时可以借助于计算机给学生提供思考的空间。再比如可操作性较强的一些实验探索，像“小球下滑的时间”“摸到红球的概率”等都比较适合小组合作。

新课程标准指出动手实践、自主探索与合作交流是学生学习数学的重要方式。教学时要选择学生乐于接受的、有价值的教学内容为题材，引导学生实验、实践并尝试发现，亲历知识的形成。教学实验、尝试发现、社会实践等探究性较强的教学活动更适合学生进行小组合作学习。例如，“制成一个尽可能大的无盖长方体”这一课题的学习需要学生综合本学期所学的数学知识、技能与方法，通过解决问题的方式获得对相关知识与方法的进一步理解，体会各部分内容之间的联系。在探索什么情况下无盖长方体的体积会较大时，要充分发挥小组学习的优势，分工合作、讨论研究，通过理性计算、直觉判断归纳出初步结论。在解决问题的过程中小组成员必须积极参与、认真讨论、密切合作，才能达成目标。又如，学完扇形统计图之后，可以引导学生设计“生活垃圾、消费结构、校园绿化”等专题。将学生按异质分组，进行实地调查、访问，把获取的信息进行归纳整理，合作完成课题的研究。也可以组织小组编制数学报，办报过程就是学生收集加工信息、交流讨论、创新的合作过程，在这个小组活动过程中，数学的知识得到了运用，个人的能力和合作精神都得到了发展。

【案例 4.7】有序数对②

有序数对的引入，从一个找朋友的小游戏开始，座位是6×4，两人一组，课桌前后四人一组。

师：看到充满朝气的你们，我仿佛又回到了学生时代，我特别愿意和你们交朋

① 贺德玉. 2017. 小组合作学习案例[EB/OL]. https://www.wenjiwu.com/doc/yhqxni.html[2018-04-29].

② 初中数学小组合作学习案例（7）[EB/OL]. 2016. http://blog.sina.com.cn/s/blog_9840436a0102wmp5.html[2018-04-29].

友，其实在座的每一位同学都是我的好朋友，今天我们就来做一个游戏——找朋友。看看哪一组在老师的提示下最先找到我的好朋友。他在第三列你能找到他吗？（没有讨论，学生纷纷举手）

这节课老师在引入时设计的问题引起了组内的分歧，使讨论显得有必要，首先必须达成组内的意见一致；然后学生的答案与教师的期望产生了矛盾，激起学生的疑惑和找出产生矛盾的原因的欲望，教师再次把握住了这个合作的时机。当然这些时机和机会大多需要教师事先设计好，使得合作讨论自然而又必要，而不是生硬地插进来。

（二）对学生进行指导

1）根据合作内容给学生充足的时间。一般需要讨论的问题或需要合作完成的任务都是难度较大、比较复杂的，所以教师应估计好所需的时间，让讨论和合作尽量充分，取得一定效果，不然就又流于形式。

2）教师应充分利用学生讨论合作的时间进行巡视指导和收集信息。教师在巡视时不要停留于形式，随意地与学生交流几句，而应利用这段空隙对每个小组的合作给予指导，比如可以帮个别小组再次明确任务、强调合作规范，或者在小组内出现障碍而无法继续时给予一些提示，或者帮助学生精炼语言等，使得每个小组的合作能顺利有效地完成。另外，教师在巡视时还应尽可能掌握每个小组的情况，比如在合作过程中出现的共性问题、较好的值得提倡的做法等可以在小结时提出，再比如一些开放性问题，学生都得到了哪些不同的结论，避免在提问或展示时重复。

（三）建立同伴间良好的依赖关系

社会心理和应用行为的研究表明，合作关系增强了组员间的相互协作，人们在合作环境中比在竞争和个体化的环境中有更多的相互帮助行为。大卫•约翰逊等所著的《合作学习的原理与技巧：在教与学中组建有效的团队：Cooperation in the college classroom》一书中对同伴关系的重要性有这样的描述。①

1）无论学生间的第一印象和态度如何，合作学习的学生比竞争或个人学习的学生会发展建立更多的彼此承诺和关怀。合作学习班级的学生更喜爱教师，觉得教师在学术和为人方面更支持和接受他们。

2）个体与同伴相互作用时，他们可从对方身上直接学到一些从成年人身上学不到的态度、价值观、技巧及信息。在他们互相作用中，个体认同朋友所具有的令人羡慕的能力并模仿彼此的行为。

3）个体常常缺乏获得成功所需要的忍耐力。同伴提供了学习的榜样、期望、指导和强化。

4）学生通过与同伴的相互作用学会以正确的观点，而不是从自己的角度去看待事情和问题。

5）同伴比任何其他社会因素更能影响学生对教育的渴望。在教学中，与同伴的合作学

① 大卫·W. 约翰逊，罗格·T. 约翰逊，卡尔·A. 史密斯. 合作性学习的原理与技巧:在教与学中组建有效的团队：Cooperation in the college classroom[M]. 北京：机械工业出版社，2004.

习可使同伴的关系成为有意义的互依。合作学习时，学生体验到归属感、接纳、支持和关怀，学习并实践保持互依关系所需的社会技巧和社会角色。

6）达成共同目标的共同努力促进心理健康和提高社会能力，而且组员心理越健康，他们就越能致力于共同努力，也就越能创造、建立和维持包括关心和承诺在内的关系。所以在小组合作中建立良好的同伴关系甚至比合作结果更重要。

小组合作式教学活动最早流行于欧美国家，后来慢慢传入中国，已有研究表明小组合作是开展教学活动的有效形式，能调动学生的参与积极性，是培养学生的合作意识、团队意识和沟通能力的有效手段，也是大多数学生喜欢的课题组织形式。

第四节 参与式教学活动的方式

参与式教学活动的方式灵活多变、多种多样，主要有案例分析法、演示—探究法、小讲座方式、小组合作方式、情景体验与角色扮演方式、实验探索方式、主题辩论方式以及头脑风暴法等。根据教学目标、教学条件、课程性质等选择恰当的参与式教学方式，巧妙变换学生参与方式，能够更好地吸引学生的注意力，使教学事半功倍。

一、案例分析法

案例分析法就是教师先把案例呈现给学生，设置问题，学生通过阅读案例，产生疑问，激起兴趣，师生共同进入到学习的情景中。

案例分析法是指以某种现象或事件即案例为基础和线索，以教材理论观点为依据，引导学生对案例进行分析、讨论、思考和归纳，实现课堂“知、情、信、意、行”教学任务的一种开放式教学方法。通过具体的案例引导学生进行分析、讨论等活动，促进学生通过体验、分享来达到掌握知识、提高素质的目的。

（一）案例的来源

21世纪是信息化社会，案例的来源有很多。教师要善于发现和收集整理，才能够游刃有余地将富含教育资源的案例恰当地运用到参与式教学中来。以思想政治课为例，提供案例的方法有以下几种。同时教材中的案例是通过权威筛选的，教师应充分利用好这块资源。

【案例4.8】思想政治课教学案例

教学内容一：谁都不能违法，法律面前人人平等[①]

教师引导：播放湖北省原省长张国光受贿判刑的录像（资源设计）。问：张国

① 李智琼. 2012. 初一政治下册《法不可违》教案[EB/OL]. http://www.docin.com/p-399091738.html[2018-04-29].

光是省长，他犯罪入狱说明了什么问题？

学生活动：说明了谁都不能违法，违法了就要受到法律的追究和制裁。

教师引导：对，如果说道德是人们追求的较高境界，那么不违法则是人们行为的底线，今天我们一起来学习“法不可违”，请翻开课本。首先我们一起来探讨第一目“谁都不能违法”，请看“小勤拾荒”。

学生活动：看教材上“小勤拾荒”的故事，并回答后面的问题。（略）

教师引导：从小勤拾荒可以看出，不只是成人要守法，我们青少年同样要学法、知法、守法，因为谁都不能违法，那么什么是违法呢？请继续看书情景一、情景二、情景三。

学生活动：看情景一、情景二、情景三。

教师引导：情景一中李某等三人在剧院起哄违法了吗？违了什么法？受到了什么处罚？

学生活动：违法了，违背了治安管理处罚条例，受到了警告处罚。

教师引导：那么情景二和情景三呢？

学生活动：（略）

教师引导：下面请你根据上述材料，将备选答案填入表4.1中（多媒体展示“资源设计”如下）。

表 4.1 违法犯罪情况记录表

情景	对社会的危害程度	违反的法律	承担的法律责任	所属违法类别
一				
二				
三				

备选答案：

A. 行政法	B. 民法	C. 刑法	D. 行政制裁
E. 民事责任	F. 刑事处罚	G. 行政违法	H. 民事违法
I. 刑事违法	J. 较轻	K. 较重	L. 严重

学生活动：填写表格。

教师引导：究竟大家填得对不对，我们一起来看一下书。

学生活动：违法是……行为，可以分为……三类。

教师引导：这些违法行为按情节轻重来划分，哪个轻，哪个重？

学生活动：（讨论完成）

教师引导：（对多媒体所展示的表格答案进行订正）

教学内容二：犯罪必受惩罚①

教师引导：从上面的表格中可以看出，从对社会的危害程度来看，可以把它们

① 案例分析法在思想品德课教学中的运用[EB/OL]. 2012. http://www.zxxk.com/Article/194082.html[2018-04-29].

分为两类，一类是严重的违法行为，另一类是一般违法行为，下面我们一起来探讨一下表格中所填的刑事违法行为，请同学们试着概括出其基本特征。

学生活动：概括并填表（表4.2）。

表 4.2 刑事违法行为的基本特征

刑事违法行为	特征
社会危害性	严重的社会危害性
违反的法律	刑法
受到的惩罚	刑罚处罚

教师引导：我们通常把刑事违法行为称为犯罪行为，它是一种严重的违法行为，那么什么是犯罪呢？它的三个基本特征是怎样的？

学生活动：看书归纳出三个特征及犯罪的含义。

教师引导：犯罪具有严重危害性、刑事违法性和刑罚当罚性三个特征，什么是刑法呢？刑罚就是刑法吗？请大家辩一辩。

学生活动：（辩一辩）

教师引导：刑罚不是刑法，它是刑事处罚，也叫刑事处分，是……，请同学们继续看书找出刑罚的种类有哪些。

学生活动：看书回答。

教师引导：通过前面的学习，我们对于违法及犯罪有了一个基本的了解，下面我们一起来看一看本节课的知识体系（多媒体出示板书设计），请大家对照板书中的体系整理一下笔记。

学生活动：对照板书整理笔记、消化理解。

教师引导：下面我们一起来进行一项活动“我是小法官”，请结合所学知识判定下列行为分别属于什么违法行为，应承担什么责任。

（多媒体展示教学资源）

案例1：吴某的小卖店被盗，便到派出所报案称系邻居王某所为，吴某还对许多人说：“王某偷了我店里的东西，派出所正在侦察，没几天王某就会被逮捕。”经派出所调查，排除了王某作案的可能性，但吴某仍坚持说是王某作的案。请问吴某的行为属于什么违法行为，应该承担什么责任。

案例2：学生小周因多次未完成作业，且还撒谎，被其母采用笤帚打成重伤，其母亲的行为属于什么违法行为，应当承担什么责任？

案例3：中学生王某无心学习，和社会上一些不三不四的人混在一起，合伙绑架一名幼儿园的小朋友，并电话威胁其家人不给三十万元就撕票。

点评：由于本课知识点多，学生对法律知识的了解程度也不是很清楚，所以在设计此教案时，注重知识体系的把握与落实，在活动上的设计相对少一些。

课堂反馈：经过本节课的学习，学生的知法、守法意识明显增强，基本懂得生活处处都有法，谁都不能违法，犯罪必受惩罚。

板书设计：（附后）

教学反思：通过这节课的学习，师生对于违法及犯罪的含义及相关知识有了一个初步的了解，学生在学习过程中充分感受到了法律的尊严以及法律护我成长的重要性，从而学会做一个知法、守法、用法的人。在教学中，感觉到教学资源挖掘得不够，知识性的讲解偏多，这是值得深思的一个问题。

通过查阅图书馆资料、网络、影视节目等新闻媒体收集案例是获取较新案例的有效手段。例如，在学习“名誉权”的相关知识时，我选择了中央电视台《今日说法》报道过的“我不是小偷”的案例。

晓楠是一个15岁的活泼女孩，自尊心极强。初三下半年有一天她和妈妈一起去超市买东西。妈妈被超市员工怀疑偷了超市的东西，他们一起来到超市对面的派出所。在派出所里，妈妈被一个女警官和超市员工搜身。当妈妈出来后，发现女儿也正被一个超市员工搜身。事后，晓楠的精神状态一直不好。被沈阳市精神卫生中心诊断为创伤后应激障碍。医生分析说是因为一些创伤事件使精神受到损害。通过鉴定，与被超市搜身有直接因果关系。晓楠的精神状态一直不好，影响了学习，而且没能参加中考。她成绩很好且非常要强。妈妈向法院起诉，要求赔偿精神损害。法院判定此事影响了孩子一生，判超市赔偿精神抚慰金10万元。超市不服，认为此病一年即可治愈，主张只赔偿一年的平均工资。

这一案例不仅能让学生当回小法官，作出自己的评判，并在最后与教师出示的专家点评结论相对比，使部分学生获得满足感、成功感，促进他们今后的学习。

（二）案例分析法的优点

案例分析法可以为学生提供一个鲜活的情景或故事，让学生更深入其中思考问题；案例分析法可以为学生多角度思考问题提供素材，注重培养学生分析、解决问题的能力。这种教学方法与传统的以教师课堂讲授为主的教学方法相比有如下优点。

1. 激发学生学习兴趣，充分调动学习积极性

让学生在合作学习过程中展示自我，给所有学生创造民主平等、互相尊重、真诚互动、和谐参与合作交流的机会，让学生感到自己是学习的主人。正如孔子所言：“知之者不如好知者，好之者不如乐之者。”把枯燥抽象的知识融入鲜活的案例中，使学生在乐趣中轻松快乐地学习。

2. 因势利导，注重学生思维能力的训练

教学案例借助多种手段，使学生始终处于一种兴奋、激动的状态，把案例内容以生动具体、形象逼真的形式展现出来，这样才能增加思想品德课的感染力、说服力，在研究中拓展知识、掌握知识，提高学生的观察力和分析力等多种能力，有效地提高学生的综合素质。

3. 激发、培养学生的创新精神

案例教学法要求教师在教学过程中鼓励学生思想自由、积极探索、大胆质疑，及时提出自己的看法和见解，充分尊重学生的意见和好奇心。在考试中对问题的分析、解决往往不设标准答案，只要学生言之有理即可。这样就有利于学生打破标准答案的束缚、发散思维。

（三）案例分析法的注意事项

案例分析法注重对问题的探索、归纳、推理，所以案例分析法对教师的要求较高，从案例的选择到问题的设置再到课堂的组织和活动的设计，都要求教师不断提高自身修养，否则，难以达到预期效果。要科学地运用案例分析法，就必须注意以下几个方面。

1. 案例的选取要围绕教学目标

要针对问题的关键和学生的实际认知水平，用恰当、典型的事例讲解，才会有说服力。课堂使用的案例要针对教学中的重点和难点，可以使用正面例子，也可以使用反面例子，无论哪种例子都要注意与教学内容有内在联系，才能有效地反映出所学知识，启迪学生的思维，有利于学生理解问题。勿用与所学内容无关的案例。

2. 案例的使用要贴近学生生活，紧跟社会热点

使用的案例最好贴近学生的生活，特别是发生在学生自己身边的事或社会上广泛报道的事件，这样能激起学生的兴趣，使学生真正产生自己的看法和想法，更主动地参与课堂教学。另外，使用社会热点问题作为案例，可以使学生增加对社会的了解，让学生不再“两耳不闻窗外事，一心只读圣贤书”，而真正成为社会中的一员。这不仅有利于扩宽学生知识面，而且可以使学生养成关注时事的习惯，做与时俱进的现代人。

3. 教学过程应遵循启发引导的原则

在采用案例分析法时，一定要留出足够的时间让学生去思考，发挥学生的主体地位，不能由教师满堂灌，让学生提出自己或小组的见解，自己去分析、解决问题。教师对学生的答案要给予巧妙、适时、到位的点评，进而推进思考，跃上新高度。

总之，案例分析法让学生主动学习，增强了课堂教学的趣味性，活跃了课堂气氛，突出了学生的情感体验，提高了学生创新能力以及实际分析能力，有效地提高了学生的综合素质。只要教师坚定信心，在教学实践中不断反思探索，案例分析法一定能成为受教师、学生欢迎的好方法。

二、演示—探究法

这种方法适合地理、数学、物理、生物等自然学科，教师通过实物、模式、标本、图片等器具呈现给学生后，再对事实通过描述、设疑、发问等环节向学生提出问题，使学生根据已有知识对新的知识进行探究。演示器具或模式往往能激发学生的想象力和思维，为学生进行下一步的探究做铺垫。

【案例 4.9】上海近年气象要素的研究[①]

1. 项目背景

2004年美国推出了一部大片——《后天》，影片一开始，一连串异常的灾难：冰雹、洪水、冰川、地震、海啸、火山喷发……使观众惊心动魄、目瞪口呆。北极冰原崩塌了；像足球那么大的冰雹在东京从天而降；超巨型的龙卷风横扫洛杉矶；高涨的海水涌进了纽约，连大货轮都漂进了大街；大冰暴袭来，整个大都会陷进冰雪堆里，自由女神像被冰雪埋了半个身子；人们无处可逃，遍野是冻僵了的尸体……全球面临陷入一万年前的冰河世纪的危机。

《后天》的这些景象会在我们的现实生活中发生么？这些气象灾害带给我们什么样的启发？从中我们又得到了哪些教训呢？让我们回过头来研究研究我们生活中的气象要素，看能从相关的气象数据中发现些什么？来看看气象和我们的生活有哪些联系？通过研究，能得出什么推断或是结论来帮助我们解决一些实际问题？

本项目旨在让学生将相关的气象数据资料制作成表格，在教师的引导下学习研究表格的处理，最终对根据表格得到的相关信息进行归纳总结，得出相关的结论，并以小组的形式进行成果展示，使学生在完成项目的同时，学习表格的使用和数据的处理，锻炼学生的思维与解决实际问题的能力，激发学生学习计算机的兴趣，扩宽学生的知识面。

2. 知识目标

1）气象及气象元素相关知识。

2）电子表格的基本制作。

3）电子表格的基本数据处理。

4）电子表格的基本数据分析。

5）以科学探究的方式，学会主动地获取知识、应用知识、解决问题的学习方法，养成良好的学习态度。

6）能搜集整理、分析数据要求。

7）能将相关数据制作成表格。

8）能对表格中的数据进行处理。

9）能对处理的结果进行分析总结。

3. 能力目标

1）小组各成员间的团结协作能力。

2）展示项目研究成果的口头表达能力。

3）在信息技术工具下解决实际问题的能力。

4. 情感目标

在项目制作过程中，让学生体会环保的重要性。

---

① 探究性学习案例[EB/OL]. 2010. http://wenku.baidu.com/view/1e96044bcf84b9d528ea7a8a.html[2018-04-29].

5. 演示文稿要求

1）演示文稿具有统一的版面。

2）能够正确表达研究主题，文字见解条理清晰。

3）将包含研究项目相关数据的电子表格及图表插入演示文稿中。

4）演示文稿有多样的文字形式、图像和转换效果，拼写和语法正确无误。

6. 制作网页要求

1）网页主题思想明确，首页有简明的介绍，分类合理，内容较为丰富。

2）布局合理美观，有自己的风格。

3）图文并茂，背景颜色搭配和谐。

4）将包含研究项目相关数据的电子表格及图表插入网页中。

5）超级链接正确。

6）有E-mail等联系方法。

7. 项目活动计划

本项目需要8节课的时间。介绍本项目研究对象，了解项目意义。学生自行分组，组成研究小组，并选择研究内容。各小组推选一名组长，组长写开题报告。开题报告包括：研究主题、研究意义、研究步骤等。

8. 参考方向

1）旅游与天气（旅游方向：新加坡、马尔代夫、埃及、黄山、丽江等）。

2）农作物的引种与上海天气（农作物：甘蔗、猕猴桃、菠萝、甜菜等）。

3）宠物饲养与上海天气（国外名犬、热带鱼、绿鬣蜥等）。

4）花卉的种植与上海天气（热带花、洛阳牡丹等）。

5）气象数据的整理与表格的制成（第二节）。各组长安排每位组员所需负责的模块，使每位组员明确要整理的数据资料并制成表格。

6）完成数据处理（第三、第四节）。将搜集的气象数据制作成表格，美化表格，并进行数据处理，包括数据排序筛选、数据图表化以及相关的函数运用等，通过对处理结果的分析，总结归纳本组的立论观点，并组织成文。

7）完成网页或演示文稿，准备成果演示（第五、第六节）。完成演示文稿或网页用以展示研究成果，其中插入能够反映研究成果的数据表格或图表等，推选成果演示解说人。

8）成果展示（第七、第八节）。各组演示成果，对其他组的成果进行讨论交流，教师加以小结。

9. 工具与资料

硬件：与宽带网相连的多台计算机。

软件：金山表格、金山文字、金山演示、Frontpage2000等。

参考网站：

国家气象科学数据共享服务平台 http://data.cma.cn/

中国自然资源网 http://www.cnnr.org/

中华人民共和国生态环境部 http://www.zhb.gov.cn/

世界天气信息服务网 www.worldweather.cn

上海环境热线 http://www.envir.gov.cn/

上海市环境监测中心 http://www.semc.com.cn/home/index.asp

演示后，教师要及时描述所演示的内容要点，归纳主要内容，使学生知道重点，带着问题去探究，并留足够的时间让学生独立思考并与其他学生讨论，以便开阔学生的思维，使其思维得以碰撞升华。

三、小讲座方式

这种方式适合语文、英语、历史等文科性学科和中小学的班会课，班主任或科任教师通常可以围绕一个主题或话题在班上以讲座的形式展开，讲座通常是为了普及某方面的知识，对学生进行人生观、价值观方面的指导和纠正以及就某方面问题进行面对面的讨论等。学生在听完讲座后，认真思考，积极发言、互动，共同参与，通常会引起情感的共鸣，获得某种教育意义。讲座可以扩大一个人的知识面，激发一个人的求知欲，是学校培养学生人文与科学精神的方式和培养有独立思考精神的人才手段之一。

杜威当年造访日本时，中途受到其学生胡适的邀请而到中国访学。之后杜威就以北京大学为基地，向中国知识界、教育界全面系统地介绍了他的哲学和教育主张。在北京大学期间，杜威多是以讲座的形式授课，受其熏陶的听讲者不计其数，这甚至直接影响了当时我国教育的改革路线。胡适在送别杜威时说，“杜威先生不曾给我们什么关于特别问题的特别结论，他只给了我们一个方法，使我们自己去解决一切特别问题”①。

从这种学术大师的讲演中，听讲者除了在讲演者的研究领域受益匪浅外，也会为讲演者本身的学识功底和人格魅力所折服和感染。一场富有激情和振奋人心的讲座往往能使听者产生“听君一席话，胜读十年书”的感慨，其讲演价值可能会超过一些正式的修读课程。

学校不是单一的知识传授机构，而是不同思想意见发生碰撞的地方。讲座本是一个知识交流的公共场合，各种易变的因素掺入其中，使思想得到碰撞。一场好的讲座也不应是表演，而是讨论，因为往往越是开放性强、引导性高的讲座越能引起听众的思考，思想交流的火花就在讲堂内外摩擦迸发。

四、小组合作方式

该方式适合所有学科，把班上所有学生随机分为若干小组，每小组 4~6 人，学生独立思考后发表各自的意见和看法，这种方法有利于使每个学生在独立思考后交换意见，通过与其他学生思想的碰撞获得全面的知识。这种方式应用广泛，几乎适合所有学科。日本学者佐藤学教授曾经对小组合作进行过深入研究，得出的结论是：小组合作方式有利于学生学习成绩的提高。把学生随机划分成若干小组，每组 4~5 个成员，组内成员学习水平不一，学优生通

① 朱文楚. 胡适家事与情事（增订版）[M]. 杭州：浙江大学出版社, 2015.

过帮助学困生，使学困生获得学习的进步和信心。学优生在帮助其他学生后，进一步巩固了新学的知识。另外，同龄人的交流对学生也是很重要的。师生之间的讲授不能替代学生之间的互助，学生之间的交流和互助对学习进步有重要作用。小组合作早在全世界课堂上流行，是被证明了的有效的教学方式。

五、情景体验与角色扮演方式

这种方式特别适合高年级英语和语文课堂，教师通过设置情景，使学生结合这个情景根据自己已有知识储备，发挥想象力，创造性地生成新的文本或对话。情景是学生发挥想象和创造力的出发点，因此情景的创设应该是学生熟悉的场景或在学生可理解的范围内，情景的选择最好从学生周围的事件和活动中选取。

【案例 4.10】创设情境，开展活动，写实践性作文①

"创设情境，开展活动，写实践性作文"是一种很好的方法。因此，教师在一次练笔中，让学生活动后作文，大大激发了学生的作文兴趣。

1. 创设情境，激情引趣

师：同学们，你从电视上看过记者采访的场面吗？你想过当记者吗？想不想体验一下记者的生活？这段时间我在电视台工作的朋友主持了一个"环保大家谈"的栏目，她请我帮忙，希望在同学们中间征集一些采访稿件，这可是个难得的好机会，我们全班同学可以过一把当记者的瘾啦，大家看老师给你们准备了什么。

（教师出示：事先准备好的小记者证）

2. 活动准备，交流心情

1）同学们，你们知道今天采访的主题是什么吗？（关于环保）

2）我们采访的对象是全校师生，本班同学之间也可以互相采访。大家想一想，采访之前要准备好什么呢？（纸、笔、要采访的问题等）

3）采访时要注意些什么呢？（注意文明礼貌，先介绍自己的身份，说明采访的意图）

4）现在请你根据主题准备好三四个要采访的问题，（学生准备）出发之前，互相交流一下你的心情好吗？

3. 活动体验，感受生活

（给学生10分钟时间开展活动，学生可以在本班内采访，也可以走出课堂去采访其他老师和学生。教师为了了解学生采访过程，可以随同一位学生进行采访，以便指导学生交流活动过程，了解其体验。）

4. 及时反馈，交流体验

师：小记者们已满载而归，你们现在肯定品尝了当记者的酸甜苦辣，老师很想

---

① 陈泉堂. 2013. 情景体验式作文教学案例[EB/OL]. http://www.jxteacher.com/ytcqt/column51243/1c176ff8-3367-43fc-9242-721e77341980.html [2018-04-29].

知道你们是怎样完成采访任务的，在这过程中你感受最深的一点是什么？通过这次采访，你有哪些收获呢？

集体交流：

1）谁能跟大家说说你的采访过程。

2）你感受最深的一点是什么？

3）你有哪些收获？

5. 明确要求，理清思路

师：同学们，老师很想听听每位同学是怎样采访的，有哪些体会，但因时间关系，大家不能一一讲给老师听，这样吧，请大家把这堂课的内容写下来给老师和同学们看，好不好？

1）写作前，我们应该明确写作要求。大家想一想，我们要按怎样的顺序去写呢？（活动前，活动中，活动后）

2）每步我们该写些什么呢？（活动前：简单写一写自己要当记者的心情以及所作的准备工作；活动中：具体写采访的过程，可以重点选择自己感受最深的一点来写；活动后：可以简单写写自己的收获或心情。）

3）大家想一想，怎样才能把采访的过程写具体呢？（具体写出自己的心理活动、语言、动作，以及被采访者的语言、动作、神态等。）

4）你想给自己的作文起什么题目呢？

师（总结）：同学们，大家谈得很好。要写好本次作文，就要把自己在活动过程中的体验写出来，相信你们一定能写出有个性、有真情实感的好文章。

教师出于对英语的热爱，经常去旁听大学口语课，发现角色扮演方式是口语课不错的选择。教师给出场景或话题，然后给学生随机分组，学生讨论 5~10 分钟后，由每一组分别上台展示他们的“成果”。在这个过程中，每个学生都在与旁边的学生用英语围绕话题对话，这就是一个很好的锻炼口语的机会、与其他学生发生思维碰撞的机会。在一些需要想象虚构的场景对话中，小组内学生需要用英语共同策划他们即将上演的对白。尽量不犯语法错误是对他们的最低要求，在这个基础上，他们需要运用恰当的肢体语言和面部表情来表达他们的思想和感情。为了使他们的表演达到让人耳目一新的效果，他们往往需要开动脑筋、不落俗套，不但要能为观众带来笑声，使观众感受到用英语表演的乐趣并进而强化其学习英语的坚强意志。从整个课堂来讲，这种教学方式能最大限度地调动学生参与程度，培养学生用英语思维的习惯，活跃英语课堂气氛。诙谐幽默的表演还能为学生紧绷的大脑起到放松缓解的作用，让学生在学习英语句式表达、锻炼听力的同时，享受英语表演这悦人耳目的精神盛宴。

六、实验探索方式

这种活动方式适合生物、物理、化学等自然科学课堂，通过观察不同的现象探究其原因，从亲身操作观察中加深对知识的印象和理解。实验是为了检验学生动手操作能力、团结合作能力的手段。因此，应该让学生独立完成或分小组完成，这对学生来说既是学习的机会，又是难得的锻炼动手操作能力的机会。

【案例 4.11】稳态与环境①

如学习植物的向光性运动和猪笼草的捕食性运动等后，可以给学生介绍常见的丝瓜卷须的向触性弯曲现象，提出问题：“丝瓜卷须的向触性弯曲现象与哪些因素有关？”学生对此兴趣较浓，很容易引发他们的思考与猜测，于是教师又趁机提出探究性实验课题：探究丝瓜卷须向触性弯曲与刺激强度的关系。学生在整个实验过程中经历了如下过程：发现问题→思考和分析问题→找出解决问题的方法→实验操作→分析实验现象→得出结论。整个过程都是在教师启发下，学生独立完成的，学生真正成为学习的主体，充分发挥了他们的创造性思维能力，在很大程度上使他们的思维得到了开发，科学素养得到了提高。

“生态环境的保护”是高中生物必修3《稳态与环境》中的一个主题，要求学生达到的学习目标之一是“形成环境保护需要从我做起的意识”。在教学“生态环境的保护”的相关知识内容时，教师可以设计一个“植物在不同环境中生长”的探究实验，让学生观察二氧化硫对植物生长的影响。鼓励学生利用多种器材、各种方法进行设计和探索。教师提供一个设计例子，如准备500毫升的量筒、地衣、橡皮泥、玻璃片和火柴等材料。取3个500毫升的量筒，编号为A、B、C，取3块生长旺盛的青苔土块分别置于3个量筒的底部，用橡皮泥将4根火柴黏附在量筒A的内壁上，将2根火柴黏附在量筒B的内壁上，量筒C不黏火柴。点燃A、B两个量筒内壁上的火柴后，将3个量筒用玻璃片盖住。一周后，指导学生观察这个对比实验，发现量筒A内地衣枯萎，量筒B内地衣稍好些，而量筒C内地衣旺盛如初。实验结果会让学生感到惊讶：几根小小的火柴燃烧的废气对环境产生的危害如此严重！试想，每年数亿吨的煤炭燃烧排放的废气对人类赖以生存的环境产生的污染该有多么严重！何况还有许许多多的化工厂排放出的废气、废液等。这个探究实验让学生明白了治理环境污染刻不容缓的道理，使学生树立科学的环保观点，形成环境保护需要从我做起的意识。

实验探索方式有利于培养学生的动手能力和独立思考能力，学生对自己亲自观察和操作过的实验印象深刻，终生难忘。

七、主题辩论方式

教师给出一个有争议性的主题，然后把班级分为两组，比如“高中生是否应该追求潮流”“高中生是否应该谈恋爱”“中小学生是否应该参加艺术培训班”等紧贴学生生活，又能引起他们兴趣的话题，通过话题的引入，让学生先独立思考再把班级分为甲方乙方参与辩论，这种活动不仅可以让学生独立思考后的观点有机会展示，培养学生的自信心和语言表达能

① 试论以问题驱动生物探究式教学[EB/OL]. 2013. http://www.wangxiao.cn/lunwen/41491454885.html[2018-04-29].

力，还能使学生善于观察生活、独立思考，形成自己的观点。学生参与辩论的过程就是思维碰撞的过程，这个过程对学生批评思维能力的培养很有帮助。辩论式教学与辩论赛的区别是：前者没有胜负结果，教师对学员的辩论技巧不能做过多的评述。教师的一个根本任务就是通过对辩题的详细分析，提升学生对辩论主题的理性认识。

采用主题辩论式教学需要注意以下事项。

1）主题的设置。主题辩论式教学的辩题设置一般是两对以上紧扣主题的系列辩题。不同的辩论主题要求不同的系列辩题。系列辩题之间应注意理论的逻辑性。辩题的正反两面应有可辩性的论点，没有哪一方是"无可辩驳的绝对真理"。

2）学生要有足够的准备。学生的辩论准备是否充分往往决定着主题辩论式教学的成败。因此，要做好主题辩论式教学的动员工作，注重宣传辩题的重要性并体现其吸引力。

3）教师的教学导入。教学导入是激发学生的思维、点明辩论主题的关键，也是为学生提供了解辩题背景、启发学生理性思辨的"开胃汤"。

4）辩论的主持。主持辩论阶段要注意控制学生的辩论时间，避免冗长和拖沓。

5）教学的总结。教师对辩论主题的分析归纳总结是体现自身理性深度和理论层次的重要环节，亦对学生对辩论主题的反思起关键作用。

八、头脑风暴法

教师给出一个主题后，学生大脑中会闪过各种念头，把各种相关的念头都记录下来，然后再扩充自己的思维面，这就是头脑风暴法。这种方法适合语文和英语讨论课，比如在学习一个单词的同义词时，教师往往让学生在短时间内说出很多相关的词汇；教师让学生说出用来替代 good 的形容词，学生的脑海里可能会立即闪过 magnificent、awesome、graceful、gorgeous、brilliant、lovely 等褒义词。头脑风暴法的特点是在短时间内找到相关的知识，想得越多越好。

第五节　参与式教学设计的实施

与传统教学设计相似，参与式教学设计的实施过程也包括教学目标分析、学习者分析、教学条件分析、教学内容的选择与组织、教学方法与策略的设计、教学评价设计等环节。但区别于传统教学设计实施过程中教师包揽一切、学生排除在外的现象，参与式教学设计中学生参与教学设计的各个过程。参与式教学设计的实施过程可分为：分析阶段、方案形成阶段、方案执行监控阶段、方案评价反馈阶段四个阶段。区别于传统教学设计实施过程的是，在参与式教学设计的每一个实施阶段都多了一个师生间交流与合作的环节。这虽会在一定程度上增加教学设计的时间，却能大幅度提高教学的效果及效益，其所得远远大于其所失。参与式教学设计的实施过程具有整体性和连续性的特点。学生对教学设计的参与是一种整体性的参与，包括参与教学目标、教学条件等的分析，以及参与方案的形成、执行监控、评价反馈等。学生依次参与每一个阶段，方案评价反馈阶段获得的信息又输入分析阶段，作为下一次参与的参考信息，即参与式教学设计的实施过程是一个动态、连续的过程，是一个循环推进的系统。

一、参与式教学设计的实施过程

1）分析阶段：在参与式教学设计中，教师和学生需要共同对教学目标和教学条件进行分析，把具体的教学目标进行分解，教学目标一般包括知识、技能、领会、运用、情感、态度、价值观等方面。通过哪些教学活动可以达到这些目标？学生的现有知识与将要实现的目标之间有何差距？需要准备哪些教学材料和辅助设备？当学生思考这些问题时，就能在今后的学习中更好地培养自己的主人翁意识和元认知能力。因为学生要时刻结合教学目标来对照自己是否已经达到自己参与设计的教学目标。

2）方案形成阶段与方案执行监控阶段：在师生共同设定教学目标后，学生要参与教学方案的形成和执行。学生要以平等的身份与教师共同探讨如何制定教学方案，针对共同设定的教学目标，采取何种教学活动？以小组合作方式还是以角色表演或者讲座、实验探索方式进行？需要提供什么材料作为导入？如何分配小组任务？如何把新学的知识与已有的知识联系起来？在思考好上述问题后，学生需要把知道的教学方案拿到现实的教学中运用，并监控实施过程是否在预期的计划中？如果出现了教学计划中没有预料到的情景，如何随机应变？在执行过程中，是否所有的教学目标都已达到？

3）方案评价反馈阶段：在这个阶段，最好先由学生代表发言，总结整个教学设计、实施过程中哪些方面做得很出色，以及教学目标的完成情况，再叙述不足之处。然后由教师作最后总结，教师应该从学生参与的积极性、有效性以及小组合作的秩序、目标的达成程度等方面进行评价，且评价应着重于参与的过程。

二、参与式教学设计的作用

1）对学生发展：学生在课堂内外参与的机会增加；学生的合作与分享能力、自主学习能力、问题解决能力增强；学生的积极性和主动性提高，学习兴趣、责任心、自信心提高。

2）对师生关系：促进师生间的相互理解和相互尊重，师生关系进一步融洽，师生对话、协商增多，师生间互动增加可提高学生学习主动性和积极性，教学环境更为民主友好。

学生参与教学目标设计可以让学生明白他们需要学习的内容，清晰、独立、不同的目标让学生感觉是“跳一跳便能够摘到桃子”，可以激励学生，促进他们的自我评估，这是从教师设定目标向学生设定目标的转变。

由学生小组负责教学设计的一部分工作，如搜集课外资料（和本课教学目标相关的、教师教学方案中未提及或提及较少的），提供与教学内容相关的图片、实物、音像材料等，以分工协作的方式完成教学设计。

三、参与式目标设计

教师根据课程标准，根据学生的理解和自己对教学内容的把握，把每个单元的学习目标、重点内容、需要掌握的内容（建议不同水平的学生掌握不同的内容）、需要完成何种任务（建议不同水平的学生完成不同的任务）、辅助资料、（需要查阅的书籍、网站）等整理、打印好，在教师小组会议上交流、讨论，同伴教师分享其教学设计，共同解决教师在自行设计时所遇到的困惑，并使设计者在相关交流中加深对设计的认识，进行设计反思，进一步改进设计，最后形成一个达成共识的教学目标及基本教学内容设计，然后分发给每个学生。学生依据自己的情况和兴趣，对教师的教学设计提出书面意见与建议。教师先与学生沟通，然后再根据学生意见对教学目标进行调整，这样学生会对此单元的学习有一个明确的认识，有助于本单元学习之后的评价。

四、参与式内容设计

各学生小组负责教学设计的一部分工作，如搜集课外资料（和本课教学目标相关的、教师教学方案中未提及或提及较少的），提供与教学内容相关的图片、实物、音像材料等，以分工协作的方式完成教学设计。

教师要求每周设计一节课（一般是总结课）的教师方案初稿；学生小组讲解；教师和全体学生听讲、协商、调整、修改。

五、参与式教学设计的分类

根据教学内容的不同以及学生的年龄、能力水平等的差异，学生的参与程度会有一定的差异性。与之相应地，参与式教学设计的实施体现出一定的层次性，对低段低年级的学生实施较低程度的参与，对高段高年级的学生则实施较高程度的参与。根据学生参与程度的不同，可将参与式教学设计的实施大致分为咨询式、协商式、参谋式三个层次（表 4.3）。[①]

表 4.3 参与式教学设计的不同层次

名称	含义和特点	学生参与程度
咨询式	教师处于主导地位，学生处于辅助地位，教师咨询学生，再在学生意见与建议的基础上进行教学设计	低度参与
协商式	教师和学生处于平等的地位，教师和学生通过民主协商进行教学设计	中度参与
参谋式	学生处于主导地位，教师处于辅助地位，由学生设计教学内容、教学方式等，教师充当参谋，提供意见和建议等	高度参与

① 祁芸. 外语课堂的参与式教学设计[J]. 甘肃科技, 2012, (28): 56.

咨询式教学适合于小学生，考虑到小学生在认知、自律、辨别能力等方面不强，又有爱玩、注意力不够集中的特点，要是把整个课堂让小学生来做主，恐怕难以完成教学任务。因此，在小学课堂上，教师应处于主导地位，教师在咨询学生意见与建议后再进行设计，尽可能使学生喜欢教学程序的方式和内容。学生在这种教学方式中，只是低度参与，但这也是与小学生的身心特点和教学要求相适宜的。很显然，这是一种以人为本的教学方式。

协商式教学适合于中高年级的课堂，中高年级学生已经有一定的认知能力和元认知能力，对自己需要什么样的教学、以何种形式进行教学有一定的认识。学生可以针对具体的学科教学内容，向教师提出课堂组织形式、电教设备、班级物理环境等方面的意见和建议，以便让课堂更加生动、形象、活泼。教师和学生处于平等地位，教师非课堂独裁者。

参谋式教学中，学生的主体地位体现得更加突出，学生高度参与，教师在必要的时候给予指导、澄清、点播、提示，让学生做课堂的主人。参谋式教学有利于学生锻炼自主学习的能力，培养学生动手解决问题的能力和合作精神，体会自主学习的乐趣。

六、参与式教学设计中应该注意的问题

在进行参与式教学设计时，应该考虑到在克服传统教学中容易出现的问题（如课堂气氛压抑、死板，教师仍处于绝对的主导地位，学生缺乏独立思考问题的能力等）外，教师还应该为应对参与式教学中可能出现的问题做准备。

（一）忽视教师主导作用，走入片面追求学生自主探索的误区

探究性学习认为，学生是在现实生活情境中，通过发现问题、调查研究、动手操作、表达与交流等探究性活动获取知识、技能和态度的。在这里，教师应掌握学生的现实经验情况和基本知识水平，创设相应的问题情境，在此基础上让学生自主探索很重要。而在探究性学习中，教师很容易忽视这一点，以为参与式教学就是放任不管。对于一些教学内容，尽管教师创设了一定的情境，也给学生提供了充分的时间让学生自主探索、表达交流，要是没有教师适当的提示和指导，学生往往很难发现规律性的东西也根本谈不上自觉应用，甚至一些学生会陷入自主学习困境，在自己探索一番后对新知识的吸收和拓展束手无策，而且可能会产生挫败感，因此，在学生没有经验或知识基础的课程中，教师应该担任发挥主导作用的角色，不能不顾及学生实际为探究而探究，应该以引导讲解为主、自主探索为辅，让学生有一定知识基础后再慢慢减少教师的引导。当然，教师也不应完全主导课堂活动，应让学生自主探索，大胆放手让学生参与。

（二）忽视教学内容的全体参与，走入片面强调小组合作的误区

探究性学习极力倡导学生在课堂上的积极合作、群体参与。这既可以培养学生的自主探索精神及合作、交往能力，又有利于学生形成良好的学习习惯，进一步提高学习能力，又能使学优生有机会帮助中等生和学困生，感受到成功学习的甜头，又能使学困生和中等生得到学优生的帮助，形成资源共享、团结互助的良好风气。在教学实践中，一些教师片面理解合

作学习的含义，不对具体教学内容进行分析，把小组合作当做营造主体学习热烈气氛的工具，致使有的学生不会发言，有的学生词不达意，有的学生独霸话语权，有的小组乘机玩游戏、纪律涣散。这严重背离了小组合作的初衷，与新课程的理念格格不入，无疑是纸上谈兵的自欺欺人的小组合作，合作学习流于形式，从根本上失去了小组合作的意义。

（三）忽视讨论交流主题内容，走入单纯追求气氛的误区

实践中公开的教学讨论，仅仅是为迎合听课者的心理，烘托课堂气氛而设计的教学程序，是一种“只见森林不见树木”的讨论。这样的讨论听起来舌战群儒，其实空洞无物、流于形式，不但不能解决课堂教学中亟待解决的问题，反而会滋生一部分学生轻浮、狂躁、傲慢的情绪。教师在课题上，需要适时扮演监控者和旁观者的角色，当学生的讨论脱离主题时，应该予以提示和纠正，保证讨论和交流的内容与课堂内容相关。

（四）教学活动应调动大部分学生的求知欲，避免课堂沦为少数人的舞台

如何设计课堂内容和活动使学生有积极探索和参与的欲望，是每个科任教师的责任，也是教师应该仔细思考和研究的课题。一个班级里往往有四五十个学生，教师应该顾及大多数学生在课堂上的反应，对于学困生，教师也不能置之不理，同样应该重视和关心。因为每个学生都有同等受教育的权利和受到教师重视的权利。有些成绩平平的学生，因为习惯在课堂上处于被动地位，一旦教师采用参与式教学模式授课，学困生便乘机关闭自己的思维，课堂很容易成为那些“得意门生”的“专属场地”。这时，教师便需要一视同仁地对待学生，给每个学生同等机会表现自己，教师可采取随机异质分组的形式让学生形成小组，并要求小组内所有成员都轮流表现。

（五）班级过大时不适宜采用参与式教学

参与式教学班级人数不宜过多，一般以 30 人左右为宜，这样便于分组，人数过多会影响课堂秩序和教学质量。

（六）参与式教学过程中，教师应该充分考虑学生的学习能力和水平

由于参与式教学以实践性教学为主，并且学生需要有足够的时间去思考和分析，因此，教师要对教学内容和提出的问题进行精心设计，所提的问题必须切实合理，具有科学性、可操作性和实际意义，充分考虑到学生的知识水平和实际能力。在教学过程中留给学生充足的时间和空间，激发学生的学习积极性，培养他们的创新能力，创设敢问多问、互相合作争辩的课堂氛围。由于课堂时间有限，很难有时间详细进行理论讲解，因此，应注重培养学生的自学能力，预习和复习的质量直接影响到教学质量。

（七）教师应该具有较高的课堂管理能力

参与式教学方法与传统讲授方法不同，不但需要教师具有广博的知识和较强的解决问题的实践能力，还要具备较强的组织管理能力和协调能力，对学生行为进行适时的控制、监督，对存在较大争议的问题应能及时进行协调和引导，不要简单地否定，避免打击学生的积极性；

教学中须选定该组的发言人代表，防止学生发言时出现失控，造成课堂秩序的混乱，影响教学效果。

【课后练习】

一、简答题

1. 试论述参与式教学设计过程中应考虑哪些因素。

2. 参与式教学能有效地调动学生学习的积极性，使学生都是课堂的参与者而非被动的知识接受者，试从理论的角度分析参与式教学的优越性。

3. 参与式教学设计应该考虑学生的哪些因素？试举例说明。

二、论述题

1. 试讨论参与式教学模式下小组合作方式的优越性及应该注意避免的问题。

2. 主动参与课堂教学模式及课堂设计的理论基础有哪些？

三、技能训练题

1. 根据参与式教学设计的理念和依据，你对教学评价有什么新看法？

2. 你知道如何针对不同的学科采取不同的教学活动方式吗？试选取两科不同的科目，设计你的教学模式。

【参考文献】

何克抗, 郑永柏, 谢幼如. 2002. 教学系统设计[M]. 北京: 北京师范大学出版社.

李吉林. 2011.李吉林与情境教育[M]. 北京: 北京师范大学出版社.

祁芸. 2012. 外语课堂的参与式教学设计[J]. 甘肃科技, (28): 56.

谢泽慧. 2010. 参与式教学[M]. 重庆: 西南大学出版社.

张广兵. 2009. 参与式教学设计研究[D]. 重庆: 西南大学.

R. M. 加涅, L. J. 布里格斯, W. W. 韦杰. 1999. 教学设计原理[M]. 皮连生, 庞维国译. 上海: 华东师范大学出版社.

Merrill M D, Others A. 1996. Instructional transaction theory: Instructional design based on knowledge objects[J]. Educational Technology, 36(6):30-37.

第五章　参与式教学的组织

【学习目标】

1. 深入理解小组合作学习的方式和要点。
2. 知道如何进行有效的课堂管理。
3. 分析案例中的教学组织，能指出其中的优势与不足之处。

教育心理学认为："注意是感知、记忆和思考等一切心智活动的开端，一丝不苟地读书，专心致志地听讲，聚精会神地思考，这些心智活动自始至终都依靠注意来组织的。没有注意，学习就无法进行。"[①]由此可见课堂组织与管理的重要性。然而纵观课堂教学中的组织和管理工作，常常会发现两种极端的现象：要么是教师以"严师"的面孔出现，对课堂进行严格控制，学生机械活动，课堂不活，学生不悦，"以教师为中心"的课堂现象一览无余；要么是课堂组织松散、放任自流，失去了教师组织、引导的作用，学生参与度不高，无法完成课堂教学任务，更谈不上"向四十分钟要质量"。因此，如何坚持课堂教学管理目标，合理规范课堂，对学生进行有效的学法指导是当务之急。如果能在课堂教学中创设宽松、平等、和谐的新型师生关系，就能促进课堂教学管理，指导学生开展有效的小组合作学习，采取多种形式启发学生思维，同时提高教师纠错和评价的能力，加强课堂监督和指导，实行真正意义上的参与式教学，并取得事半功倍的效果。本章内容正是围绕参与式教学组织这一主题，从不同的方面进行详细的论述：参与式教学组织概述、小组合作学习、课堂教学管理等。同时在每一部分，根据所讲内容列举了生动鲜活的阅读案例，不仅丰富了本章内容，而且也增强了感染性。

第一节　参与式教学组织概述

一、教学组织的内涵

作为一种活动过程，教学必然包含一定的师生关系，涉及教学过程各因素的组合和相互作用，并考虑对时空条件的有效控制和作用。教学组织针对的正是这一问题。

---

① 杨东. 课堂教学的变革——小学参与式教学实践研究[M]. 北京：北京师范大学出版社, 2010: 10.

关于教学组织形式的概念，国内外学者有不同的表述。有人认为，教学组织形式就是关于教学活动应怎样组织，教学的时间和空间应怎样有效地加以控制和利用的问题[①]。有人认为，教学组织形式就是由既定的作息制度和规章制度规定的师生之间的相互作用[②]。有人认为，教学组织形式有三个特点：第一，教师和学生都要服从一定的教学程序，如全面上课，小组或个人完成教师布置的作业等；第二，教学组织形式应该服从作息时间安排和规章制度，例如，每节课规定上45分钟或是35分钟，学生人数可以固定，也可以经常变动；第三，教师和学生相互配合，是通过直接或间接的接触实现的[③]。有人认为，教学组织形式是教学过程的重要组成部分，体现出对学生的学习活动进行严密的组织，与教师的活动是相互联系的，这种活动可以是全班教学、小组教学、个别教学，还可以是群众性的教学[④]。有人认为，教学组织形式就是由既定的作息制度和规章制度规定的师生之间的相互作用[⑤]。如此等等。

纵观上述观点，它们各自从不同的侧面反映了教学组织形式的不同特点，但也蕴含着一些共性的东西，那就是教师和学生都要服从一定的组合形式，形成一定的“搭配”关系，并以此种关系共同活动，直接或间接地相互作用。

因此，所谓教学组织就是指学生在教师的指导下，根据一定目标从事教与学的活动，掌握课程教材的形式和结构。这一概念的含义是：①教学组织围绕一定的教学目标、教学内容而设计，不同的教学目标、教学内容需要有不同的与之相适应的组织框架；②从表现于外部的特点来看，师生都要服从一定的教学程序，要么是班级授课，要么是小组教学、个别教学，小组或个人在教师指导下完成既定的学习任务；③存在着师生的互动，教学作为学生在教师的指导下的认识活动和自我发展活动，教师与学生之间存在着指导与被指导的关系，当然，这种作用、指导的方式可以是直接的，也可以是间接的；④师生的活动需要一定的时空安排，即师生的活动必须在一定的时空背景中完成，并结成一定的搭配关系[⑥]。

二、教学组织形式的历史沿革

纵观教学组织形式的发展，大致经历了三个阶段[⑦]。

（一）个别教学

在漫长的奴隶社会和封建社会里，世界各地普遍采用个别教学这一组织形式。所谓个别教学，是指教师分别对个别学生进行教学的形式，这是最早的教学组织形式，古代希腊罗马

① 刘克兰. 教学论[M]. 重庆：西南大学出版社，1988: 340.

② 钟启泉. 现代教育学基础[M]. 上海：上海教育出版社，1986: 423.

③ 罗正华. 比较教学论[M]. 长春：吉林教育出版社，1992: 243.

④ 休金娜. 中小学教育学[M]. 华东师大比较教育研究所译. 北京：人民教育出版社，1984: 395.

⑤ 斯卡特金. 中学教学论[M]. 赵维贤译. 北京：人民教育出版社，1985: 265.

⑥ 钟启泉. 课程与教学论[M]. 上海：上海教育出版社，2010.

⑦ 王本陆. 课程与教学论[M]. 北京：高等教育出版社，2009.

和古代东方国家都采用过，一些国家直到 18 世纪还在使用。个别教学由于学生的年龄相差悬殊，又没有严格的组织，难以完成系统化、程序化的传授知识的任务，因而教学效率较为低下。这种教学组织形式只能适应初级形式的教育要求，也是当时占统治地位的个体手工生产方式在教学工作中的反映。

后来，随着社会的发展，学校教育的内容逐步增多，教学组织形式也发生了相应的改变。在我国宋代以后的书院和各类官学以及欧洲中世纪学校出现过一种教学组织形式，即班组教学，也有人称之为“个别—小组教学制”。它既不同于个别教学，也有别于班级教学，但在更大程度上类似后者，是班级教学的雏形。班组教学制的基本特点是：教师（可能不止一名）同时教的是一组学生，班组学生的学习活动和学习课程具有某些共同性，具备集体学习的特点。但通常班组的学生人数不是固定的，学生入学和退学较为自由，对学生的年龄、文化程度、学习进度和学习内容，也没有明确的统一要求。例如，我国的书院大师讲学一般是选取经书的某一片段，重在启示，强调自学。主讲教师不限于本院，听讲的学生也不限于本院，学生的修业年限和课程进度也没有严格的规定。班组教学为后来的班级教学形式的确立奠定了基础。

（二）班级授课制的兴起与普及

中世纪末期的西欧，由于工商业的逐步发展和科学文化的繁荣进步，一方面学校教学内容显著增多，课程不断增加；另一方面社会对人才的需求量日益加大。因而，个别教学制越来越不适应社会发展的需要，这样一种新的教学组织形式——班级授课制就应运而生了。16 世纪中叶，德国斯特拉斯堡古典文科中学已经采用分级教学制度。每个班学生年龄和水平基本一致，按固定的课程和教科书进行教学。学龄从 6 岁到 15 岁，共分 10 个班级。这就是班级授课制的萌芽。后来，欧洲各国如俄罗斯、法国、乌克兰以及捷克兄弟会学校等也都出现了类似的教学组织形式。17 世纪，捷克教育家夸美纽斯总结了前人和自己长期的教学实践经验，在《大教学论》中第一次提出了班级授课制的理论，为班级授课制的发展奠定了理论基础。他提出并论证了一个教师同时教很多学生是可能的假设，进而对课堂教学的课程、时空模式、班级组织等进行了界定。

班级授课制的产生是教育史上的一个重大进步，它适应了资本主义经济发展的客观要求，提高了教学效率，符合现代学校发展和普及教育的需要，因而班级授课制很快在全世界范围内得到发展和普及。

19 世纪初，为适应资本主义发展的需要，英国国教会牧师贝尔（A. Bell）和公谊会的牧师兰卡斯特（J. Lancaster）创立了一种名为导生制的教学组织形式。在使用导生制的学校里，一个大教室放置许多排长课桌，每排约 10 多个学生，其中有一个导生。教师首先教这些导生，然后由他们领着一排学生围站在一个地方，把刚学到的教学内容再转教给其他学生，以后，也由导生对这些学生进行检查和考试。有了作为助手的导生，一位教师在一个教室里往往能教几百个学生。导生制最大的优点是既扩大了受教育的人数，又节省了师资和经费。导生制在英国、美国、法国、意大利等国家曾流行一时，不过班级授课制仍然是这一时期占绝对优势的教学组织形式。

（三）教学组织形式的多样化

班级授课制替代数百年来主要的教学方式——个别教学，成为现代教学的基本组织方式，对世界教育产生了巨大的影响。到了 19 世纪 70 年代，班级授课制则开始遭到批评，与此相对应，一场适应个别差异的班级教学组织的改造运动以美国为中心开始活跃起来。

最早提出对班级授课制进行改造的是道尔顿制。它由美国教育家帕克赫斯特（H. H. Parkhurst）提出，最初在马萨诸塞州道尔顿市的一所中学实施，亦因此而命名为道尔顿制。它主张改善传统教授法几乎不考虑每个学生自身特点的弊端，使学习者能按照自定的步调学习；针对传统教学方法中各科的课程时刻表不分优劣生一律平等的弊端，依据每个儿童学习各科的难易程度，适当分配课程时间。这是一种典型的自学辅导式的教学组织形式。在这一时期，还出现了分组教学、设计教学、文纳特卡制等不同的教学组织形式。

20 世纪 50 年代以后，由于国际科技竞争和培养尖子人才的需要，分组教学、个别化教学再度受到重视，在对它们进行革新的基础上，产生了许多新的教学组织形式，如特朗普制、小队教学、活动课时制等。这样，教学组织形式的发展进入了以班级授课制和个别化教学为代表的多种教学组织形式并存的新阶段。20 世纪 80 年代以来，随着信息技术的发展，特别是因特网和万维网等的出现，产生了一种全新的教育组织形式——远程教学、网络教学。20 世纪末又有了新的创造——建立在无形的网络基础上而不是建立在有形的学校设施基础上的“虚拟学校”，为更多在传统的学校教学组织形式中无法获得教育的人提供了接受教育的可能性。尽管人们对其效果和质量仍有争议，但它们的出现无疑在教学组织形式领域掀起了一场革命。

三、教学组织的意义和类型

采用合理的教学组织有助于教学任务和教学内容的有效落实和完成。教学组织形式是一切教学活动的基础，具有重要的能动作用。在课程、教学的理论和实践中，教学组织处于真正的落脚点的地位。

教学组织同教学方法及教学活动模式有密切的关系，因为课程、教学方法和教学手段等只有综合、集结到一定的组织形式之中，形成一定的人员、时空和程序结构，才会构成动态的教学活动。教学方法、教学手段的改革，抑或是教学思想的整体变革，都要通过一定的教学组织去实施。因此，教学组织合理与否直接影响到教学活动的进程和效果。

教学是智、情、意和谐统一、互相促进的过程。教学组织对于学生个性的形成和情感的培养具有重要作用。教学组织表现了师生的互动，反映的是师生之间、学生之间的交流、交往方式，蕴含着多方面的教育内容和精神生活内容，对学生的个性、情感和学习态度会产生不可忽视的影响，也可以说，教学组织为学生个性、情感等的发展提供了可实现的途径。

在学校教学活动中，教学组织从来都不是单一的、不变的。根据学生组织方式的差异，可以把教学组织划分为三种类型：班级授课组织、分组教学组织和个别化教学组织。

四、参与式教学组织的内涵

针对班级授课组织暴露出的重教轻学、机械死板等弊端，人们开始寻求进一步改革教学组织的新举措。改革试图从全面系统的角度分析研究影响教学活动的各种因素，寻求既不失集体影响，又有个人独立自学的教学组织形式，实现以班级授课组织为基础的教学组织的多样化，参与式教学组织便由此而产生。这是改革班级授课组织的一种尝试。参与式教学组织是把学生按一定的标准（能力、成绩、兴趣、愿望等）编入不同的学习小组来进行教学的一种教学组织，目的在于以最佳方式为学生提供多种学习，使教学更好地适应学生的特点和需求①。

五、参与式教学组织的特点

参与式教学组织的优点是：在分组教学中，学生的学习态度是能动的，可以大幅度地减少同步学习中常见的学习分化现象，出现所谓的能动性的凝集现象；在分组教学中，学生共同地、自主地解决学习课题，自觉地、创造性地掌握知识和技能。这种教学组织使学生积极地获取知识，主动地提高能力，同时大大促进学生的自主学习；实施因材施教切实照顾了学生的差异，既使学业成绩优秀的学生扩大知识面，早日成才，又可以保证学业成绩不良的学生扎实掌握基础知识，达到教学的基本要求。

参与式教学组织的不足之处在于：加重了教师的工作任务，对教师的职业素养、教学能力提出了更高的要求，而且由于班级组织处于不断的变动之中，无形中影响了教学的连续性、有序性，也不利于形成良好、和谐的师生关系和同学关系。分组以后，学业成绩优秀的学生容易产生优越感、满足感；学业成绩不良的学生易产生自卑感，造成心理压力。很多情况下，分组以后不同水平的学生之间缺乏足够的交流和沟通，可能不利于学生的全面发展。

就总体而言，参与式教学组织倘若有充分的准备，审慎地加以运用，可以产生良好的教学效果。参与式教学组织弥补了班级授课组织从学生平均水平出发，强调千篇一律、齐头并进的不足，能较好地适应学生的能力和要求。可以说，这是一种值得提倡的教学组织形式。

第二节 小组合作学习

小组合作学习是20世纪70年代初兴起于美国，并在20世纪70年代中期至80年代中期取得实质性进展的一种富有创意和实效的新型教学组织形式，是新课程所倡导的一种重要的学习方式。小组合作学习是指学生在小组或团队中为了完成共同的任务，有明确的责任分工的互助性学习，可见，小组合作学习的实质是通过互助去完成共同学习任务的学习方式。小组合作学习作为对传统教学模式的一种突破和补充，已经被教师越来越广泛地运用于课堂教学之中。

---

① 钟启泉. 课程与教学论[M]. 上海：上海教育出版社，2010.

一、小组合作学习的内涵

合作学习又称协作学习，是以课堂教学中的人际关系为基点，以目标设计为先导，以师生、生生合作为基本动力，以小组活动为基本教学方式，以团体成绩为评价标准，以大面积提高学生的学习成绩、改善班级内的心理气氛、形成学生良好的心理品质和社会技能为根本目标，极富创意与实效的教学理论与策略体系①。其内涵包括以下四个方面的内容。

第一，合作学习是以学习小组为基本形式的一种教学活动。合作学习强调以集体授课为基础，以合作学习小组为活动主体形式，合作小组是整个教学活动的中心，教学活动是围绕合作学习小组而展开的。

第二，合作学习是以教学动态因素间的互动为动力资源的一种教学活动。合作学习要求所有的教学动态因素都应保持互动，强调教学过程是一种主体与主体的交往实践，是一种信息互动的过程。合作学习中的人际互动突破了以往传统教学强调的师生之间互动的界限，主张充分调动教学中的各种关系进行互动。

第三，合作学习是一种目标导向的教学活动。合作学习追求教学在认知、情感、技能和人际目标上的均衡达成，所有的合作学习活动都是围绕着特定的共同目标而展开的。

第四，合作学习是以团体成绩为奖励依据的一种教学活动。合作学习通常以各个小组在达到目标过程中的总体成绩作为评价与奖励的标准，这种机制可以把个人之间的竞争转化为小组之间的竞争，从而促使小组内部的积极合作，使学生各尽所能，得到最大限度的发展。

二、小组合作学习的基本特征

（一）以异质小组为基本形式

“组间同质、组内异质”的小组形式改变了传统班级教学结构。分组时要以学生的年龄特点和思维特点为基础，而且在构成上要求小组成员在性别、个性特征、才能倾向、学习水平、家庭背景、社会背景等方面分布均衡，以便发挥学生各自的特长和优势。

（二）以小组明确的目标达成为标准

小组合作学习改变了以个人成绩为标准，以学生个人为奖励对象的做法，以小组明确的目标达成为标准，从而改变了班级教学中学生成员间以个体竞争为主的交往方式，同时体现了每个小组中的成员团结友爱、民主平等、共同完成学习任务的合作精神。

（三）以小组成员相互依赖的合作性活动为主体

这是小组合作学习区别于传统班级教学最本质的特征。相对于竞争性学习和个体化学习而言，小组合作学习更能够促进学生的有效学习和才能的发展，更有助于培养学生的合作精神、团队意识和集体观念，从而产生更大的成功、更积极的关系和更好的心理调节。因此，

---

① 邵光华. 小学课堂教学技能训练[M]. 北京：高等教育出版社，2011.

小组合作学习只是突出合作的主导地位，并没有否认竞争与个人活动的价值，而是让个人活动、合作性活动和学习中的竞争在教学过程中兼容互补、相得益彰。

（四）以小组总体成绩为评价和奖励的依据

小组合作学习让学习者的个人目标和小组目标相互依赖，即只有小组所有成员都完成各自的目标，自己才能获得成功，这是一种“荣辱与共”的交互方式。因此，评价时看的是小组的整体成果，包括合作态度、完成任务的效益和效率等，而不是看某个人或某方面的表现情况。

三、小组合作学习的关键要素

小组合作学习在处理多样性方面是一种有价值的策略。面临多样性环境挑战的学生更愿意参加学习团体，特别是英语语言的学习，学习者更喜欢在小组内与同伴进行交流。学生通过参加合作学习活动，既增加了掌握语言技能的信心，也了解了其他方面的文化。卡甘（Charles）认为，成功、有效的合作学习强调以下六个关键要素。①

1）团队：长期合作的、由教师分配的、小型的、所有学生都能主动参加的团队，既可以是异质组合（不同性别、种族和能力），也可以是同质组合，或随机组合。四个成员之间分工合作。

2）意愿：学生要有合作的意愿。团队和班级建设活动增强了这种意愿。

3）管理：责任清楚、分工明确以及其他管理手段，都有助于确保合作学习的顺利进行。

4）技能：社交技能有助于学生更加有效地展开工作。教师应该利用多种途径传授这些技能，如角色扮演、开场白（特殊讲话方式）、合作学习策略、模仿练习、反思和计划等。

5）基本原则：积极的相互依存、个人责任、平等参与和共同交流。

6）合作策略：目前在教学中使用的合作策略多种多样。每一种都是根据不同的教学目标和教学内容而设计的。

除了上述这些关键要素之外，当我们考虑合作学习的四项基本原则时，还必须回答有关合作学习的四个关键问题：①对一个人有利是否对另一个人也有利？有必要互相提供帮助吗？②个人是否需要履行公共义务？③学生怎样实现平等参与？④大家共同进行交流所占的百分比是多少？

【案例 5.1】合作学习活动

某教师教六年级的学生学习有关鲸鱼的知识。全班分成六个异质合作学习小组，每组5人。从新学期开始，这位教师就着手进行班级和小组建设。为成功地进行合作学习，学生也已经学习和掌握了很多管理手段和社交本领。

---

① Charles C M, Senter G W. 小学课堂管理[M]. 吕良环，等译. 北京：中国轻工业出版社，2003.

> 刚开始时，这位教师要求每个小组尽可能多地掌握一种鲸鱼的知识——灰鲸、白鲸、虎鲸、蓝鲸、露脊鲸和座头鲸，为此，这位教师提供了一些学习资料。这项学习结束后，学生重新分组，每个小组都有一位成员掌握这六种鲸鱼中其中一种鲸鱼的知识。这样每位学生专家就能够把他所掌握的鲸鱼知识传授给其他学生，如鲸鱼住在什么地方，以什么为生，是否有灭绝的危险。一位学生讲解时，其他学生要认真听讲，确保他们履行个人的职责。这个过程一直持续到该组所有的学生都讲完为止。最后的学习成果就是每一位学生都制作一本小册子，里面包括每一种鲸鱼的图片和相关的内容。

合作学习活动中，学生主要通过参与各种活动进行学习，他们在小组中扮演各种各样的角色。教师只是设计学习活动、监控过程、维持秩序，在必要时提供帮助。在组织得比较好的合作学习活动中，所有学生都能尽最大的努力参与并做出自己的贡献。小组实施自治管理，组员相互依赖。学生学习独立思考，展示他们的智慧和创造性。但是，由于学生是以小组为单位相互交流学习，因此，课堂会变得非常嘈杂。有些学生很容易开小差，有些学生则完全依靠他人，这种状况不易把握。另外，教师很难评估学生的作业质量。

合作学习的适用性：合作学习适用于各个年龄段的学生和大多数学科。然而，要想使合作学习获得成功，教师必须考虑上面讨论过的六个关键要素和根据基本原则提出来的四个关键问题。另外，当学习活动和项目的设计能够使小组内的每个成员都有一个合适的角色来扮演或合适的任务来完成时，合作学习成功的可能性更大。学生必须掌握足够的技能、拥有强大的自控能力才会有良好的表现。

四、小组合作学习的常见问题①

（一）学生无合作准备

有的小组在公开课、研讨课时临时凑合而成，缺乏必要的训练，学生不知道怎样与他人进行有效的互动。当问题出现时，学生之间不能做到相互了解对方、信任对方，并进行清晰正确的交流；当产生不同意见时，不能建设性地解决矛盾冲突。教师不引导学生认真读书、深入思考，匆忙展开讨论，学生没有经过深思熟虑，要么坐享其成，要么人云亦云，盲目随从，对小组内的不同见解根本无法提出真正意义上的赞同或反对意见，也无法做到吸取有效的成分修正自我观点。这样的合作学习，学生没有充分准备，不但解决不了疑难，反而在无意中剥夺了学生独立思考、自主学习的机会，有悖于合作学习的真谛。

（二）教师无明确交代

小组合作学习前，教师缺乏必要的讲述，由于一有问题马上实施小组合作学习或任务布置得过于简单，学生没有明确合作学习的目的、步骤，问题本身也无法吸引学生的注意力，

---

① 杨东. 课堂教学的变革——小学参与式教学实践研究[M]. 北京：北京师范大学出版社, 2010: 10.

学生不理解将学习什么、怎样学习；同样由于缺乏必要的讲述，或者讲述不清，学生不知所云，无法帮助学生迅速、准确地把未知信息与已有的认知经验联系起来，选择最佳的学习起点，尽快地找到解决问题的策略。

（三）合作无明显效果

教师没有深刻领会小组合作学习的内涵，将小组合作学习简单地定义为小组讨论。因此，有相当一部分教师在课堂教学开始时便布置小组合作任务，任其讨论，讨论结束，学生汇报完毕，教学活动便结束。这种形式化的小组学习收效甚微。由于没有根据不同类型的教学目标而采用恰当的学习方式，学习效果达不到预期目标；由于仅用单一的讨论方式无法调动学生的学习积极性，学生逐渐感到厌倦；由于一些没有思维容量，甚至是一些根本不屑一论的问题充斥其中，学生没有参与讨论的兴趣，教学时间被大量浪费，教学效率事倍功半；由于学优生在小组中处于主宰地位，承担了主要的职责，其潜能得到了发挥，个性得到了张扬，而学困生则处于从属或被忽略的地位，失去了思考、发言、表现的机会，无形中在一定程度上被变相剥夺了学习的权利；由于课堂秩序混乱，学生发言七嘴八舌，教师对小组学习缺乏必要的计划、调控等组织智能，当学生和小组面临问题时，教师无法对一些问题进行辨别、分析并对学生提供帮助。凡此种种，小组学习的无目标、无内容，导致学生无兴趣、无效果。

五、小组合作学习的技巧

小组合作学习是课堂教学中充分发挥学生主体作用的一种有效方法，也是当前引导学生主动学习的重要途径。课堂中利用小组合作学习可以提高单位时间中学生学习、交往、表达的频度与效率，优势互补，有利于培养探究意识和合作精神，也有利于学生交际能力和解决问题能力的发展。随着新课程改革的推广和深入，小组合作学习已经被越来越广泛地运用于课堂教学之中，几乎已成了所有教师必用的法宝。小学劳技课也是如此，在调查、设计、制作、展评等各个环节常常都会用到合作学习。但同时我们也清醒地看到，许多小组合作学习表面热闹，其实效率并不高。一番嘈嘈杂杂的“合作”之后，许多学生并没有多少收获。那如何来提高小组合作学习的效率呢？可从以下几个方面入手[①]。

（一）精心组建学习小组，形成合作团体

学生间的学习关系有三种：竞争性的学习、合作性的学习、个人化的学习。构建竞争性的学习环境会使学生间产生对抗的作用，构建合作性的学习环境会使学生产生促进性的相互作用，构建个人化的学习环境则使学生间不产生相互作用。很显然，要真正发挥合作学习的相互促进作用，首先必须构建起一个结构合理、规模适宜、积极互赖的真正的合作团队。这是合作学习有效进行的前提。

---

① 沈宇澜. 组织小组合作学习的策略[EB/OL]. http://www.guangyu.org/c_001_cont.asp?cid=74&Id=4597[2018-04-29].

1）规模适当。一般而言，小组合作最常用的是 4 人小组。组内成员过少会减少互动和信息交流，削弱合作氛围。而规模过大会使协调和管理难度增加，对合作技能的要求较高。约翰逊兄弟认为，合作小组的规模可以依据完成任务的条件、组员合作技能状况、所占有的时间等情况而确定。完成合作的条件越差，组应越小；组越大，所需的条件越高；组员的合作技能越差，人数应越少；所占有的时间越短，组员应越少。

2）科学分组。建立合作小组不是简单地把几位学生就近按座位组合在一起。教师应将班内学生按成绩、性格、爱好、技能等进行分类梳理，然后按“组间同质、组内异质”的原则编排成合作小组。只有这样才能为组内互补互助提供基础，同时也为全班各小组间展开公平竞争创造条件，促进组内合作、组间竞争。同时，为了让学生有更广泛接触和合作的机会，一段时间后可以对小组成员进行轮换、重组。此外，除常用的异质小组外，有时也可根据需要采用同质小组和自由组合小组。

3）合理分工。要保证合作学习的有序高效运行，合理明确的分工是基础。这样可以充分发挥每个人的作用，激发每个人的个人责任，使得每个成员有事可做，对自己负责的那部分任务全力以赴，如可以让学生分别承担作品某一部件的加工、某方面的信息搜集等。这样有分有合可以保证全体成员的积极参与。除了按任务分工外还可进行角色分工，如轮流担任记录者、鼓励者、检查者、解说者、组长等。在分工中还要注意经常更换角色，使每个成员都担任过各种角色，体会每个角色的工作和责任，并从中学会互相理解、体谅、支持，从而增强团队凝聚力和归属感。

（二）建立成员间的积极互赖

合作成员间的积极互赖关系是合作的基础。合作就像踢足球，成功需要大家的配合和努力。有效的合作应先让学生明确他们是一艘船上的，每个人有双重责任：完成学习任务并帮助组内所有的组员都学会这些任务（如完成一件作品的设计和制作）。只有在这种积极的相互依赖中，他们才会一起热心工作、分享资料，互相提供支持和鼓励，一起分享成功的快乐。建立成员间积极互赖的方法有如下几个。

1）信息互赖。使每个人只占有完成任务所需资料的一部分，如制作防风衣架时，每组只给一份资料，或给每个组员不同的资料，或要求组内成员分别从制作材料、衣架形状、功能、生活中活动连接的各种方式等不同角度调查收集资料，而学生要完成设计构想，必须借助于别人的信息，才能获得全面信息。

2）材料互赖。每个小组只发给一份材料（或者分工收集、准备不同的材料），而要完成任务，必须将大家的材料合在一起。在最初运用合作学习的过程中，运用这种方法可以取得较好的效果。在学生习惯了彼此合作后，教师可以考虑给每个学生一份学习材料，而不是每组一份，更多地借助于其他手段建立互赖。

3）目标互赖。教师可向学生说明每组有一个明确的小组目标，并且让学生认识到只有组内全部成员都达到这个目标时，他们才能达到自己的目标。在确立目标时，除了有学科知识技能要求外，还应有合作方面的目标要求。如要求每个小组只交一份设计图或一件作品，但每个小组成员都要在上面签名，以表示了解并参与这项任务的完成，并且能够解释其设计思想或作品的结构特点、制作方法等。教师可以随机从小组中选出一个学生作解释来进行检测。

4）奖励互赖。当小组达到预定目标时，给每个组员额外的相同奖励。如当小组内所有学生的设计都达到B级以上或所有的学生都顺利完成制作时，每个组员都可以得到两颗星的奖励，或者额外的休息时间、材料奖励等。而如果有一人没达到要求，全组人都得不到奖励，不管个人是否完成任务。这样的奖励可打破学优生包揽一切或小组成员各自为政的局面，推动小组成员互相帮助、共同进步。此外，还可通过组织小组间竞赛等手段增加小组内成员间的积极互赖。

（三）教授学生必要的合作技能

必要的合作技能是合作顺利进行、提高合作效率的重要保障。教师必须教会学生一些技能，以进行高质量的合作。卡耐基大学曾对10 000个名人案例记录做过分析，发现"智慧""专门技巧"只占成功因素的15%，其余85%取决于良好的人际关系。所以人际交往技能应该同认知、情感态度等一样成为学校教育的目标之一。学生的合作技能不是天生就有的，而教授合作技能的最佳时机就是需要这些技能的时候，这样学生会有更迫切的需要和更强烈的学习动机。教师要尽可能地为学生创造实践合作技能，体会合作技能作用的机会和情境。课堂中首先应主要教会学生以下技能。

1）说明与听取。要求学生能正确清楚地向其他成员表达自己的观点和发现，言语简明扼要，紧扣中心；能有序发言；对别人提出的质疑能耐心作出解释；专心听取别人的发言，不随意打断别人；尝试站在对方角度体会别人的看法和感受；对别人提出的合理意见和批评，勇于接受，并表示感谢。

2）帮助与求助。主动关心其他成员，热心、耐心地提供帮助，不嘲讽讥笑；提供帮助时说清方法和理由，协助完成而不直接代替；对给予别人帮助表示乐意；遇到困难主动请教，说清求助内容与希望；态度要谦逊；对获得帮助要表示感谢。

3）组织和鼓励。善于分配处置各人的任务，明确个人责任，安排合作进程；关注并调控小组合作状况，对影响合作的行为及时制止；对其他学生讨论提出的各种意见进行整理；鼓励胆小或有困难的成员发言、承担任务，并给予更多帮助；对别人的正确观点可点头、称赞以表示赞同或赞赏。

4）处理冲突。合作中由于个人的兴趣、性格、思维方式等的不同，难免会产生分歧和冲突。冲突可以被建设性地解决，也可以被破坏性地解决。要求学生遇到类似情况时要以平和心态冷静处理，仔细听取别人意见，考虑其合理性，反思自己的想法和做法；对存在分歧的地方，各自明确充分地表述看法和理由，有序交流不争吵，不影响其他小组。在双方都不能说服对方时，应按少数服从多数原则执行。

（四）充分发挥教师的组织指导作用

有效的合作离不开教师的指导和帮助。教师要为学生创造良好的合作学习环境，确定小组规模、组建学习小组、指导分工、促进建立互赖、协调各小组的活动、作出评价和引导……全程参与学生的合作学习，促使每个学生获得最大程度的发展。在合作学习中，教师应注意着重发挥以下组织和指引作用。

1）任务与时机。有效的合作应选择恰当的任务和时机。一般而言，合作学习的任务要有一定的复杂性和难度，可以是多维性问题、开放性问题、综合性问题，使学生感到独自无法完成或较难完成，从而产生合作的需求，如设计制作多功能组合笔筒、别墅群、校园操场等。这样还可以使学生从中体验到合作的重要性和意义价值，增强以后合作的自觉性。反之，如果学习任务较简单，或任务本身更适合学生独立学习，则不必采用合作学习，避免为合作而合作。

2）参与和观察。学生开始合作后，教师并非无事可做了。在学生合作过程中，教师必须了解小组达成目标任务的情况和小组成员间有效合作的状况。为此，教师应主动参与到各小组中成为其中的一员，观察各层次成员的各种表现，分析小组的合作学习情况，获取各种反馈信息。

3）调控与引导。有序高效的合作离不开教师的调控引导。教师应在全面观察分析的基础上，对合作任务、合作时间、目标高低、所给条件等进行调控，并对学生的合作学习给予引导，保障合作的顺利进行。除了直接的言语或行为指导外，教师还可以通过暗示、认可、奖励等多种手段来及时引导学生的合作，激发和维持学生的合作热情。如对一个安静有序、分工合作的小组给予关注，或是赞扬某种合作的方法，其他小组也会努力这样去做。有时还可给予某个小组一些特别的奖励，如在一张专门的表上记录特别奖励的星数等。这对引导学生的合作行为会产生积极的强化作用。

4）提点与辅助。在学生合作过程中，难免会遇到一些问题和困难，有知识上的，也有合作技能上的，这些都会对学生的合作进程带来阻碍。教师此时应及时帮助学生解决困难，如参与讨论、提供参考意见、作补充说明、提供辅助材料和工具等。或是教授学生一些社交技巧，教会学生如何倾听、如何发表不同意见、如何向别人提出改进建议、如何处理矛盾争议等，或是给予其他的鼓励、支持，使学生合作继续进行，最终获得成功体验。

只要教师注意为学生的合作学习创造合适的环境，多关注学生的合作情况，给予学生必要的指导帮助，以学生为主体，正确运用促进合作的策略，就一定能发挥合作学习的作用，使学生得到更多的收获和发展。

六、小组合作学习的优势

小组合作学习这一模式不仅可以使师生之间、学生之间更有效地进行语言交际，还可以培养学生的合作意识、团队精神，进而促使学生形成良好的心理品质。

1）小组合作学习更能突出学生的主体地位，培养学生主动参与的意识，激发学生的创造潜能，更利于学生独立思考。合作小组以学生自愿组合为前提，再针对各小组之间存在学习程度差异较大的情况加以调整，使各小组在人力资源配备方面达到基本平衡。在学习任务下达后，按各自能力与专长分工合作。

2）小组合作学习的方式强化了学生对自己学习的责任感和对自己同伴学习进展的关心。在传统课堂上，师生关系因授课方式过于呆板，教学气氛过于沉闷，因而容易使学生产生不必要的紧张情绪和过多的焦虑感而不利于学习。在合作性教学中，教师在布置完任务后，通常穿梭于各小组之间，进行旁听（观）、指导、帮助或纠正，这样的学习气氛轻松、活泼而又团结互助，有利于学生顺利完成教师布置的任务，有利于师生间的有效沟通，有利于学生间的彼此了解，有利于学生相互帮助、相互支持、相互鼓励，从而促进他们建立亲密融洽的人际关系，进而培养合作能力和团队精神。

3）小组合作学习能为学生提供一个较为轻松和不受威胁的环境，学生不用担心犯错误，在合作性课堂教学中，师生、生生之间的交互活动是多边进行的，学生有更多的机会发表自己的看法，并且学生能充分利用自己的创造性思维，形成相同问题的不同答案，学生的学习环境更为宽松，自主发挥的空间更为广阔。另外，在小组合作教学中，同伴有意义的口头交际激发了学生的学习动机，提高了学习兴趣，通过满足学生的各种内在需要激励他们的参与意识，并能使他们在参与学习的活动中得到愉悦的情感体验。

总之，学生采用合作学习的学习方式，其立足点不是要否定我们的教学传统，而是对教学传统的补充和改进，进而改善教学现状，改变传统教学系统中师生之间单向或双向的交流模式，形成师生、生生之间全方位、多层次、多角度的交流模式，使小组中每个人都有机会发表自己的观点与看法，也乐于倾听他人的意见，使学生感受到学习是一种愉快的事情，从而满足学生的心理需要，并充分开发学生的情感资源，促进学生智力因素和非智力因素的和谐发展，最终达到使学生学会、会学、乐学的目标，进而有效地提高教学质量。

【案例 5.2】口语交际《抓特点，说动物》①

1. 谈话引出小狗美美

师：动物是人类的好朋友，它们和我们人类一起生活在这个美丽的地球上，它们给人类带来了许多欢乐和生机。在这个单元，我们领略了中外作家笔下那些不同特点的动物。谁来说说哪位作家的什么动物给你留下了哪些深刻的印象？

生：我从丰子恺的《白鹅》中感受到白鹅的高傲。

生：我从俄国作家叶·诺索夫的笔下感受到了白公鹅的将军派头。

生：老舍笔下的猫使我们感受到它的古怪脾气，以及作家对它的喜爱。

生：老舍的《母鸡》生动地展示出了它的负责、慈爱、勇敢。

师：高傲的白鹅，性格古怪的猫，慈祥、尽职的母鸡……在喜爱他们的作家笔下，一只只小动物栩栩如生。

师：今天这节课咱们要跟一个非常可爱的小动物走进动物王国，再一次领略动物们的风采!它就是小狗美美。（CAI出示）

小狗美美：嗨!小朋友们，你们好!我是你们的好朋友小狗美美，现在由我带你们去动物王国吧!

2. 欣赏动物风姿

这些动物你们都认识它们吧!（CAI出示动物集锦）学生欣赏。

在这些活泼可爱的动物中你最喜欢谁?为什么?

同桌交流，然后全班交流。

---

① 杨东. 课堂教学的变革：小学参与式教学实践研究[M]. 北京：北京师范大学出版社, 2010: 10.

生：我喜欢孔雀。因为孔雀开屏很美丽。

生：我喜欢淘气、可爱的小猫，它捉老鼠的时候表现得很勇敢。

3. 猜一猜（CAI出示谜语）

1）你是从哪些地方猜到的?

2）除了谜语上说的这几个特点，你还知道它的哪些生活习性、特点?

3）我们还可以说动物的哪些方面?

师：请大家默看谜语，猜一猜。

生：我知道是熊猫。我从“黑毛黑，白毛白，圆圆胖胖惹人爱”熊猫的外形特点知道的。

生：我从“攀得高，爬得快”熊猫的活动特点知道的。

生：我从“嫩笋野果当饭菜”知道是熊猫的。

师：同学们很聪明，能够通过动物的外形、活动、吃食来猜。除了这些，还可以抓住动物的哪些特点来说?

生：我们还可以说生活的地方。

生：还可以说它们的性格特点，怎么睡觉的?叫的声音怎样?

师：这节课我们就要抓住动物的这些特点来说自己最喜欢的一种动物。怎么说呢?

师：先听听小狗美美的吧!

示范引导，（CAI出示录像）美美介绍：我先来介绍我自己吧!

师：听完小狗美美的介绍，你有什么感受?美美的什么地方给你留下了深刻的印象?你还可以补充她没有说到的。

生：我看了这段片子，我觉得小狗美美非常乖巧。

生：我看见小狗很淘气。小主人一回到家，它就扑上去和小主人玩，和主人亲热。

师：同学们观察得很仔细。

生：我觉得小狗很贪玩。口香糖、塑料纸都要玩上半天。

生：我还知道小狗在夏天的时候，要把舌头伸出来，因为它的汗腺长在舌头上。

生：小狗还要为主人看守家门，很尽职，忠诚于主人。遇到陌生人就会使劲地叫，还会冲过去咬人。

师：今天我们就要像美美那样，把你最喜欢的动物说给大家听。下面来看说话的要求。

4. CAI出示说话要求和评价内容

说的要求：

1）抓住特点说，可以说它的外形、脾气，也可以讲它怎样进食、怎样嬉戏、怎样休息等，还可以说一件有关它的有趣的事。

2）要表达自己对它的喜爱之情，能用上恰当的比喻句、拟人句就更好了。

5. 分组交流活动

组长主持，做好评价（表5.1）。教师巡视，分组指导。

表 5.1 评价要求

评价项目	大家评
是否抓住了事物的特点？	
是否说清楚、说具体了？	
是否表达了自己的喜爱之情？	
你还有什么要补充的？	

6. 全班汇报

师：请小组汇报说的情况。

生：我们这组两个同学说了。一个说的是小猫，一个说的是小狗。他们都能抓住动物的特点说。

师：请各组推荐一个同学来说，其他的同学要认真地听，之后要对他说的内容进行评价，也可以补充。

生：我是第一组的陈硕，我最喜欢的动物是猫。因为它长得非常可爱。雪白的绒毛摸起来很舒服。它睡觉的时候，总喜欢把它的身子蜷成一团，尾巴藏在身子下面，远远地看，就像一个大雪球。它喜欢在沙发上睡觉。

师：大家对陈硕说的动物进行评价。你觉得他说得怎么样？

生：陈硕把猫睡觉的样子说得很清楚。如果再说点其他的特点就更好了。

生：你把猫的睡姿说得很形象，不过，我觉得你说得还不够具体，我们还想了解猫的更多方面。

师：同学们提的要求，你能做到吗？

生：能，谢谢大家的建议。

师：请第二组同学代表上来汇报。刚才同学们听得很认真，评价也很精彩，请继续努力。

生：我是王世驭，我是第二组的代表。我要说的是小狗。他全身都是黑色的，毛很光滑，就像抹过油似的，又像是绸缎一般。眼睛水汪汪的。它饿了的时候，就围着我不停地转，望着我，仿佛在说："主人，我肚子饿了，给我点吃的吧！"这时，我就会给它一块骨头，它就安静地埋下头专心地啃起来。睡觉的时候，身子蜷缩在一起，一只耳朵紧紧地贴在地面上，只要一有动静，它就"汪汪汪"地叫起来，仿佛在提醒主人"有人来了，快起来看看！"它还有一个特点，大热天总喜欢把舌头伸出来，感觉这样会凉爽一些。这就是我外公家的小狗。

师：王世驭说了他外公家的小狗，大家觉得他说得怎么样？

生：他说了狗的几个方面——样子、吃食、睡觉，让我感觉到这条狗很可爱，同时也很尽职。他说得很好。

生：在说外形的时候，他用了比喻句，让我们感觉到狗的毛很光滑。

生：他还用了想象的手法，饿的时候希望能给它一点东西吃。

生：我希望王世驭能再具体详细地描述狗是怎样啃骨头的。

生：王世驭介绍动物的时候，声音很洪亮，站姿很端正，特点也说得很清楚。

师：是的，王世驭在说话的时候，态度很端正，抓住了动物的特点，也表达出了自己对小狗的喜爱之情，描述得很好。

生：王世驭，你说小狗的时候，我觉得顺序不够清楚，一会儿说样子，一会儿说肚子饿了，希望你在说下面的内容的时候能自然一些。

师：同学们在表扬你说动物的时候能抓住特点，展开想象，如果你能把小狗怎么吃、怎么守家的动作再详细地讲述出来，就更棒了，还要注意句子之间的过渡要自然。好吗?

生：好的，谢谢大家。

师：请第三组代表上场。

生：我是第三组代表唐静。我家养了一只小猫，它有雪白的毛、尖尖的耳朵，圆圆的脑袋上有一双玻璃球似的眼睛。它的尾巴长长的，就像一根绳子，尾尖就像毛笔。它的脚也是白白的，还有一张樱桃似的小嘴，非常可爱。

师：大家评评唐静说的动物。

生：唐静，你把猫的外形说得非常清楚，还用了许多比喻句来描述，让我们感到你家的猫长得很漂亮、很可爱。

师：我也有这样的感受。

生：我觉得你把猫的外形特点说得很好，但是你没有按一定的顺序来说。我建议你先说全身再说部分，按照从头到尾这样的顺序描述，就会更清楚、更好了。

师：你的这个建议非常好。每个同学都应该注意——描述的时候，一定要有顺序。以上同学们说得非常好，评价也很有水平，能抓住关键的地方，提出自己的建议。还有一组代表。谁来?

生：江颖嘉来。

师：好的。如果江颖嘉在说的时候想不起来，或者不想说了，咱们一起来帮助她说，好吗?

生：好的。

生：我给大家介绍小兔子。兔子吃食物的时候，它会先用鼻子闻闻，看是不是它喜欢吃的。如果是，它就会趴着慢慢把食物送进它的嘴里，用它的小牙齿轻轻地把食物嚼碎，再吞下去。

生：小兔子吃食的时候，我们可以用“细嚼慢咽”这个词来形容。

师：这个词用得好，突出了小兔子吃食的特点。

生：她还可以说说小兔子最喜欢吃的东西，有萝卜、白菜、青菜等。

生：我觉得江颖嘉如果能把小兔子吃食的动作、神态说具体一点就更好了。

师：你同意他们说的吗?

生：同意!

总结：评价学生的学习情况。

师：今天这节课通过大家合作学习，学会了怎样抓住动物的特点来说动物，也学会了怎样评价同学说的话，收获真不小呢!

七、小组合作学习的意义

（一）有利于培养学生的社会适应性

学生是未来的社会成员，必须具备社会人的主体性，而主体性并非游离于社会，它必须将个体融入群体之中，并自觉地为这个社会贡献自己的力量。

当学生进入班集体时，就已进入了一个特有的小社会，他们必须在集体中发挥个人的能动性，在吸取集体的帮助教益和服务集体的活动中，使自身得到发展与提高，从而适应这个小集体。小组合作学习首先使学生在小集体中相互适应，通过适应这个小集体，逐步过渡到适应大集体，从而培养了学生的社会适应性。之所以说它有利于培养学生的社会适应性有如下几个原因。

1）小组合作学习创造了学生相互认识、相互交流、相互了解的机会。在合作学习中，他们学会把自我融于群体之中，小组成员成为他们的好朋友，一起学习，一起活动，使之感觉自己难以离开这个可爱的群体，从而培养了他们的合群性。这也是一个人具有社会适应性所应具备的基本素质。

2）小组合作学习培养了学生善于听取别人意见的好品质。要想适应社会，能与别人密切交往，其中重要的一点就是对他人热心帮助、真诚相待。通过小组合作学习，使学生感到要想使自己在学习上有所收获，必须做到小组内每一个成员相互帮助、取长补短，虚心听取别人的意见，从而培养小组成员善于倾听别人的意见、帮助本组成员共同提高的好品质，这成为他们在适应社会过程中所必备的条件。

3）小组合作学习有利于促进学生社会性发展和养成健康个性。社会心理学认为，人的心理是在人的活动中，尤其是在人和人之间相互交往的过程中发展起来的。小组合作学习提供了成员之间合作的机会，增加了课堂上学生之间合作、互助的频率和强度，从而有力地促进了儿童社会化程度的提高。

（二）有利于培养学生的自主性和独立性

一个具有自觉能动性、自主性和独立性的人是一个对事物有自己独立的思维与见解，敢于发表自己的意见，具有社会交往能力的开放型人才。小组合作学习是培养这类人才的有效途径，小组成员能够在小组内进行充分的语言、思维及胆量的训练。通过小组成员之间的交流，他们能够大胆地将自己的见解通过语言表达出来。在交流中逐步培养学生主动与别人交往的品质，形成自己的独立见解。

1）为学生提供了更多的锻炼机会，促进学生全面发展。需要层次理论认为，学校是满足学生需要的最主要场所。学生在学校里学习和生活，主要的需要是自尊和归属感。小组合作学习在课堂教学中为学生营造一个能够充分表现自我的氛围，为每个学生提供更多的机遇。人人都有自我表现的机会和条件，使之在小组中相互交流、彼此尊重，共同分享成功的快乐，使每个学生进一步发现自我、认识自我，其主体地位被大大地肯定与提高，促进全面发展。

2）有利于提高学生学习的正确率。在问答式的课堂教学中，教师提出问题时，经常会出现以下几种情况：一是不思考；二是结果完全错误或结果正确，但方法单一。小组合作学习可使思考结果不正确的学生及时得到纠正；不愿思考的学生在小组合作学习的氛围中不得不去思考、讨论从而找到问题的答案，激发了学生的学习兴趣，使组内的每个学生都树立起集体中心意识，增强学生为捍卫集体荣誉而学习的强烈动机，这种学习积极性的提高正是发挥个体主观能动性的具体体现。

第三节 课堂教学管理

一、课堂教学管理的内涵

课堂教学过程中同时存在两种活动：一是教学活动，二是组织管理活动。组织管理活动是开展教学活动的保障，课堂教学不仅是知识传授的过程，也是师生感情交融、思想共鸣的过程，和谐愉快的课堂气氛依靠教师的教学组织与管理技能。具体而言，课堂教学管理是指教师管理教学情境，掌握并指导学生学习行为，通过协调课堂内的各种教学因素而有效地实现预定的教学目标的过程，是鼓励课堂学习的教师行为和活动。[①]

二、什么是有效的课堂教学管理[②]

教学活动可以说是人类行为中非常复杂的一种。美国教育家杰克逊曾说，小学教师每天与学生单独沟通的次数至少在500次左右。每一节课教师的时间都是很有限的，他必须选择适当的方式、方法与学生发生相互的作用和交流，以吸引学生的注意力。同时，课堂的多维性、同步性和不可预测性又使得课堂往往难以管理。因此，教师在教育教学的过程中，仅仅重视教学本身，重视教学中的知识传授，并不能起到应有的效果。课堂教学中涉及的因素很多，通过对课堂中各种因素的调节和控制才能保证教师的教学顺利地进行，并达到应有的效果。课堂管理的出现正是在这样的背景和认识中产生的。

关于课堂管理的意义，教育界目前并没有一个统一而明确的说法，这里选择一些有代表性的观点与大家共享。

约翰逊等认为，“课堂管理”就是“建立和维持班级团体，以达成教育目标的过程”。古德将“课堂管理”定义为“处理或指导班级活动所特别涉及的问题，如纪律、民主方式、教室的物理特色、学生社会关系等”。

中国台湾学者李祖寿认为，“课堂管理是安排教学环境（包括物质的和精神的），以使学生能够有效地利用学习时间，在教师的指导与希望下，从事其应有的及可能的学习”。

中国大陆有学者认为，“课堂管理是教师通过协调课堂内的各种教学因素而有效实现预

---

① 钟启泉. 课程与教学论[M]. 上海：上海教育出版社, 2010.

② 杨东. 课堂教学的变革——小学参与式教学实践研究[M]. 北京：北京师范大学出版社, 2010: 10.

定的教学目标的过程”，“课堂管理是鼓励课堂学习的教师行为和活动”。

还有人认为，“课堂管理是指在课堂教学过程中所进行的管理，即在课堂教学中教师与学生遵守一定的规则，有效地处理课堂上影响教学的诸因素及其关系，使课堂教学顺利进行，以提高教学效益，促进学生发展，实现教学目标的过程”。

上述观点虽各有不同的指向，但是我们不难看出它们对课堂管理内涵的基本阐释是比较相似的。要深刻理解课堂管理的含义和内涵需要注意这样的事实：首先，课堂管理的本质不仅是一种结果，更是一种过程。其次，课堂管理的目标在于提高教学的效率和效能，促进学生的发展，实现教学的目标，体现教育的价值。再次，课堂管理的方式要求必须遵循一定的规则，这个规则反映了教师的教育理念和教育哲学观。最后，课堂管理中的决策过程应当由教师和学生共同参与。

何谓有效的课堂教学管理呢?我们确实还没有更为确切的定义。有研究者借助效率和效益两个概念，从投入与产出、成果与消耗、所得与所费等方面加以说明，可他们又不得不承认如果借用企业生产与经营的标准来衡量课堂管理、从成本收益来分析考察课堂管理的效果确实会遇到很多问题，而且这个问题显得比较复杂。

所以我们不妨从以下这几个方面来认识有效的课堂教学管理：首先，有效的课堂教学管理应该关注学生的进步与发展，特别是学生自我控制水平与能力的进步与发展；其次，有效的课堂教学管理应该关注教学中师生之间的互动状况；再次，应该关注管理的效益，而这种效益取决于单位时间内学生的行为结果与行为过程的变化；最后，应该关注策略的使用，策略是教师在课堂管理过程中使用的解决问题的一系列方法。

三、有效课堂教学管理的基本特征①

（一）人本性

人本关怀是有效的课堂教学管理的第一要义。传统的课堂管理总是自上而下、逐层布控的，遵循严格而统一的规范，可以说是处处有规范、时时有监控，课堂成为一个互相监视、比较、竞争的场所，一个权利被滥用的管理主义时代就此诞生了，而这种太具刚性的管理方式显然已经跟不上时代的步伐，不能再满足现实提出的要求了。

有效的课堂教学管理要求以人为本。在管理中不是把学生看成物，而是当做活生生的、有血有肉的、鲜活的人。这就要求我们首先尊重学生的身心发展规律，教育的活动应当按照学生身心发展的规律来进行，揠苗助长、定框制规都是不可取的。其次要尊重学生发展的个性差异，个性是人的本性，对具有不同个性和兴趣爱好的学生应当使用不同的教育方法，正如孔子所说的“因材施教”，这是以学生为本思想的根本体现。教育不是铸模，把性格各异的学生变成“标准件”，那是教育的失败和悲哀。最后要实现学生的全面发展。课堂教学的目的不仅仅是知识的传授，或学生能考上理想的大学，而应该是最大限度地促进学生的发展，有认知水平的发展，有身心健康的发展……课堂应该成为学生发现自己潜能的最佳场所。

① 杨东. 课堂教学的变革——小学参与式教学实践研究[M]. 北京：北京师范大学出版社，2010：10.

（二）主体性

在有效的课堂教学管理中，学生和教师都是主体，所以要特别关注并鼓励学生的参与。课堂，这一神圣的场所不应该仅仅是教学的场所，它更是学生社会化的重要阵地，是学生精神和人格形成、发展的基地。传统课堂中（我们暂且这样说），教师通常使用一种“压服”的方式，甚至是有些“专制”地使学生服从，从而达到课堂教学顺利进行的结果。其实，从中我们不难看出教师获得至高权力满足感的背后是对学生身心无情的摧残和对人格的无情蔑视，他们的眼里根本没有自己的学生。在课堂管理过程中应该增加所有成员的互信，当然也包括教师自己，使其中的每一个个体都能获得一种存在感。比如，教师可以与学生一起制定课堂管理的规则，教师以身作则，学生也能自觉履行各自的职责并重新认识自己的潜在能力，愿意自觉遵守和承受违纪带来的后果。

由于学生是具有主体精神和独立意识的个体，学生在课堂中并非完全听从于教师的安排。课堂中应当充分尊重学生的主体地位，充分鼓励其主体精神的发挥。把学生在课堂中的活动看做学生生活的一部分，积极关注学生在课堂中知识、能力、人格和精神方面的变化，使学生在课堂中和谐地发展，最终促进学生的全面发展。这就要求教师必须公平地而不是居高临下地、民主地而不是独裁地、公正地而不是偏袒地、启发地而不是“填鸭式”地对待每一个学生。

（三）调适性

有效课堂管理的教育性不仅能够解决当时出现的问题，而且更有利于预防以后出现类似的问题。它可以调整师生的思想行为，进而使师生适应课堂教学，这就是所谓的调适性。通过师生的共同努力，学生尽快调整并适应教师和新的环境，教师也尽快了解学生的个性特点，这样课堂管理才能尽快规范并发挥效益，对学生的发展才更为有利。

四、课堂教学管理的目标

课堂教学管理的过程应该首先从明确目标开始。课堂教学管理的目标是增进教学的效果，即教师采取必要的方式和手段建立课堂常规，维持良好的教学环境，在这样的境况下，一方面，教师可以有效地进行教学活动；另一方面，学生也能愉快地进行学习，在知识、能力、品德等方面获得健全的发展。课堂管理的目标应该服从于教育的目标，实现课堂教学目标是实施课堂管理的出发点和归宿。

因此，课堂管理的目标应该更多地立足于学生的有效学习和主动发展，主要包括以下几个方面。[①]

（一）激发积极的课堂气氛，保持良好的状态

经研究发现，促使学生产生良好反应和保持学习动机的最好办法就是教师采取积极的态

① 杨东. 课堂教学的变革——小学参与式教学实践研究[M]. 北京：北京师范大学出版社，2010: 10.

度肯定学生，提高学生的自尊心。学生有了自尊心，就会对学习充满自信，会热情地接纳各种学习活动和挑战，在课堂学习的过程中往往也表现出热情、投入、积极的态度。自然地，问题行为也就会减少甚至消失。倘若教师在课堂上忙于管教注意力分散的学生和扰乱课堂秩序的学生，这几乎不能提高学生的兴趣和自尊心。课堂实践也证明，如果教师真正重视学生的成就和自尊，面带微笑鼓励学生，不断用积极的语言评价学生的进步，在课堂管理和维持学生学习兴趣方面就不会产生太多的问题。所以提供良好的课堂情境，激发正向的课堂气氛，保持学生良好的状态，是课堂管理的基本目标。

（二）保障课堂活动时间，提高课堂活动效率

一节课 40 分钟的时间看似对学生来说都是均衡的，但是对于学生个体而言，真正专注于课堂活动的时间却有着很大的差别。此外，学生专注于课堂活动的时间并非总是有效的，有时也停留于表面，而非完全地投入。学生在课堂教学中不专心于课堂活动，显然会影响学习的效率，专注于课堂活动的时间与其课堂成就是成正相关的，学生直接投入并获得成功的时间取决于对活动的注意和意愿。因此，课堂管理的一个重要目标就是激发学生活动的动机，使学生能够专注于课堂活动，使学生专注于课堂活动的时间更加持久，从而提高课堂活动的效率和质量。

（三）争取学生更多的参与，促进学生主动发展

课堂活动不能只是由教师向学生单方面地输送信息，再由学生模仿或记忆。相反，它应该是教师与学生互动、学生与学生互动的学习活动过程。在这个互动的过程中，教师就好比一个乐队的指挥者，应该随时关注学生投入活动的程度，采取必要的方法激发学生参与的热情，以保持学生高度的注意力和活动积极性，而不仅仅是发出信号和指示。教师如果忽视了学生的参与，或者只关注到课堂中少数学生的参与，学生就容易逃离于课堂之外，影响课堂教学的效率，久而久之，就会变得消极、被动或盲从，其主动发展便无从谈起。只有通过所有学生积极主动地参与，才能不仅培养学生的合作意识，促进学生互相学习，而且促进学生主动发展。学生只有参与课堂活动，才能感受到课堂生命的涌动和成长，才能获得能力的发展。

五、课堂教学管理的意义

（一）维持良好的课堂秩序，为课堂活动提供保障

课堂是学校教育教学活动的基本组织，是师生进行教育教学活动的主要场所，课堂节奏快，师生交流频繁，因此课堂活动中不可避免地会出现一些冲突和矛盾，干扰正常课堂活动的开展。为了使课堂教学和课堂活动按照计划有效地进行，必须通过管理来维持一定的课堂秩序，因此，需要及时预见并排除各种干扰课堂活动的不利因素。良好的秩序能够使学生把精力集中于课堂活动，提高学习的效率使课堂活动按计划顺利地进行。课堂管理通过维持课堂秩序，为课堂活动提供保障。

（二）创建有效的课堂环境，使学生得到健康发展

课堂环境包括课堂物理环境和课堂心理环境，有效的课堂环境能够保证学生的身体健康、陶冶学生的情操、净化学生的心灵、养成他们高尚的道德品质和良好的行为习惯；能够激发教师工作热情和学生学习动机，提高他们的积极性，从而推进课堂教学活动的顺利开展，提高课堂教学的质量。课堂管理通过创建良好的课堂环境为学生提供一个团结、和谐、积极、向上的学习氛围，让学生在课堂中体会到相互尊重、信任、支持和满足感、集体感，学会与人相处、与人合作，从而得到全面健康的发展。

（三）促进师生互动，提高教学效率

课堂是一个师生共同生活和成长的动态空间，课堂活动也是一个师生共同工作和学习的动态发展过程。课堂中人与人之间、人与环境之间的相互作用和相互影响就构成了课堂环境中的互动。“课堂互动是课堂的本质特征，也是课堂管理的重要任务。”[①]师生之间的互动有赖于课堂中师生之间的交流与沟通，学生以此来获取知识、开发智力和增强能力，了解教师的期望和要求，学生的集体感、归属感得到满足；教师以此传授知识、获取学生的信息，得到学生的信任与尊重，顺利开展和指导教学活动。课堂管理促进师生互动，提高教学效率。

（四）协调学生之间的关系，培养与人合作的团队精神

今天的时代，无论是社会还是学校都在强调合作意识和团队精神。在充满竞争的现实社会中，人们越来越注重人与人之间的交流。21 世纪教育的一个重要内容就是学会生存、学会发展。教育就是要培养适应时代发展要求的人才。课堂是进行教育的主要场所，课堂管理的目标就是学生的全面发展。课堂管理最大限度地满足学生的需要，激励学生的参与，激发学生的潜能，通过学生之间的相互合作，配合教师共同完成课堂活动。课堂管理能够协调学生之间的关系，让学生在学习活动中学会与人团结合作，从而锻炼他们的交际能力，造就他们与人合作的团队意识。

六、课堂教学管理的技巧

随着社会的发展，学生接触社会的机会越来越多，知识不断增加，思想也更加丰富，所以教师开始感慨“现在的孩子越来越难教了”，表现在课堂上，学生各种不良习惯都会出现，而传统的课堂教学管理主要采取管、卡、压等办法以控制学生的问题行为，结果往往是问题行为越来越多、越来越严重。为了建立有利于教与学的积极的课堂气氛，可以采用以下方法进行课堂教学管理[②]。

---

① 陈时见. 课堂管理: 意义与变革[J]. 云南教育(小学教师), 2003, (31): 5-8.

① 萧枫, 姜忠喆. 教育语言随心用[M]. 长春: 吉林出版集团有限责任公司, 2012.

（一）以情唤情

课堂上学生出现思想不集中，低声讲话或做小动作在所难免，这是小学生阶段生理心理特征所决定的。即使再高明的教师授课，甚至组织公开课也会出现这种情况。这种情况产生的原因很复杂，但最主要的还是缺乏一个“情”字。以情感人、以情管人是解决上述问题的好办法。譬如，当教学基调清新爽朗时，教师可以以愉悦欢快的心情去引导学生；当教学基调转入哀愁悱恻时，教师可以以沉郁凄凉的心情感染学生；当教学要求严密的科学性和清晰的条理性时，教师的心情则应平正、舒快；当教学呼唤思维逻辑严密或激昂时，教师的心情也须随之严肃、振奋。这些情感借助教材和一定的教学手段传示给学生，它会像磁石般吸引住学生。另外，对学生的处理更少不了一个“情”字领先，从语言到行为都要使学生感到教师是在关爱他，使其主动配合教师的课堂管理。

（二）弦外之音

教师在教学过程中把声音的音量、声调、语音和节奏等加以组合变换，用含蓄的方法对学生出现的违纪行为进行诱导和影响。响鼓不用重锤，学生听到教师的“弦外之音”，从而领会到教师的意图和良苦用心，于是做出知错的反应，及时改正自己的错误行为。这种办法既巧妙地解决了学生自己的问题，又不至于影响其他人的注意力。

（三）目光暗示

眼睛是心灵的窗户。教师课堂上视野所及，可以眉目传情，促进学生专心听讲。偶尔有学生面朝窗外，思想“跑马”，教师可用目光注视，将自己的愿望迅速传递给学生。淡漠、严厉、责备的目光使学生触目知错，立即醒悟；热情、慈祥、赞许的目光使学生触目会意，精神振奋。教师无论是提出问题、指导自学、启发释疑或小结强化，都要用期待的目光，尽可能去平视或环顾大多数，切不可总是两手扶案、目无学生，也不能只站在教室一隅，视线顾此失彼。尤其要不时地环视教室前后左右，特别是后排的左右两角，对潜能生更应予以关注。

（四）动作指引

教师在课堂上的一颦一笑、举手投足都能传达管理信息，是课堂上师生互相感知的意识信号。如教师对回答问题错误的学生可以给与鼓励的目光；对回答正确的学生示以满意和赞许的点头。手势具有状物、言志、召唤、传情的特殊本领，可以成为辅助课堂管理的非语言外部表现形式，可以导引学生意识，可以把自己的意图、教学的宗旨和学生的接受意向牵引到一起，让学生在有限的课堂时空中按照教师启示的思路去学习、去领悟、去融会贯通，并有所创造。教师的面部表情也有一定的潜在控制作用，表示理解的微笑和思考式的点头流露出教师对学生的鼓励和期待，表示满意的微笑和赞许式的点头流露出教师对学生的热诚与喜爱，可以达到移情传神的功效。甚至教师的站态、与学生的空间距离和行间巡视等体态活动，也具有吸引学生注意力、组织课堂教学管理的作用。

（五）冷却制动

在课堂上遇到突发问题，教师应冷静分析，泰然处之，予以“冷处理”。比如，上课铃响后，教师夹着书本信心十足地走进教室，却发现教室里十分混乱。有的交头接耳，有的追逐打闹。即使他们看到教师来了，有的还沉浸在刚才的嬉戏追逐之中，有的则陶醉在课间休息时的趣谈中尚未清醒。具有这种心态的学生，突然集中在课堂上，正如奔腾的激流，一下遇到挡住去路的闸门，会出现一种反激的浪花如一股回旋的倒流，情不自禁地表现出言谈举止的“出格”。这时教师不宜马上讲课，更不要大声呵斥。因为上节课刚结束不久，课程变换后，学生需要一个短暂的放松时间以重新调整身心。上述行为可姑且看成是学生卸下某种心理负担、转换思维、接受新课的准备。教师可以采取“以静制动”的办法，站上讲台，只用一种平静的目光扫视学生一周，形成一种吸引力，把他们“散放的心”吸引到课堂上来，或者在黑板上板书醒目的课题，转移他们的注意力，学生转瞬就会各归原位，安静下来，恢复教学秩序。

（六）旁敲侧击

课堂上学生出现做小动作、接话茬、喧闹、过分放肆等违纪现象，教师理应当机立断处理。不过，对绝大多数学生来说，干扰只是瞬间的一种失控表现，并不是有预谋的行为。教师应慎重地考虑学生的情感和自尊心，采用旁敲侧击的方式，使对方知道他的行为已被教师注视而应立即纠正。如盯他一眼，朝他点点头，轻轻敲击一下他面前的书桌，或站在他身旁略为停留，或叫他本人或周围学生答问、表演等。通过微妙的方式把信息传递过去，这样师生情感容易沟通，见效也快。

（七）分组约束

课堂教学一般都分有学习小组，4~6 人不等。每组既有学优生，又有学困生。组长可由学优生和学困生轮流担任。一方面使他们彼此学习，互相帮助和督促；另一方面使他们“正人先正己”，人人都是管理者。还可以将全班学生分为优、良、中三个不固定的，由教师内部掌握的程度级，通过程度级对学生实行异步管理。发现某个学生进步时，鼓励其不断努力，释放潜能；发现某个学生退步时，及时做好转化工作。对不断变化的学生实行动态管理，不断调整级别，提出新的要求。这种管理既有可靠的组织保证，又有严格的质量控制，可以收到学习、身心同时进步的效果。

（八）自我管理

当课堂教学已能充分发挥学生主体作用和教师主导作用时，学生良好的学习习惯和风气基本养成，自控力、自制力都大大提高，这时可由学生自我管理。“管”是为了达到不管，这是课堂教学管理的最高境界。这时教师重在指导学生管理的方法和经验，使他们学会管理。同时加大教学改革力度，采用各种方式，使教学都成为一个个开放系统，使教学贴近生活，从而不断形成学生的自我管理习惯和提升学生的自我管理能力。

【案例 5.3】《田忌赛马》①

课前活动：数字游戏（比大小）

游戏一：（10、8、5与9、7、4）决定比赛结果的关键在于比赛的顺序。

师：老师手里有两组数字，请同学从中任选一组与老师比大小，每次出一个，三比二胜。谁愿来试试?在座的各位同学，你们不仅是观众，更是评委哟。

（一生上台比赛，老师让其先出数字，故老师得胜）

（另一生上台比赛，要求老师先出数字，故学生得胜）

师：各位同学，有没有发觉，两次比赛的关键是什么?

生：比赛的顺序决定了比赛结果。

游戏二：（10、9、8与7、5、4）决定比赛结果的关键在于数字的大小。

师：老师这里还有一组，如果要你们选择，你会选哪一组?

（多数学生表示要选择数字更大的一组）

师：刚才同学们不是说决定胜负的关键是比赛的顺序吗?

生：我用数字小的一组也可以获胜，但是有一个条件，就是老师先出。

（师生比赛，师胜）

生：老师，我想请问你是靠什么方法取胜的?

师：其实，这个问题看得最清楚的是下面的各位同学。谁愿意来谈谈?

生：因为第一组数字最小的一个，也比第二组数字最大的一个更大。

师：也就是说，这一次比赛决定胜负的关键在于——

生：数字的大小。

师：看来，同一个问题，在不同的情况下，还是得不同地看待。其实，这个游戏与我们今天要学习的课文很有联系。

1. 谈话引入课题

师：话说在两千多年前的战国时期，王公大臣们都喜欢一种活动，那就是赛马。齐国的大将田忌就是其中的一个爱好者。今天的课文讲的就是田忌一次赛马的事情。题目就是——

生：田忌赛马。

师：请看老师板书课题。注意“忌”的写法，上面一个“己”，下面一个“心”，连在一起就读“jì”。

（生齐读课题）

2. 交流所得、质疑

师：同学们，通过课前的预习，你们都知道了些什么?

生：我知道了齐威王的马比田忌的马好。

生：我知道他们一共赛了两次。

生：我知道第一次田忌输了。第二次田忌的好朋友孙膑帮他出主意，让他转败为

---

① 杨东. 课堂教学的变革——小学参与式教学实践研究[M]. 北京：北京师范大学出版社, 2010: 10.

胜了。

师：说得非常好。这位同学声音非常洪亮，说得也特别清楚。

……

师：那同学们还想知道什么问题吗？

生：后来，田忌赢了，他是为什么赢的？

生：孙膑给田忌出的什么主意？

生：为什么把马的出场顺序调换一下就可以反败为胜？

……

3. 呈现赛马过程

师：大家都是善于思考的孩子，我们读懂了不少，也提出了不少问题。要想找到答案，我们还得再次回到赛马场。

师：文中哪些地方分别是在介绍两次比赛的情况？

（生找出相关段落）

师：请同学们认真读读这两部分，思考①两次赛马的情况分别是怎样的？结果为什么不一样？②在小组内演示两次赛马的情景，并用自己的话进行描述。

（生自主、合作学习）

师：大家愿意用什么方式学习，就用什么方式。勾画出自己认为特别重要的地方，这是一种好方法。

（师巡视、参与，并个别指导）

师：请一位同学为大家演示一下第一次赛马的情景。

（师生合作。师生分别代表齐威王和田忌，呈现比赛情况，并进行描述）

师：今天本大王要与田将军痛痛快快地赛一次马，来人！先牵出我的第一好马——千里追风。

生：我也不客气了，我也是一匹宝马——哎，没办法，输了。

师：呵呵，来第二匹，汗血宝马。

生：真扫兴，我的第二匹马又输了。

（师：说得好，说出了心情，说出了过程，也说出了结果）

师：我的第三匹也是良驹，你看，它膘肥体健，可威风了。

……

师：通过刚才的演示和文中的描述，从第一次赛马中，你都读懂了什么？

生：齐威王每个等级的马都比田忌的强。

师：你觉得“齐威王每个等级的马都比田忌的强”这句话中，哪些词语很关键？

生：我觉得“等级”比较关键，因为他输就输在等级上，还有“强”也很关键。

生：我认为“每个”很关键。这样，田忌才会三次都输了。

师：请大家再读这句话。从“每个”中你理解到了什么？

生：我读懂了齐威王的上等马比田忌的上等马强。

生：齐威王的中等马比田忌的中等马强。

生：齐威王的下等马比田忌的下等马强。

师：我们从“每个”就可以理解出以上三层意思。我们有必要把这句话换成三句话吗?为什么?

生：不用，因为原句读起来更简练。

师：说得好，我们在表达、说话的时候，要注意简洁，但是我们在阅读文章的时候，又应抓住关键词一层一层深入理解。

师：田忌失败了，他俩各自的表现是怎样的?

生：田忌是垂头丧气的，齐威王是得意扬扬的。

师：“垂头丧气”是什么意思?

生：低下头失去了信心。

师：对，低下头失去了信心和气势。(师边述，边辅以动作表情）其实，我们理解这个词语，只要把每个字的意思综合起来就行了，这是理解词语的一种常用方法。大家有没有发现，老师刚才还用什么方式，把“垂头丧气”表现了出来?

生：老师还用了动作、表情。

师：说得好，我们很多时候，完全可以用表情、动作、姿态对词语进行表现。大家表现一下“垂头丧气”。

（学生表现田忌的“垂头丧气”，以及齐威王的“得意扬扬”）

师：哪个小组的同学来演示一下第二次的比赛?

（两生上台，分角色扮演，呈现过程）

4. 探究胜败原因

师：从演示的过程，你知道了什么?

生：田忌的马只调换了一下顺序，就胜过了齐威王。

师：你真仔细，一下就找准了“转败为胜”的原因。

生：田忌的马比齐威王的马快不了多少。

生：田忌得到了孙膑的帮助，所以才会胜利。

师：现在，齐威王已经从“得意扬扬”变成了“目瞪口呆”。

（学生表现和理解“目瞪口呆”）

师：你是怎样理解“田忌的马比齐威王的马快不了多少”这句话的?

生：只强一点点。

师：大家对比读读这两句话，看能不能换一换，为什么?

（生对比读：田忌的马比齐威王的马快不了多少，田忌的马比齐威王的马快。）

生：只有快，但不知道差距是多少。

生：如果快多了，那么调换顺序，也不能胜利。

……

师：小组内能不能用模式马摆出六匹马同时出现在赛场上的情景。

（请代表在黑板上呈现，引导学生观察快不了多少。）

师：孙膑看出了马的差别，那是不是田忌调换了顺序就一定能成功呢?

生：还需要齐威王不变换顺序。

师：孙膑能命令齐威王，让他不变顺序吗?(生：不能）那他为什么还表现得胸有成竹呢?他怎么能肯定齐威王不会变顺序?

生：因为孙膑看出了齐威王正得意忘形，要进行第二次比赛是不会想到什么变化的。

师：所以孙膑不但观察了“马”，同时还注意观察了“人”。(体会人物特点)

师：第二次比赛有这样的变化，齐威王没想到，田忌又想到了吗?来看看当时孙膑和田忌的对话。请同学们小组内分角色朗读这一部分。朗读时，注意提示语。

(学生练读。一小组上台角色朗读)

师：读得真好，哪位同学愿意向大家介绍一下，你为什么读得这么好?

生：因为我想到了田忌的动作和神态，还注意到书上的一些修饰词语，同时注意了声音的轻重。

师：从对话中，三个人分别留给你怎样的印象?

生：我觉得孙膑很机智。

生：我觉得田忌不应丧失信心，像他这样的人就应多锻炼。

生：我觉得齐威王非常骄傲，得意得太早了。

……

师：为什么孙膑最令你佩服?

生：善于观察。

生：认真分析。

生：善于创新。

……

师：关于孙膑的故事，有很多如“围魏救赵”“退避三舍”，大家以后可以找来读读。

5. 汇报个人启示

师：学了课文，这个故事给了你怎样的启发?

生：做什么事都要认真研究、加以分析，才能办得更好。

生：要仔细观察、研究，才能把不可能的事变成可能。

生：遇事要冷静，要多角度去看问题，多采用创新方法。

生：做事遇到困难不要丧气。

生：做事不能自满，不然容易失败。

……

师：我们每个同学只要遇到事情，多观察、勤思考，多从不同角度去寻找新方法，同时做到胜不骄、败不馁，那他一定能成为一个成功的人。

6. 课外想象练笔

师：如果齐威王发现了田忌调换顺序的秘密，会有怎样的情景?他们以后的赛马，又会怎样进行?请大胆想象，把想到的写下来。

【课后练习】

一、简答题

1. 教学组织的类型有哪些?

2. 参与式教学组织的内涵是什么？

3. 小组合作学习的关键要素有哪些？

4. 什么是有效的课堂教学管理？

二、论述题

1. 试论课堂教学管理的技巧有哪些。

2. 论述组织小组合作学习的技巧有哪些。

三、技能训练题

1. 精选并欣赏小学优秀教师课堂教学视频片段或听一堂优秀教师的课，重点从课堂氛围的营造、教学节奏及学生注意力的调控等角度观摩和体会。然后分组讨论，可以从以下方面来思考：教学片段中教师是如何营造良好的课堂教学气氛的？教学片段中教师采用了哪些方法来调控教学节奏？你认为还可以采用哪些方法？

2. 选听或选看一节小学的合作学习课，并从课堂组织和管理的角度对这堂课的优缺点进行评价。

【参考文献】

黎明. 2010. 课堂教学策略[M]. 昆明：云南大学出版社.

李耀新. 2005. 课堂教学的组织与管理[M]. 广州：暨南大学出版社.

马兰. 2005. 合作学习与课堂教学[M]. 北京：高等教育出版社.

邵光华. 2011. 小学课堂教学技能训练[M]. 北京：高等教育出版社.

施良方，崔允漷. 1999. 教学理论：课堂教学的原理、策略与研究[M]. 上海：华东师范大学出版社.

王本陆. 2009. 课程与教学论[M]. 北京：高等教育出版社.

王坦. 2001. 合作学习——原理与策略[M]. 北京：学苑出版社.

吴清山. 1993. 班级经营[M]. 台北：心理出版社.

杨东. 2010. 课堂教学的变革——小学参与式教学实践研究[M]. 北京：北京师范大学出版社.

张华. 2000. 课程与教学论[M]. 上海：上海教育出版社.

钟启泉. 2010. 课程与教学论[M]. 上海：上海教育出版社.

佐藤正夫. 1995. 教学论原理[M]. 钟启泉译. 北京：人民教育出版社，

Charles C M , Senter G W. 2003. 小学课堂管理[M]. 吕良环等译. 北京：中国轻工业出版社.

第六章　参与式教学的评价

【学习目标】

1. 熟悉参与式教学评价的内容和原则。
2. 了解参与式教学评价的领域和标准。
3. 通过案例进一步理解参与式教学的评价方法。

评价是课堂教学的重要组成部分。“教学评价是根据一定的标准，对教学效果或学生各方面的发展进行系统的调查，在获取足够的定性与定量资料的基础上，作出价值分析和价值判断，是一种以目标为主要依据的价值判断。”[①]教学评价贯穿整个教学过程，它从教学的基本目标和教学过程中的各种目标出发，来考查学生的现状和达到目标的程度，从而达到教学目标及体现教学效果。教学评价的目标是促进每一个学生综合语言运用能力的发展，促进教师水平的提高，促进学生的发展，使评价过程成为促进师生发展与提高的过程。这种评价不能仅关注结果，更要注重学生在学业、兴趣、情感和人格等方面的成长过程。

第一节　参与式教学评价概述

教学评价是有组织地提供调节教学活动所需要的信息的过程，因此，参与式教学评价可视为有组织地提供反馈信息的过程。反馈信息可引起师生参与下一步教学活动的积极性的变化，还可使师生调节各自在教学活动中的行为，从而达到教学目标。促进学生的学和教师的教是参与式教学评价最主要的功能。在本章中，教师要树立“以学定教，以学导教”的理念，聚焦于师生个体的发展，体现以学生的“学”来评价教师的“教”的“以学论教”的评价思想，既要从教师“教”的角度来规范教学行为，检测教学效果，更要从学生“学会参与”的角度，从课堂上学生的认知、思维、情感等方面的发展程度来建构教师课堂评价原则、评价标准和实施评价方法；要着重评价教师在课堂教学中促进学生发展的过程，突出评价学生在课堂学习中的呈现状态及教师与学生水乳交融的交流互动中的矫正、总结、促进和催发功能。因此，本章涉及教师“教”的评价原则，也涉及学生“学”的评价原则、评价领域、评价标

① 郭熙汉，何穗，赵东方. 教学评价与测量[M]. 武汉：武汉大学出版社，2008.

准和评价方法。

参与式教学评价除了教学进程中教师对学习者的评价之外，也包括课后的同行评价和专家评价。后一种评价的着眼点在课堂整体评价，包括教师、学习者、教学内容、教学方法、偶然性事件、教学机智等诸多方面，目的是通过这样的评价促进参与式教学更好地发挥有效性，让师生能更好地发展。事实证明，真正良好的参与式教学，教师必须从课堂评价开始。成功的整体评价需要体现以下特征：成长取向的、可操作的、动态的、情境化的、非正式的、灵活的、活动导向的。教学目标是预期的学习者的学习结果或者学习活动将要达到的质量标准。而参与式教学无论其形式多么富于变化、深受学习者喜爱，也不管其内容多么贴近学习者的需要，最终都要通过其有效性来证明其优越性。因此，参与式教学必须在国家新课程标准规定的教学目标之下，让学习者参与其中，明确个性化的“学”的目标。本章采取参与式教学形式，通过具体的活动设计，让学习者体验确立“学”的目标的基本导学方法。激励学习者参与学习活动评价和教学效果评价不仅可以提高学习者表达能力和判断能力，还可以让学习者在相互评价过程中体会“分享”和“尊重”的真正含义，真正提高学习者的认知水平。此外，参与式教学实施的有效性还在于教师自身必须明白参与式教学的评价方法和评价要素，能够清楚地认识到什么样的参与式教学才是好的教学、有效的教学。

第二节　参与式教学的评价原则

教学评价是在一定的价值观指导下，根据一定的教学目标、特色、规范，遵循一定的程序，运用科学的方法和技术，对教学过程、教学效果进行价值判断的活动。它对教与学目标的实现具有导向作用。

原则是客观规律在人们头脑中的反映，它是指导人们行动的准则。教学评价原则是指在进行评价时，评价者必须遵循的基本要求。课堂教学评价标准的确定是保证准确、全面、有效地进行评价的基础，也是使评价功能得以正常发挥的前提条件。教学评价原则是教学评价规律的反映，进行教学评价就必须遵循教学评价的规律。为了使教学评价者能够比较清晰、自觉地遵循教学评价的一般规律，制定若干能够从不同侧面反映教学评价规律的教学评价原则是十分必要的。

一、从教师施教的角度来制定出四项原则[①]

我们提出多样性原则、主动性原则、公平性原则以及有效性原则，目的是引导教师从观念、动机、行为上正确、规范、有效地组织参与式教学活动。四项原则的基本含义如下。

多样性原则：凡是能够最大限度地使参与者参与到学习的全过程当中来的任何有效方法

---

① 郭熙汉，何穗，赵东方. 教学评价与测量[M]. 武汉：武汉大学出版社，2008.

均可视为参与式教学方法。参与式教学具有方法、手段的多样性原则。参与式教学方法是让所有学习者都能积极充分地参与并注意开发所有参与者潜质的教学方法。

主动性原则：要求充分调动所有参与者学习的积极性，使所有参与者在积极的学习动机驱使下从内在需要出发，明确学习目标，具有浓厚兴趣，从而主动地参与到整个学习活动中。

公平性原则：每个参与者在教学活动过程中共同享有教育资源，他们的地位是平等的，即使是参与式教学的组织者和参与者，他们的地位也应该是平等的。

有效性原则：参与式教学目标的达成应该是有效的，不应拘于表面形式。此原则不仅表现在学习最终目标的达成上，更重要的是应该体现在教学过程和教学方法上。具体操作细则见表 6.1。

表 6.1　四项原则课堂评价观察表的具体操作细则

一级指标	二级指标	课堂观察情况
多样性	教具是否合理使用？	
	练习的形式多样、有层次，能照顾到全体学生吗？	
	能否根据教学的不同情况采取不同的评价方式？	
	教师提出的问题是否给学生留有足够的思维空间，让学生有创造、独立思考的机会？	
主动性	教师能否做出努力，使每个学生参与课堂教学活动？	
	学生能否积极参与学习活动的始终？	
	教师是否创设了轻松、活泼、和谐、民主的课堂氛围，激发了学生学习欲望和学习热情？	
	教师是否充分调动了学困生的积极性？	
公平性	学生的座位安排是否合适？	
	学生是否充分、平等地参与教学活动？（个体学习和小组合作学习）	
	教师能否平等地对待每一位学生？	
	教师是否创造了学生平等参与的机会？	
有效性	教学目标的落实情况如何？ （学生能基本掌握所学知识） （学生能将学到的知识运用到实际工作中）	
	教学资源的使用情况如何？	
	教师的教法、学生的学习是否有效？	
	是否合理有效地使用教学时间？	
	是否有效利用课堂生成？	
	学生是否积极主动地参与到学习中，是否学得轻松？	
	教师设计的教学活动是否符合学生的认知规律和学习特征？	

二、如何应用“四性原则”进行课例评析

1）多样性原则。凡是能够最大限度地使参与者参与到学习的全过程当中来，任何有效方法均可视为参与式教学方法。参与式教学具有方法、手段的多样性原则。作为教学组织者的教师，要为学生提供充分的、多样化的、多层面的、多角度的参与机会，切实保障学生的主体地位和参与权利。评价指标主要包括：①课前教师是否让学生围绕学习目标，做好认知、资料、实物、经验等教学资源的准备；②课中学生参与情绪是否饱满，参与面是否广，师生与生生间的多向交往是否既能满足学生的求知欲，又能发挥学生的主观能力性；③教具能否合理使用；④练习的形式多样、有层次，能否照顾到全体学生；⑤能否根据教学的不同情况采取不同的评价方法。

2）主动性原则。参与式课堂教学是学生在内部和外部活动的基础上，主动用现有知识结构去同化或顺应外部世界的过程，是学生自主建构知识意义的过程。在教学过程中，教师要充分调动所有学生参与学习的主动性和积极性，使所有的参与者在积极的学习动机驱使下，从他们的内在需要出发，明确学习目标，具有浓厚兴趣，从而主动地参与到整个学习活动中。同时，教师还要努力为学生提供主动参与的时间与空间，提供自我表现的机会，还学生学习的主动权，拓展学生发展空间。评价指标主要包括：①教学内容具有挑战性，能激发学生的学习兴趣和求知欲望，能引导学生积极思考，能吸引学生主动参与；②问题设计最优化，教师要注意典型问题的设计、分析、解决，为学生自主发展提供时间与空间；③善于创设教学情境，为学生提供充分展示的机会；④教学过程活动化，参与方式多样化；⑤教学中注重学法指导，让学生学会自我评价；⑥充分、恰当地运用教材、录音、录像等多媒体，激发学生主动参与的热情。

【案例 6.1】开辟文明交往的航线[①]

导入新课

出示反映全球化的图片，你知道最初迈开全球化步伐的是什么事件吗？生讨论，师亮出观点：新航路开辟。那么，新航路开辟的原因和条件、经验、影响如何？这就是今天我们要研究的课题——开辟文明交往的航线。

学习新课

1. 分散的文明（板书）

师：新航路开辟前的古代世界形成的那五大区域文明的特点是什么？

生：自主探究回答（略）。

师：既然古代文明间是封闭的、分散的、独立的，那么人类大规模的交往开始于什么事件呢？

2. 新航路开辟（板书）

出示传统航路图片，接着介绍新航路的含义。生讨论：假如你是当时的一位航海家，需要具备哪些条件才能远洋航行呢？师展示大量材料，学生探究教材并结合

---

① 陈时见，冉源懋. 参与式教学[M]. 北京：高等教育出版社，2012：184.

屏幕上的材料，多角度地分析出原因、条件。学生没提取到的有效信息，师适时地加以补充。

（1）新航路开辟的原因和条件（探究一）

师出示表格（表6.2）。

表 6.2　新航路开辟的原因和条件

原因	经济根源	资本主义萌芽
	社会根源	《马可·波罗游记》的诱导使欧洲出现“寻金热”
	商业危机	奥斯曼土耳其控制了传统的东西方航路
	宗教因素	传播天主教
条件	主观条件	西班牙、葡萄牙王室的支持
	客观条件	航海技术、造船技术、地理知识的进步

（2）新航路开辟的经过（探究二）

展示新航路开辟图，生回答新航路开辟的经过。

师：经过可以概括为一个中心、两个方向、四个人物，分别指什么？

生1：一个中心指欧洲。

生2：两个方向指东、西。

生3：四个人物指迪亚士、达伽马、哥伦布、麦哲伦。

师：很好，观察得很仔细。这四个人分别开辟了什么航线？哪个王室支持的？

生456争先恐后地回答，师出示表格（表6.3）。

表 6.3　新航路开辟的经过

时间	人物	国籍	航海路线	支持国
1487~1488 年	迪亚士	葡萄牙	西欧—好望角	葡萄牙
1492 年	达伽马	意大利	西欧—美洲	西班牙
1497~1498 年	哥伦布	葡萄牙	西欧—好望角—印度	葡萄牙
1519~1522 年	麦哲伦	葡萄牙	环球航行	西班牙

航程的艰辛超出了人们的想象，师直接说出，学生可能会觉得空泛，下面请几位学生表演一个小品，其他学生注意从里面找出反映航程艰辛的信息。

生1：首先向大家介绍，这位是伟大的航海家哥伦布船长（生2），这两位是年轻的船员（生3、生4）。

生1：一场风暴之后，船长和船员浑身湿透，躺在甲板上。

生2：你快去拿一瓶白兰地给大家压压惊。

生3：船长，白兰地早就没了。

生4：船长，已经两个月了，这里除了大海还是大海，不如我们回去吧。

生3：是啊，粮食只够返航吃的了。

生4：我们好想家啊。

生2：我也想家，但是国王交给我们的伟大使命还未完成，我们怎能半途而废呢?

生4：船长，我们能到达神秘的国度吗?

生2：能，你们看这是什么?

生3、生4兴奋地答：金币。

生2：对，有了金币，我们的灵魂就能上天堂，就能实现我们的愿望。

生1：又过了几天，四周依旧是茫茫的大海，遍地黄金的国度在哪?

生3：我已经想好了，今晚等船长睡熟后，我把他抓起来，然后我们掉头回西班牙。

生4：那能行吗?如果被他发现，我们不得被处死吗?

生3：我们不这样做，不也是死路一条吗?

生2：你们说什么呢?难道你们想叛乱?

生3：我们不想这样送死，我们想回西班牙。

生2：再等三天，如果我们找不到陆地，我们就一起返航。

生1：三天后。

生3：哇，船长你看那有小岛。

生2：感谢上帝，我们终于找到印度了。

众多学生：感悟历史，体验历史。

生：反映航程艰辛的词语有风暴、食物缺、叛乱、时间长。

师：你很棒。经历千难万险，航海家们终于开辟出通往东方和美洲的新航路，那么新航路开辟对人类历史进程有什么影响呢?

（3）新航路开辟的影响（探究三）

出示资料、图片、文字，学生探究教材并结合屏幕上的相关信息从不同角度用高度简练的语言概括出新航路开辟的影响。

生1：对欧洲、对美洲、对非洲、对世界。

生2：积极、消极方面。

思考：新航路开辟对欧洲、对美洲、对非洲、对世界各带来什么影响?

生3：对欧洲，它引起商业革命、价格革命，加速资本原始积累，促进欧洲资本主义发展，还震撼了西欧的思想文化领域。

师：什么是商业革命、价格革命?（这是新概念，学生难理解，师出示材料图片引导学生领悟概念）商业革命——商品种类增多、贸易范围扩大、贸易中心转移，价格革命——货币贬值、物价上涨，收定额货币地租的地主财力和地位下降，资产阶级化的贵族经济实力增强，加速了欧洲封建制度的解体和资本主义的发展。

生4：对美洲，实行血腥的掠夺、残酷的奴役和种族灭绝政策。

生5：对美洲还有积极的一面，带去了新的生产方式、生活方式，冲击了当地的旧制度和思想观念。

生6：对非洲，非洲成为获取黑奴的场所，罪恶的黑奴贸易开始了。

生7：对世界，人类从各民族分散孤立的发展开始走向整体。

师：同学们从不同角度发表了自己的看法，非常精彩，你们真的很棒哟。思考这个问题，从积极、消极两方面来分析，应如何评价呢?

众多学生争先恐后地回答。

生8：积极影响是打开了世界市场联系之路，新航路开辟打破了各地孤立分散的状态，为世界市场的形成提供了联结通道，世界市场的雏形始现。

生9：他还是人类文明的交流之路。

生10：它还震撼了西欧的思想文化领域。新航路的开辟证明了地圆学说的科学性，地圆学说冲击了神学理论。

师：生10你尝试一下仿词，也用上面两个学生所说的句式——××之路来概括一下。

生10：是思想震撼之路。

师：你真有才。

生11：消极影响是殖民者大肆对亚洲、非洲、拉丁美洲进行掠夺，造成了当地的贫困落后。

师：生11你也试一下仿词。

生11：是殖民掠夺之路。

师：你真聪明。这节课我们从新航路开辟的原因和条件、经过、影响等方面了解了开辟文明交往的航线，我们多次提到的一个词就是新航路开辟。15世纪的世界航海史上有两大壮举——郑和下西洋、新航路开辟。大家试着从时间、规模、目的、性质影响五方面比较两者的不同。

生合作探究（略）

师：出示自我评估。

生做练习，及时反馈。

3）公平性原则。每个参与者在教学活动的过程中共同享有教学资源，他们的地位是平等的，即便是参与式教学的组织者或是参与者，他们的地位也应该是平等的。在课堂教学中，首先要保持公平性和处理方式的一贯性。一贯性是指无论在什么时候，执行规则的准则都应是一样的，对待每个学生都要使用同样的标准，切不可使用双重或多重标准。其次，还必须认识、尊重学生的差异，了解学生的学习风格，认识到学生的差异，因材施教，给每一个学生都提供发展的机会，才能体现平等。教师只有平等地对待学生，积极地为学生创造公平、公正的学习环境，保护好学生健康的情感和自尊，才能使学生充满信心，积极参与学习。评价指标主要包括：①创设平等、民主、和谐的课堂教学氛围唤生动情，师生和谐平等；②尊重学生的个性差异，关注学生生活经验、处境与感受，因材施教；③尊重每个学生参与学习的权力，给每个学生参与学习的机会；④精心安排有层次性、针对性和开放性的练习活动。

【案例 6.2】小学语文《长歌行》教学片段[①]

1. 激趣导入，温故出新

师：同学们，有几句话我一直觉得非常好，想要介绍给大家，可以吗?

生：（颇感兴趣）好！

师："一寸光阴一寸金，寸金难买寸光阴"这是其一；"黑发不知勤学早，白首方悔读书迟"这是其二。怎么样，听了以后你们有什么感受、想法吗?可以用你们自己的方式来谈谈。

生1：我听了以后，马上就知道这是劝人珍惜时间、奋发学习的警句。

生2：我觉得可以用我摘录到的"闻鸡起舞""一刻千金""争分夺秒"这些词语来说明我的听后想法。

生3：我想，少年时我们如果不好好学习，到老了一定会后悔莫及，就像昨天我预习的《长歌行》中说的那样"少壮不努力，老大徒伤悲"。

师：你们说得真好！对我启发很大。今天，我们要一起学习汉乐府民歌《长歌行》，期待带给我们更多的启发。

2. 师生互动，学习理解（略）

3. 激活思维，拓展延伸

……

师：同学们，通过刚才你们声情并茂的诵读，我知道你们已经理解了这首诗。课前，我布置了一项任务，大家都完成了吗?

（生大声说完成了）

师：好，我们来交流一下。

生1：我找到并摘录了名言谚语"莫等闲，白了少年头，空悲切"。

生2：我摘录了宋代理学家朱熹的一首诗《偶成》"少年易志学难成，一寸光阴不可轻。未觉池塘春草梦，阶前梧叶已秋声"。我的感受是时间是宝贵的，如果在少年时错过了，那么你就会一事无成。

……

师：同学们，你们任务完成得很出色。我认为你们还有足够的能力来完成这样一个任务。（出示任务）同学们，请你们对手上的资料进行补充、整理，合作设计下周的班队活动方案，参考主题是"做时间的主人"。

【案例 6.3】小学数学"游戏公平"教学片段[②]

1. 创设游戏情境活动，体验事件发生的可能性

师：同学们喜欢下棋吗？两个人下棋时，你们怎样决定谁先走呢？

生1：我们用"石头、剪刀、布"的方法。

---

① 季鹅蓉. 2004.《长歌行》教学案例分析[EB/OL]. http://www.ht88.com/downinfo/28255.html[2018-04-29].

② 游戏公平[EB/OL]. 2012. https://wenku.baidu.com/view/3470a9a4b0717fd5360cdc91.html[2018-04-29].

生2：我们用掷硬币的方法。

生3：我们用翻扑克牌的方法。

师（出示情境图）：笑笑想了个“掷骰子”的方法，她提出的游戏规则是，点数大于3，小明先行；点数小于3，小华先行。

师：你认为他们的方法公平吗？（引导学生猜测）

生1：我认为公平，因为都说“3”。

生2：我认为生1说得不对，但……我也不知道什么原因。

（这下学生犯愁了，“到底怎么回事呢？”教室里一下安静了下来。）

师：同意他的建议吗？

（学生好像找到了出口，十分兴奋，一个个跃跃欲试，等教师发话。）

师：好，我们来研究笑笑的方法，与同桌合作试试这个办法，并把试验过程记录下来。同桌合作一人掷骰子一人做记录，学生汇报试验所得。

生1：我们掷了9次，有5次小明先行，有4次小华先行。

生2：我们掷了8次，有5次小明先行，有3次小华先行。

生3：我们掷了10次，有4次小明先行，有6次小华先行。

生4：我们掷了11次，有6次小明先行，有5次小华先行。

（听到他们汇报的结果，生5着急地站了起来）

生5：老师，大家掷的次数不一样，无法看公不公平。

（这时，准备汇报的学生把手放下来了，思考生5说的话）

师：大家同意他的想法吗？（学生们纷纷点头）下面我们每个组掷10次，然后把试验的数据报上来，看看情况怎样？（各组活动，然后汇报结果，把试验数据统计起来）

师：总次数90次，小明先行56次，小华先行34次。看到这个试验结果你们有什么想说的？

生（齐答）：是小明先走的次数多。

师：你们想知道原因吗？我们一起动动脑筋。

生1：老师，我知道了！骰子有6个面，掷出1、2、3、4、5、6都有可能……（还没等生1说完，生2就站了起来）

生2：笑笑说的点数大于3有三种可能，就是4、5、6，点数小于3的有两种可能1、2。所以我们不管掷多少次，小明先走的次数总是多，这个办法对小华太不公平了。

师：同学们真了不起，分析得头头是道。那么，怎样才能使比赛规则公平呢？（让学生在独立思考的基础上与伙伴交流，修改游戏规则）

生1：点数大于3，小明先行，点数小于或等于3，小华先行。

生2：点数大于3，小华先行，点数小于或等于3，小明先行。

生3：点数是1、3、5，小明先行，点数是2、4、6，小华先行。

师：我们再来看看掷硬币的方法，对小华和小明公平吗？

生：掷出正面和反面的可能性相同，我认为是公平的。

（组织学生试验验证）

2. 试验验证“石头、剪刀、布”的游戏

1）教师引导学生分析生活中经常采用的“石头、剪刀、布”来决定输赢的方法是否公平。

2）学生试验、分析、验证，得出结论。

3）你们有什么感想呢?

3. 玩一玩

师：请设计一个对双方都公平的游戏，在小组内玩一玩。

4）有效性原则。参与式教学目标的达成应该是有效的，不应拘于表面形式。此原则不仅表现在学习最终目标的达成上，更重要的是应该表现在教学过程和教学方法上。评价指标包括：①三维教学目标是否达成；②学生学习情绪是否饱满，参与状态、广度、品质如何，参与时间分配是否合理；③学生的思维是否活跃，发言及练习正确率高不高，能否灵活解决教学任务中的问题；④学生是否获得学习策略，创新与实践能力是否得到了培养。

【案例 6.4】“乌鸦喝水”的教学片断①

下面是两位同一学校平行班教师分别在自己班上执教《乌鸦喝水》的教学片断。

A. 教师

师：谁到讲台来当小乌鸦，把小石子放到瓶子里去?

（学生踊跃举手，为了引起教师注意，有的学生“我、我”地嚷嚷，也有的学生索性站起来了）

师：谁最守纪律谁上来。

（学生们忙坐端正。教师让一学生上讲台试验，许多学生流露出失望的神情，甚至唉声叹气）

师：又嚷，叫谁不都只能上来一个吗?

（学生兴趣盎然地观察，见水满至瓶口，欢呼起来，又一次雀跃着要求发言，有的学生甚至迫不及待地叫道：“我知道!我知道!”）

师：毛病不改，怎么还嚷?谁坐得最端正谁发言。

生：我知道!“一颗”就是放一次，“一颗一颗”就是放很多次；“渐渐”就是“慢慢”的意思。

师：说得好，表扬他。

（全班学生一齐拍手三下，一齐伸出拇指夸奖，“你真棒!”）

B. 教师

师：谁到讲台上来当小乌鸦，把小石子放到瓶子里去?

（学生踊跃举手，为了引起教师注意，有的学生“我、我”地嚷嚷着，也有的学生索性站起来了）

---

① 徐巧英. 参与式课堂教学原理与技能训练[M]. 南宁: 广西人民出版社, 2009.

师：可惜，只有一只小乌鸦呀，我们就请离瓶子最远的那只飞过来演示给大家，好吗？

（学生有的叫“好”，有的流露出失望的神情，甚至唉声叹气）

师（对叹气的学生）：别叹气嘛，回家自己找个瓶子试试也不难呀！

（于是，学生兴趣盎然地观察实验，见水满至瓶口，欢呼起来，又一次雀跃地要求发言，甚至迫不及待地叫道：“我知道，我知道！”）

师：啊！这么多同学都懂啦？你们先在小组里说给同学听听，然后派一名代表向大家汇报，好吗？

（学生立即讨论起来，课堂异常热闹。不一会儿，教师示意汇报）

生1：我知道，“一颗”就是放一次，“一颗一颗”就是放很多次。

（另一些学生作了些补充，如跟我们过去学过的“一片”和“一片一片”差不多）

生2：我知道，“渐渐”就是“慢慢”的意思。

（另一些学生作了些补充，如“水不是一下子就溢出来的”）

师：真能干，我们通过小实验，通过和小伙伴一起研究，学懂了三个词语。以后，也可以这样学到更多的知识。

【案例 6.5】三年级数学“应用题”教学片段①

例题：在校园里要把7棵小树种成6行，每行有3棵，该怎么种？

师：每行3棵，种6行，照常规应该有18棵树苗，可是现在只有7棵树苗，怎么办？

生1：不够种，再买11棵树苗来。

生2：少种几行可以吗？

生3：这道题不能做……

师：用7棵树苗平均种在6行，每行3棵，是可以办到的，我们大家一起动脑筋，找出一个新办法，好吗？（这是一个超乎寻常、富有挑战性的问题，能吸引学生的注意，激发他们的好奇心和创造欲望）

师：创设情境。

猜一猜：房间里坐着两个爸爸，两个儿子，却一共是3个人，这是怎么回事？让学生想了一会之后，老师提示，请同学们思考这些人是什么关系？

生1：他们是小朋友、小朋友的爸爸和爷爷……

生2：其中有一个可能既是小朋友的爸爸又是小朋友爷爷的儿子。

师（表扬）：同学们真聪明！

师：这位中年男子，既是小朋友的爸爸，又是爷爷的儿子，他一个人担任了2个角色，具有双重身份，所以原来4个人就少了一个人，只有3个人。

师：根据上面题给我们的启发，你能用6颗珠子，摆成3行，每行3颗。怎样摆？

生（操作）：①穿珠子，每行3颗，3行，一共9颗珠子；②题目的珠子数只有6颗，6颗比9颗少了3颗；③摆时要把这3颗重叠起来。

---

① 刘锦. 活力数学培养智慧公民——数学课堂教学案例透视[J]. 小学时代(教育研究), 2014, (22): 82.

师：现在你会解思考题了吗?小树该怎么种？今天学的知识和过去学的什么知识有密切的联系吗?

生：乘法运算。

师：举例说说今天学到的知识新在什么地方?

生：过去我们计算“每行种3棵，种6行，要用18棵树”，今天学了新本领，只有7棵树苗，也能完成“每行种3棵，种6行”的任务。

师：说得对，说得好。我们以后在学习和解决问题时，如果用一般的方法不能解决，就要多动脑筋，想出新点子，用新办法来解决。

第三节　参与式教学的评价领域

设定的评价领域其意义在于:第一,研究学会参与的发展状态以及所具有的能力和特点；第二，判断学生在参与的态度、动机、行为等方面有哪些发展，观察学生在整个学习过程中发生的变化，检测参与式教学效能目标的达成度和成功度。参与式教学评价的一个重要作用是促进学生“学会参与”，因此，确定参与式教学的评价领域为：学会预习；学会提问；学会讨论；学会动手；学会合作；学会评价。意图是立足于检视学生是否“学会参与”，凸显“教”是为了“学”，为了学生“学会”以体现“会学”目标的理念。

一、帮助学生“学会预习”

预习的方法：预习要根据自己的能力、所处的年级以及不同的课型，有所侧重地进行。要养成预习的好习惯，逐步掌握预习的方法。第一，浏览教材。课前预习，时间短，浏览教材就宜快不宜慢。眼到心到，心到之处即可下笔画线。这样，就能增强听课参与课堂学习的主动性。第二，标记重点。针对思考题，标出重点范围，特别是对自己认为阐述不清楚或不全面的地方更要留心。标记之后，就知道下一节课要讲的主要内容，有利于做课堂笔记。第三，寻找疑难。对教材中的新观点和疑难之处，并非一定要在预习中全部弄清楚，只要求知道难点在什么地方，问题有哪些就行了。找到了疑难之处，学生在课堂上就能专心致志地参与探究，学习的针对性就会增强。第四，根据自身的学习实际来选择预习的类型。一般来讲，基础较差的学生要注意补漏性预习；对课前短时间的预习，多进行重点和难点的预习；若预习的时间较长，可采用自学性预习。让学生收集与所学内容相关的各种资料，并进行必要的整合与分析，可以制作或准备一些实物，作为学习的工具或辅助材料，也可以参加与学习内容有关的社会实践活动，丰富体验等。

二、帮助学生“学会提问”

现状描述：目前课堂上学生提问的情况怎样?（存在问题、原因分析）

阅读资料，交流你对有效提问意义的认识。有效提问的意义：引导学生学会有效提问，不但能使学生学会对所学知识进行分析、综合、加工、组合，达到创造性解决问题的目的，而且能让学生真正懂得学习的真谛不在于获得已有的结论，而在于发现尚未解决的问题。

阅读资料，画出你所关注的重点词句，交流你对有效提问方法的认识。有效提问的方法：在参与式课堂教学中，教师的主要作用是帮手，启发学生改造、重组和重新解释他们自己的经验和知识，使其在提问过程中不断地否定和超越自己。

第一，教师要给学生营造一种和谐、愉快的“问”的氛围。在这种情况下，学生学习的积极性和主动性将大大被激发，因为“问”总是以积极思考为前提的。同时，教师要创造学生发问的机会；教师与其“给”学生十个问题，不如让学生自己去发现、去“产生”一个问题。在学生有了“问”的机会后，教师才有可能逐步培养学生的问题意识。教师应通过引导学生“带着问题”学习，来启发学生提出高质量的问题，并鼓励学生问得深、问得妙。

第二，教师既要“引问”，又要给学生提供高质量的“提问”范例。教师可以以某个问题引起学生对教学内容中矛盾之处的注意，使其产生疑问，并进入一种疑难情境；使其集中精力进行思考，并调动自己的所有知识储备和潜能来分析问题。而在此过程中由于学生的思维已被导向深入，再加上学生提问时喜欢模仿教师行为方式，故能在原本无疑之处发现新问题。在教师“引问”的潜移默化中学生能学会发现问题的思考方式，既可以缩短自己提出创造性问题的时间，又可以提高问题的质量。

第三，教师对学生的提问行为要有明确要求。学生从“敢问”到“会问”，是一个需要经过反复训练的过程，不可能一蹴而就，为提高学生提问质量，教师应从三个方面对学生提出要求：一是不要为了提问而提问。提问是学生积极思维的结晶，而非教学任务，应避免使学生形成一种错误观念，认为提问是课堂发言的必需；如果是这样，提问就会失去本身的价值。二是不要一疑就问，每疑必问。让学生深入思考后再提问。那些能通过自身努力或借助于工具书，或通过同学间互助咨询、讨论得以解决的问题，则不必提问，这样可以避免学生的问题肤浅和表面化。三是问题的表述要尽量清楚明白。

第四，教师可将竞争机制引入学生提问中。通常，在竞争条件下，学生在思维的灵活性、流畅性等方面都与非竞争条件下不同，竞争氛围可转化为学生创造思维的动力，增强学生提出富有新意问题的动机。

第五，在提问过程中，教师要调动全体学生参与，避免总是相同的几个学生回答问题，教师应以各种方式提问，以适应能力水平不同的学生回答。

【案例 6.6】《黄继光》教学片段①

在让学生初读课文，整体感知课文内容后，教师提出以下问题，引导学生深入理解课文。

师：这是一篇写人的文章。那么我们就运用写人文章的图式来学，勾画出文中描写人物的动作、语言、神态、心理活动的句子，来体会人物的品质。辅助运用问

① 徐巧英. 参与式课堂教学原理与技能训练[M]. 南宁: 广西人民出版社, 2009.

题的图式来读懂课文。

（师提出要求：先独立学习，然后合作学习。在学习的时候一定边学边问问自己，我勾画的这个句子可以表现人物的品质吗？为什么？）

（生独立思考，勾画。大约5分钟，学生开始交流。合作学习7分钟后开始汇报）

生：我们小组勾画的是这个句子“黄继光肩上腿上都负了伤。他用尽全身的力气向前爬，更加顽强地向前爬，还有20米、10米……近了，更近了”。黄继光此时已经身负重伤，为什么还要顽强地向前爬，而且我联系下文知道黄继光还站了起来，我有一个问题，是谁给他的力量？（另一个学生站起来）此处我们根据黄继光的表现设计了一个问题，此时的黄继光心里在想什么？

师：你们有了一双会发现的眼睛，爱因斯坦说，发现一个问题比解决一个问题更重要。老师祝贺你们，那么你们解决这个问题了吗？

生：我们解决了这个问题，他心里想着朝鲜人民，是朝鲜人民给了他力量。

师：真是很了不起，发现问题并且解决了问题。同学们给他们点儿掌声好不好？

（生鼓掌）

师：好，请同学们接着汇报。

（生发言更加积极踊跃）

师：在运用图式学习过程中，同学们不仅勾画了直接描写人物的动作、语言、神态的句子，来体会人物的品质，而且还能通过间接描写人物的句子去体会人物的品质，你们让图式的内容又丰富了。

三、帮助学生“学会讨论”

现状描述：目前课堂上学生开展讨论的情况怎样？（存在问题、原因分析）

阅读资料，交流你对有效讨论意义的认识。学会讨论的意义：小组内的讨论是小组成员之间的一种互动方式，他们交流观点以形成对某一问题较为一致的理解、评价式判断，让学生带着要解决的实际问题进行讨论，学会讨论是参与式教学的一个有效的策略。

阅读资料，画出你所关注的重点词句，交流你对有效讨论方法的认识。教师要让学生学会讨论，一般要采取以下策略：①讨论的准备策略。讨论前，教师要向学生确定并精确表达有待讨论的主题。②讨论的启动策略。启动讨论时，教师首先要向学生说明他们在讨论中应承担的角色。让学生了解自己应该做什么，这有助于他们学会怎样讨论。在讨论中学生应该说明自己解决问题的办法；在与其他学生交流过程中详细阐明自己的想法；为自己的观点辩护；根据有关思想，修正自己的观点；每个人都要评价别人的观点。然后，让学生围绕主题进行讨论。③讨论的组织策略。一是在讨论过程中教师要专心倾听，并对学生的讨论谨慎地做出反应。二是教师还要适时、适量地介入讨论，以确保讨论不离开主题，顺利进行。三是当出现某些特殊情况时，教师应及时予以处理。讨论中，往往由于学生缺乏讨论的基本技巧等原因而出现一些妨碍讨论进行的情况，这些情况主要包括以下几种。第一，个别发言过多或不参与讨论，对发言过多者，要求其概括主要观点，而后转向其他人的意见；对没有参与发言者，先问及一个事实问题，而后追问解释性或评价性问题，引导其发表看法。第二，无人发言。如果教师提出讨论主题后无人发言，教师要发挥自己的教学机智，穿针引线、架桥铺路，从有关此问题的学生兴趣点出发，积极切入学生心理，激发学生求知欲，使他们的情感、思想再次处于跳跃状态，然后逐步分解问题、化解难度，给学生营造讨论、回答问题的氛围，以激发其讨论的积极性。第三，出现争执。面对学生之间的争议，教师要采取如下策略：不偏向其中一方；引导学生认识到双方的一致之处；提醒学生讨论的主题；概括双方观点，提出共同面临的问题，把讨论引向深入。④讨论的结束策略。讨论结束时，教师要对讨论结果作总结，归纳学生对讨论主题的新认识或解决办法（不一定有一致的结论），提醒学生面临的新问题，为后面的讨论或其他教学做好准备。

【案例 6.7】小学四年级数学“线段、折线和直线”教学片断[①]

1. 教学引入

教师打开事先准备好的红外线光线射向教室对面的墙上。

师：在墙上你们看到了什么？这个光点是从哪里发出的?如果把手中的红外线发射点和墙上的光点看做两个端点，那么中间的一条光线可以用我们学过的什么图形来表示呢？（根据学生的描述，教师在黑板上画出线段）

师：请同学们说说线段有什么特点。

师：请学生根据线段的特点画一条5厘米长的线段。

师：如果把红外线光线射向空中，你还能找到光线尽头的那个光点吗？这条光线会怎样？这条红外线光线还能用线段表示吗？为什么？

让学生用各自准备好的手电筒、红外线进行演示，教师指导。学生通过自己动手操作、比较，感受到光线射向空中时，只能发现射点，在空中已经找不到光线尽头的那个光点，初步认识射线。

师：通过你们自己的操作，你们准备用什么方法清楚地画出这些射线呢?

学生动手在本子上试画。

教师就学生的作品作比较，让学生说说射线有哪些特点。

你还能举出生活中有关射线的例子吗?

2. 初步认识

师：想象一下，如果把线段的两端都无限延长，会得到怎样的一条线呢？你会画一画吗?

师：我们把这样的线叫直线。（板书：直线）

师：那你会把一条射线变成一条直线吗？学生动手画一画。

学生说说直线有哪些特点。

3. 比较、讨论，形成概念

师：通过刚才的学习，我们在认识线段的基础上又认识了射线和直线，请同学们思考一下，这三种线有什么相同点和不同点？小组内成员可以互相讨论。

---

① 陈时见，冉源懋．参与式教学[M]．北京：高等教育出版社，2012: 182.

根据学生回答，教师整理线段、射线和直线的相同点和不同点，并加以板书。

完成“想想做做”第1题。

4. 知识点扩展

师：如果老师让你画一条线段、射线、直线，你会画吗？

师：如果老师让你画一条3厘米长的线段、射线、直线，你会画吗？想一想，从这个端点能画几条这样的射线？学生尝试。

板书结论1：从一点起能画出无数条射线。

师：如果老师要你经过一点画一条直线，你会画吗？请你试一试，可以画几条？

板书结论2：经过一个点可以画无数条直线。

师：如果老师要你经过两点画一条直线，你会画吗？可以画几条？

板书结论3：经过两点只能画一条直线。

师：其实两点确定一条直线的知识在生活中有很多。例如，建筑工人为了砌笔直的墙，首先在砌墙的地方确定两个点，在两点间拉一根直线，这样沿着直线砌墙就不会砌歪了；又如，在运动场上，为了比赛的公平，在终点处也会拉一条终点线。

师：你还能找到这样的例子吗？小明回家有A、B、C三条路线可以走，请你说说小明选择哪条路回家最近。

生：小明选择B线路回家最近。

师：这只是我们用眼睛、凭经验得出的结论，如果量一量呢？请同学们动手量一量。

（学生反馈测量结果）

师：两点间所有连线中线段最短，连接两点的线段的长度就是两点间的距离。

练习：在纸上画两个点，量出它们之间的距离。

四、帮助学生“学会动手”

现状描述：目前课堂上学生动手能力的情况怎样？（存在问题、原因分析）

阅读资料，交流你对学生学会动手意义的认识。学会动手的意义：动手操作是指教师根据教学目标和教学内容设计可以由学生实际操作的方法，让学生在活动中学习读书。从一定意义上说，教材所呈现的知识是“死”的，它只能通过学生积极主动地参与教学活动。通过学生的种种“操作”，才能将静态的知识结论变为动态的探索对象，才能内化为学生头脑中的经验系统。因此，教师要引导学生在“做中学”“用中学”；要通过学生动手操作，在认知活动中探索未知，体验情感，从而有效地实现“知识训练智力”的价值。

阅读资料，画出你所关注的重点词句，交流你对学生学会动手方法的认识。在动手技能领域，学习评价主要关注三个方面：一是动手操作设计。对于能够让学生进行实践操作探究的知识要尽量创造条件让学生自主动手操作。操作设计方面的评价主要关注以下三个方面：能根据实际需要设计操作方案；能根据学生的特点分配本小组成员的工作；对实验结果进行预测，并做出合理的解释。二是操作评价。对学生具体动手操作情况进行评价，主要从四个方面考虑：在探究过程中能够掌握要领；能够将动手操作转化为语言描述；对动手操作结果进行合理的解释和概括；对实验结果进行解释和概括，并写出实验报告。三是创造性操作评价。创造性操作评价主要从三方面来考虑：新情境下对动手操作的设计和实现的可行性；寻求新的动手操作方法和途径，力求有新的发现；对于新情境下获得的结果进行解释、整理。

【案例 6.8】“认识图形”教学片段①

师：小朋友们再来找一找，生活中哪些物体的形状是圆柱形的呢？

生1：电风扇上面的杆子是圆柱。

生2：灯管是圆柱。

师：对，这两种物体的形状都是圆柱，还有吗？

教室里一时安静下来，耐心等待的过程中忽然发现王世龙的头已经探出了窗子，正伸长脖子向外张望着，这个调皮鬼肯定是被外面体育课上做游戏的声音吸引了，教师有些生气。

师：王世龙，你有什么发现啊？

（教师的点名很有效，他慌忙缩回头站起来，但他的回答却大大出乎教师的意料）

生：老师，我发现外面树干的形状都是圆柱形的。

（话音刚落，所有学生包括教师的目光都转向了室外，教师瞬间惊醒）

师（连忙竖起大拇指表扬他）：你们看，王世龙同学多善于观察呀，只要我们像他一样认真观察，就会发现我们的生活中有很多物体的形状是圆柱。下面我们就一起走出教室，到外面去找一找，看谁观察得最仔细。

（小朋友排着整齐的队伍，走出教室）

生3：老师，你看楼梯扶手下的栏杆形状是圆柱。

师：对呀，你真是一个善于发现的好孩子。

（这句话一说完，学生的眼睛就四处搜索，他们一边走一边不停地围上来告诉教师他们的发现）

生1：老师，防盗窗上的钢管也是长长的圆柱。

生2：排水管和暖气管的形状也是圆柱。

生3：还有垃圾桶的形状也是圆柱。

生4：你们看，那大烟囱也是圆柱形的。

师：你能发现校园外圆柱形状的物体，这又是一大进步。但你怎么确定它的形状是圆柱呢？

生4：因为它是圆圆的啊。（掩饰不住内心的兴奋）

生5：不对。你们仔细看，它是从下往上越来越细的。（有学生提出异议，很快得到大家的认可）

师：你的小眼睛真亮。那圆柱长什么样子呢？（师追问道）

① 袁中学，王荣森，鲍元申．最新小学数学典型教学案例赏析[M]．沈阳：白山出版社，2005.

生齐：圆圆的要上下粗细一样。

师（及时总结）：说得不错。要上下圆圆的一样粗，才是圆柱，所以这电厂的烟囱不是圆柱形的。

生1：老师，我喝水的玻璃杯上下圆圆的一样粗，也是圆柱。

生2：我想到了妈妈擀饼的木棍上下圆圆的一样粗，也是圆柱。

生3：还有孙悟空的金箍棒也是可变大、变小的圆柱。

学生的发现不断，教师让他们放学后继续寻找生活中形状是长方体、正方体、圆柱和球的物体，回家说给自己的爸爸妈妈听。

五、帮助学生“学会合作”

现状描述：目前课堂上学生提问的情况怎样？（存在问题、原因分析）

阅读资料，交流你对有效合作意义的认识。学会合作的意义：合作学习是指学生在团队中为了完成共同的任务，有明确的责任分工的互助性学习。合作学习过程不仅仅是一个认知过程，更是一个交往与审美过程。在合作学习过程中，学生不仅可以相互实现信息与资源的整合，不断地扩展和完善自我认知，而且可以学会交往、学会参与、学会倾听、学会尊重他人，这些都是21世纪公民所应具有的素质。

阅读资料，画出你所关注的重点词句，交流你对有效合作方法的认识。学会合作的方法：参与式教学活动主要考虑到教学班中学生之间的差异，根据教学或学习的各种需要，一般采用分组合作学习的方式，即把全班学生分成若干个学习小组，教师根据各小组的共同特点分别与各小组接触、进行教学或给他们布置要共同完成的学习任务。分组要充分考虑各个因素，以最大限度地发挥学生各自的优点。分组教学需要考虑的维度有三个：一是采取同质分组还是异质分组，也就是说，是使每组学生背景和程度相似，还是使每组学生有多种社会特征和能力水平。二是级数和每个小组的大小问题。解决这个问题需要综合考虑学生能力和需要的多样化，以及教师辅导的技巧。一般来说，小组数不能超过教师能监控的数量，每个小组指定的人数应适合该小组所从事活动的需要。三是灵活性的问题。综合、灵活地运用各种组织方式以适应课堂条件和学生特征。一般来说，在不同课堂内对学生进行不同的分组，使分组具有足够的灵活性，不是把学生硬性指定在单一的组内学习，允许学生从一个小组转到另一个小组。

分组合作学习的实施与评价过程如下：①集体教学，提出问题，选择学习内容（教师指定与学生自主选择相结合；问题具有启发性、开放性、探究性、生活化）；②小组合作学习分工协作、收集资料，组内合作必须责任到人，召集人、记录员、发言人、检查员等可以轮流担任；③教师巡导，个别（小组）辅导、指导合作技巧、引发思考；④全班交流，思维碰撞、信息共享、共同发展；⑤教师及时点评、及时评价，引入竞争机制（对学生的发言进行修正、补充、评价，全班共享；自评、互评、师评相结合，注重过程评价，发挥评价的激励功能、发展功能，实行组内合作、组间竞争）。

【案例 6.9】“平行四边形面积计算”教学片段[①]

师：平行四边形面积怎样计算?你有什么猜想?你觉得需要什么数据，自己找一找，写在平行四边形纸上，把算式也写下来。

（学生利用教师提供的平行四边形纸和测量工具进行合理猜想，学生先独自思考，再与同桌利用手中的工具——平行四边形的板纸、直尺、方格纸等测量、讨论，提出各自对平行四边形面积计算的猜想，最后学生汇报展示交流）

生1：我量的平行四边形的两条邻边的长分别是12厘米和10厘米，所以平行四边形的面积是120平方厘米。

生2：我量的平行四边形的底边是12厘米，高是9厘米，所以平行四边形的面积是108厘米。

师：赞同猜想一的同学请举手。（有一半左右的学生举起手来）赞成猜想二的同学有哪些?（剩下的学生高高举起手来）

师：猜想是解决问题的第一步，是否正确还需要我们进一步验证。两个猜想，哪个对呢?下面老师来演示一下这个平行四边形运动变化过程，同学们请仔细观察，由此你能猜想到什么?（教师进行演示）

师：通过刚才的演示你有什么发现?这个四边形框架在运动变化过程中，什么变了，什么没有变?对于前面提出的有关平行四边形面积计算的猜想，你有什么新的看法?

生3：从刚才的演示中可以看到，平行四边形的底边和邻边长度不变，但它的面积却越来越小。如果面积是底边×邻边，那么所有面积是相同的，所以猜想一不正确。

师：再次演示平行四边形的运动变化过程，面积能不能用底边×邻边表示?

师：刚才赞同猜想一的同学，你们有什么要说的?（赞同猜想一的学生摇头表示没有）

师：平行四边形的面积不能用底边×邻边表示。那么，第二个猜想正确吗?我们还需要更进一步验证。（教师和学生共同用数格子、割补法验证猜想二，进而探究得出平行四边形的面积计算方法）

六、帮助学生“学会评价”

现状描述：目前课堂上学生评价的能力怎样?（存在问题、原因分析）

阅读资料，交流你对有效评价意义的认识。学会评价的意义：教会学生正确参与评价，培养评价能力的同时，通过学生有效的参与课堂评价，可以真正确立学生在课堂教学中的主体地位，增强他们的自我意识和独立性，促进学生在学习中自我调控能力的发展，还可以锻炼自己的判断是非能力和口语表达能力，不断地发展和完善自己。

---

① 郭阳.“平行四边形的面积”教学纪实[J]. 黑龙江教育(小学), 2014, (10): 24-25.

阅读资料，画出你所关注的重点词句，交流你对有效评价方法的认识。学会评价程序，教师先教会学生评价的方法：①点评示范。教师先选几个类型不同的学生进行点评做示范，并教给学生“一分为二”“看发展”“看亮点”的思想方法，用“我发现……”“我欣赏……”等此类激励、赏识性的语言评价他人。②学生综合自评。自评要建立在自我观察、自我认识的基础上。③学生练习互评。互评中要教会学生尊重事实，按照标准进行评价，同时，学会从“发现亮点”“欣赏别人”的角度和“我建议……”的角度去评价别人。

【案例 6.10】“圆柱和圆锥的有关知识”复习教学片段[①]

师：学习的过程就像搜集珍珠的过程，把学过的知识点串成知识单，有人说复习是学习之母，你采用哪种方式把这部分内容的知识点串起来呢？

（学生画知识结构图，教师巡视）

师：各个小组之间比较一下，看谁组织的知识结构图的优点多？

（生交流学习）

师：请你说一说，你是用什么方式组织知识结构图的？

生1：用归纳的方法。

生2：我采用的是分类的方法。

师：请你说一说是怎样进行分类的？

生2：我把圆柱的有关知识放在一行，把圆锥的有关知识放在另一行。

师：现在大家评价一下，你和他（生2）有什么不同的地方，这个知识结构图有什么优点，还需补充什么？

生3：应该把圆柱和圆锥联系起来。

师：你依据什么把它们联系起来？

生3：利用它们的应用把它们联系起来。

师：还有没有补充的？（学生表示没有了）你们认为这个同学的知识结构图优点是什么。

生4：我认为这个图条理清晰，分成圆柱和圆锥两大块。

生5：我有个建议，可不可以把以前所学的圆的内容放在里面。

师：对！你的建议很好。大家评价一下这两个知识结构图的优点，看一看有没有可以相互弥补之处，使之构成一个更加完整的知识结构图。

生5：提纲式结构图能由局部反映整体。

师：好！现在我们已经把过去分章学习的知识串起来了，大家回忆一下这节课你有什么收获。

生6：学习要不断总结，使知识条理化。

生7：系统学习可以简化记忆。

生8：我学会了从不同的角度去组织知识，就可以得到不同的解决方法。

---

① 徐巧英. 参与式课堂教学原理与技能训练[M]. 南宁：广西人民出版社，2009.

第四节　参与式教学的评价标准

评价标准首先要具体化为可操作的评价指标。评价指标是指反映本质要求的、具体的、可测的、行为化的评价准则。

一、参与式教学的评价标准要素

（一）问题引领，反思研究

1）问题引领：长期以来，评价意识和评价手段基本上就停留在考试与测验上，很少考虑到评价手段的多样性和评价功能的全面性，通常评价等同于纸笔测验，这样的弊端有哪些？

2）反思研究：新课程提出了发展性评价，但是教师还是不容易掌握，原因是什么？是否需要多样化的、可具体操作的评价工具？你对学校目前使用的评价工具有什么意见？

（二）阅读资料，把握标准

阅读表 6.4，思考表 6.4 中体现了参与式教学的哪些特点、原则。

表 6.4　参与式教学三要素等级水平评价表①

等级水平	参与意愿	参与能力	参与动机
一	不愿参与 （消极态度）	无参与能力 （客观水平）	盲目从众参与 （被动参与）
二	愿意接受参与要求 （被动态度）	能按指定方法参与 （被动水平）	出于兴趣 （积极）
三	能主动参与 （主动态度）	能自行选择所学方法参与 （主动水平）	出于自我指定 （主动）
四	能自动提出活动要求 （积极态度）	能采用新方法 （自觉创造水平）	出于责任感 （内化）

说明：整个评价标准分为四个等级水平，第四级水平即最高水平的要求是能自觉投入参与，且常有创造性表现；第三级水平的要求是能主动投入参与；第二级水平的要求是能按要求参与；第一级水平的要求是不想参与或不知何为参与。在每个等级的具体内容中还要渗透体现参与的三个要素：参与意愿、参与能力、参与动机，也分别有其等级水平。通过各种组合方式综合表现为每个学生“学会参与”的整体等级水平。

阅读表 6.5，思考该表有什么特点，使用该表评价会起到怎样的作用。

① 李小融，魏龙渝．教学评价[M]．成都：四川教育出版社，1988: 124.

表 6.5 学会参与的评价标准①

指标		评价标准			
一级	二级	一级	二级	三级	四级
学会参与	学会预习	不愿也不会预习	在教师或家长的督促下能预习，但未达到预习的质量要求	能预习，能基本达到教师预习的质量要求	已经养成预习的习惯，能独立进行预习，能达到教师的预习要求
	学会提问	不愿也不会提问	在教师的启发下能提问，有时敢于提问，但常偏题	敢于提问，所提问题基本切题	善于提问，且常有独立见解
	学会讨论	不愿也不会讨论，即使参加也很少发言	在教师的启发和其他学生的影响下参加讨论	能围绕议题中心主动发言	能围绕议题中心积极发言，阐明的观点常有独到见解
	学会动手	不愿或不会使用学具，制作学具基本上依赖他人	学习中能使用学具，但有时不能达到教师要求，在教师或家长帮助下能制作一些学具	学习中能使用学具并达到教师要求，能按教师要求自制一些学具	能独立制作一些学具，有时还有创意，能按教学内容主动借助教具理解知识
	学会合作	不愿参与合作学习，也不会与同伴合作	愿意与同伴合作学习，愿意倾听别人意见，但是较少发表自己的意见	能说明自己解决问题的办法，并能根据有关思想修正自己的观点	能详细阐明自己的想法，并能围绕讨论主题，评价别人的观点
	学会评价	不愿意也不会评价	在教师指导下能对自身学习做出客观评价，但不会或很少会对他们做评价	能对自己的学习做出具体、客观的评价，并能在教师指导下，对同伴的学习发表自己的见解	能围绕学习目标、内容，主动对自身及他人作比较客观、全面、科学的评价

二、参与式教学的评价

阅读表 6.6，思考该表有什么特点，使用该表评价会起到怎样的作用。

表 6.6 课堂学会参与的教学评价标准

评价要素	一级指标	二级指标	评定等级			
			优	良	中	差
教师教学行为（40 分）	教学目标多元性（10 分）	1. 做到知识与技能、过程与方法和情感态度与价值观三维目标的有机整合。				
		2. 认知目标具体、明确，有层次和可操作性，能力目标和情感目标在达成认知目标的过程中生成。				
		3. 符合学生实际，与学生的心理特征和认知水平相适应，关注学生的个体差异，能调动各层次学生参与学习的兴趣				

① 李小融，魏龙渝．教学评价[M]．成都；四川教育出版社，1988: 145.

续表

评价要素	一级指标	二级指标	评定等级			
			优	良	中	差
教师教学行为（40分）	教学内容开放性（8分）	1. 重视教学内容的文化内涵，体现学科的特点。 2. 根据学生的实际发展水平和特点，创造性地使用教材，注意开发和利用课程资源，处理好文本和课外材料的关系。 3. 把握教材特点、重点，突破难点，精选具有基础性、范例性和综合性的知识，训练学生能力，指导学法				
	教学过程生成性（10分）	1. 教学过程充分体现为教师、学生、文本对话过程，教学目标在对话中生成，师生在对话中实现共同发展。 2. 教学流程结构合理，有利于学生参与学习实践活动，有利于学生认知结构的建立。 3. 能根据反馈信息对教学过程、难度进行适当调控，合理处理课堂生成问题				
	教学策略激励性（12分）	1. 营造民主、平等、和谐、积极向上的课堂氛围，为每个学生提供平等参与的机会。 2. 教师能创造以问题为核心的学习情境，学生在此情境中能运用自主、合作、探究的学习方式参与学习实践。 3. 充分、恰当地运用教材、录音、录像等多媒体，让学生的感官参与学习。 4. 遵循及时、多样、适度激励原则，采取全面、多元的评价方式，让学生体验到成功的快乐，激发学生潜能，培养学生自信				

阅读表 6.7，思考该表有什么特点，使用该表评价会起到怎样的作用。

表 6.7 课堂学会参与的教学评价标准[①]

评价要素	一级指标	二级指标	评定等级			
			优	良	中	差
学生学习活动（60分）	参与状态（15分）	1. 学生参与态度。学生对学习感兴趣，关注问题情境，参与学习活动积极主动。 2. 学生参与广度。不同层次学生都能积极参与教学全过程，学习活动形式多样，活动时间充分。 3. 学生参与深度。能提出有意义的问题或能发表个人见解；能按要求正确操作；能够倾听、协作、分享				

① 李小融，魏龙渝．教学评价[M]．成都：四川教育出版社，1988: 147.

续表

评价要素	一级指标	二级指标	评定等级			
			优	良	中	差
学生学习活动（60分）	交往状态（15分）	1. 课堂气氛融洽。师生交流平等、民主、和谐。 2. 交流充分。师生、生生及媒体之间信息交流呈立体结构，信息交流充分。 3. 有效合作。合作形式符合学习要求。合作讨论的内容有思考性、有价值，注重合作前的独立思考，有足够的时间和空间展开合作讨论				
	思维状态（15分）	1. 积极主动参与思考。敢于提出问题，发表个人见解，问题与见解有挑战性与独创性。 2. 能从多角度、多途径，运用多种方法解决或解释问题。 3. 能联系实际举一反三进行创造				
	情绪状态（6分）	1. 气氛活跃。学生体验到学习和成功的愉快。 2. 及时反馈。学生善于自我控制，调节学习情绪，保持良好的注意状态。 3. 入境生情。情感共鸣的表露自然明显				
	生成状态（9分）	1. 学生掌握了课程标准要求的知识与技能。 2. 学生在不同程度上都体验到学习和成功的愉悦。 3. 学生在各自基础上都获得了进一步发展的能力				

“学会参与”参与式教学的评价标准体现了客观性原则、一致性原则、单项评价与综合评价相结合的原则、定性分析与定量分析相结合的原则、静态评价与动态评价相结合的原则。指标反映了参与式教学的目标本质要求：具体、可测、行为化。

【案例 6.11】《黄继光》教学片段①

师：在学习的过程中，根据问题在哪的因式，你们还提出了哪些问题？

生：文中“还有20米、10米……近了，更近了”中的省略号是什么意思？

生：就是说明越来越近了。

生：也能看出他爬得十分艰难。

师：是啊!透过这个省略号，我们仿佛看到了黄继光那艰难的爬行过程。

生：我们小组提出一个问题，但是没有解决，就是“啊！黄继光突然站起来了！在暴风雨一样的子弹中站起来了!”为什么三句话要用三个感叹号？

生：因为前文说了，他肩上腿上都负了伤，在这种情况下，他能站起来，多难呢，所以应该用感叹号。

生：之所以三处都用感叹号，是因为一次比一次说得感情强烈。

师：老师真的非常高兴，你们综合运用这两个图示，自己读懂了课文还又丰富了图式内容。正像同学们所体会的那样，在扑向敌人火力点的那一刻，

① 徐巧英. 参与式课堂教学原理与技能训练[M]. 南宁：广西人民出版社, 2009.

黄继光的腿已经断了，而且身负七处重伤，在他爬过的地方，留下了一条十多米的血痕。在这样的情况下，要想站起来，扑向敌人的火力点，得需要多么惊人的毅力，多么顽强的品质呀！现在老师提议，全体起立，（师拿出黄继光画像）让我们向这位伟大的战士，中国人民志愿军的特级战斗英雄深深地鞠躬、表达我们的敬意。下面同学们带着这种深深的敬意，读一读你最受感动的句子或段落。

（生读。2分钟后点名读）

生：读第8自然段。

师：你为什么选择这一段?

生：这一段最能表现黄继光的顽强品质。

师：老师也有两处最受感动的段落，我也想读一读，行吗?

生：行!

师：同学们和老师一齐来读。（师生齐读）课文虽然读完了，但老师的问题训练单中还有三个问题需要同学们完成。（出示问题训练单：学完这篇课文我需要积累些什么?根据这篇课文的内容我能学着写点什么?围绕这篇课文的内容我还需要探究些什么?）

生：我想积累一些感动的句子。

生：我想积累一些好的词语。

生：学完本文我想写一首赞美黄继光的诗。

生：我想写一篇读后感。

生：学完本文我还想知道抗美援朝中其他英雄人物的故事。

师：是啊！在敌我力量相差那么悬殊的情况下，我军能取得绝对的胜利，就是因为我军拥有无数个像黄继光这样的英雄。这个问题值得探究。

生：我还想探究一下黄继光还做了哪些感人的事迹。

……

第五节 参与式教学的评价方法

评价方法的正确使用要坚持真实性、发展性原则。所谓真实性，就是要实事求是，不要过高评价平时印象好的学生，也不要过低评价平时印象差的学生。所谓发展性，就是用发展的眼光看待学生，立足于学生今天比昨天好、明天比今天更好的角度实施评价，重在使评价对象“增值”。通过评价增强学生的参与意识、合作意识和参与能力、合作能力。本节研究两种评价方法的应用，方法一：从参与评价的主体划分，可分为多元主体参与的评价方法，即学生自评+小组互评+教师评学生+学生评教师；方法二：从评价的日常活动形式划分，可分为即时性评价、测验性评价、表现性评价、成长记录袋。这两种方法既是新课程提倡的评价方法，也是符合参与式教学理念的评价方法。

一、多元主体参与的评价方法

（一）了解“学生自评”

阅读资料，了解多元主体参与评价方法的具体要点。主体参与评价方法是从参与评价的主体来划分的，多元主体参与的评价方法即学生自评+小组互评+教师评学生+学生评教师，其作用是建立教师、学生、同行、专家共同参与的有效课堂评价体系，是参与式教学的重要内容。通过建立多元主体参与课堂教学评价，可以从不同侧面、不同角度、多渠道获取教学信息和资料。提高评价结果的科学性、公正性、有效性，最终目的是提高课堂教学质量，促进师生全面发展。

阅读资料，画出资料中的关键词，了解怎样教会学生自评。学生自我评价是指学生本身参照评价指标体系对自己的学习活动或发展状况进行自我鉴定，是个体内部就其自身的状态所做的价值判断。通过对照评价标准，对自己的学习活动、进步情况进行全面的分析与评价，能够提高学生的学习积极性和主动性，更重要的是能够促进学生对自己的学习进行反思，有助于培养学生的独立性、自主性和自我发展、自我成长能力。

在学生自评行动中，首先，让学生树立主体意识，让学生充分认识自己不是被动接受评价者，而是自愿地主动接受评价的主体，要把自己定位在主人翁地位，评价是为学生自身发展服务的。其次，理解和完善参与式教学自我评价指标体系和标准，选择和掌握自我评价的方法：①自己对自己分析。通过自我反思、自我比较，自己对自己观察、分析来进行自我评价，对自己形成比较正确的认识。②通过和自己设定的目标相比较来认识自己。③通过和别人比较来评价自己。有比较才有鉴别，通过与他人的比较，从而进一步发现自己的差距，激发向上的力量。

（二）学会“学生自评”

为了使学生在学习活动中所开展的自我评价更有针对性和可操作性，建议教师可利用表格方式，把重要的学习表现列出来，让学生对自己的学习情况一一进行评价。下面列出的一些学习技巧的自我检查内容，可作为教师指导学生开展自我评价的参考。根据优、良、中、差四个等级对以下内容进行检查。

1）我对当前的学习任务感兴趣吗？

2）我在课堂上能保持良好的注意状态吗？

3）我能主动参与到课堂活动中去吗？

4）我能自主学习并能发现一些问题吗？

5）我能与其他学生交流与合作吗？

6）我能认真听取其他学生的意见吗？

7）我能质疑发问，表达自己的观点和意见吗？

8）我能动手操作，并与其他学生一道完成学习任务吗？

9）我能辨别小组内部的相同与不同意见吗？

10）我能在学习活动中帮助其他学生吗？

11）我能与其他学生分享学习成果吗？

12）我对所有学习内容都掌握了吗？

13）我能享受到成功的喜悦和获得积极的情感体验吗？

14）我有进一步学习的渴望吗？

15）我有不足的方面需要弥补吗？

【案例 6.12】按数学学习质量评价表评价①

师：同学们，现在我们就按“数学学习质量评价表”中的各项要求对每个同学进行一次客观的评价。请同学们对照表格逐项进行自评。（每个学生都认真地自评）

师：现在前后两张桌的四位同学组成一个互评小组，先由每位学生讲述自评的结果及理由，并由其他学生进行评价，也评出等级，并向被评人说出理由。

生1：在参与这一项，我能做到基本发言，但还不主动。评价结果应是“√”。

生2：我认为生1在课堂学习活动中还是比较主动的，比如在前两天老师讲正方形的认识时他是第一个发言的，并举出了一些生活中常见的正方形实例。

生3：我不同意生2的看法，生1有时不主动发言。比如今天第一节课老师提的那个问题他会，但不主动去说。

生4：我们大致算一下生1有多少次主动发言，又有多少次不主动发言，然后我们综合起来，给他一个评价。（其他三位学生最后达成共识，生1的评价结果是发言，有时也很主动）

生1：没想到我在大家心中有这么好的印象，以后我会继续努力的！

师：大家评得很认真，下面把这个表收上来，课后我要对每个学生进行评价，你们会在表上“师评”这项中看到评价结果的，并要求大家把这个结果放在你们的档案袋中，到期末结束时，我们进行综合评定。希望大家改进不足，继续努力。

（三）了解“小组互评”

小组互评是以群体互动为基础的一种学习形式，教学中应用这种模式可以建立一种伙伴激励的机制，可以让学生学会准确地与他人交流，如向别人解释自己的想法，倾听别人的想法，正视批评以审视自己的观点，获得更正确的认识，学会互相接纳、赞赏、分享、互助等。小组互评不仅有利于学生互相学习优点，改正不足，还可以锻炼自己判断是非的能力和口语表达能力，不断发展和完善自己。同时对教师收集学生信息、改进和完善教学方法、提高教学质量也发挥着重要的功能。

在小组的相互评价行动中，其一，要建立民主、平等、和谐的对话关系，统一认识，掌握“学会参与”课堂评价标准；其二，要求学生在认真自评的基础上，主动、积极地与其他学生交流自评结果，希望其他学生提出改进建议；其三，组内成员要学会合作，弘扬合作精神，虚心向其他学生学习，接受其他学生的评价意见，在合作中寻发展；其四，教师要做好小组互评的准备工作，建立小组互评的制度或规则，这其中包括评价内容、评价时间、每个人参与的程度以及接受他人评价意见的态度等，选定小组负责人，安排评价记录人员，并准备好记录工具，做好“边缘学生”的工作。下面这些问题可以成为小组互评的内容。

---

① 罗国忠. 例说新课标,中学物理卷[M]. 南宁：广西教育出版社, 2007.

1）在完成小组任务的过程中，是否积极参与，能否准时守信，是不是具有责任感？
2）在与其他成员合作时，能否虚心听取别人的意见，对其他学生表现出尊重的态度？
3）对小组分配的任务能否认真、热情地完成，尽到个人的最大努力？
4）其他学生遇到困难的时候，能否主动关心、帮助别人，一起解决问题？
5）在小组合作过程中，是否具有一定的组织、判断和决策能力？
6）个人提出的观点是否具有新颖性和创造性？

（四）学会“小组互评”

【案例 6.13】学生自评表格[①]

师：同学们，这个学习质量评价表中的每一项内容是什么意思，要求大家怎么做，我们在开学初就和大家讲清了，你们现在明白了吧？

生：明白了！

师：好，现在我们就按照这个表（表6.8）中的各项要求对每个学生进行一次客观的评价。请同学们对照表格逐项进行自评。（每个学生都认真进行自评）

表 6.8 学生自评表

自我检查内容	评定等级			
	优	良	中	差
1. 学习兴趣浓厚，求知欲强				
2. 善于自我控制、调节学习情绪，保持良好的注意状态				
3. 参与学习活动，积极主动				
4. 敢于提出问题，发表个人见解				
5. 在合作学习中愿意与同伴交流				
6. 能联系已有知识与生活经验解决或解释一些问题				
7. 按时独立完成作业，并进行自我检查				
8. 运用科学的知识解决生活中的实际问题				

说明：“+”表示能；“√”表示基本能；“o”表示不能。

师：现在前后两张桌的四位同学组成一个互评小组，先自己讲述自评的结果及理由，再由其他学生进行评价，也评出等级，并向被评人说出理由。

生1：在参与这一项，我能做到基本能发言，但还不够主动，评价结果应是“√”。

生2：我认为生1在课堂学习活动中还是比较主动的，比如在前天学习《小白兔和小灰兔》时，他是第一个说出喜欢小灰兔的，大家很佩服他的勇敢。我评价的结果是“+”。

生3：我不同意生2的看法，生1有时不主动发言，比如今天第一节课老师的那

---

① 教师资格证初中历史试题[EB/OL]. http://test.examw.com/shiti/6e9620ea-141e-345b-0ef4-c76a85c660dd.html[2018-04-29].

个问题他会，但不主动说。

生4：我们大致算一下生1有多少次主动发言，又有多少次不主动发言，然后我们综合起来，给他一个评价。（其他三位同学最后达成共识，生1的评价结果是能发言，有时也很主动）

生1：没想到我在大家心目中有这么好的印象，以后我会继续努力的。

师：大家评得很认真，下面把这个表收上来，课后我要进行评价，在表中“师评”这项会给出评价结果，并把这个结果放在你们的档案中，到期末结束时，我们进行综合评定，希望大家改进不足，继续努力！

（五）了解“教师评学生”

教师对学生学习的评价既要关注学生学习的结果，更要关注学生学习的过程；需要关注基础知识和基本技能的掌握，更要关注在教学活动中所表现出来的能力、情感与态度等方面的发展，帮助学生认识自我，建立信心；评价还要关注学生之间的差异性和发展的不同需求，促进其在原有水平上的提高和发展的独特性。

在教师评学生行动中，一要明确评价内容的多维性，这种多维性体现在课堂教学目标的三维度上。二要注意课堂评价的过程性。课堂评价要以学生的努力程度作为重要参考，主要考查学生在具体学习情境中，是否积极主动地参与了学习活动，是否乐于与同伴进行交流合作，是否具有学习兴趣和克服困难的精神，是否真正开动了脑筋思考问题。真正重视过程评价应该应用建议性的语言给学生以明确、清晰的建议，而这种建议一般只能集中于一个学习点的改进上，目的是让学生有更明确的方向。三要注重评价主体的层次性。教师根据平时对学生各方面表现、能力的观察，把学生分成若干个不同层次，当学生发言、练习时，教师用一把弹性的标尺（即不同的要求），关注每个学生在学习过程中的点滴进步和变化，然后作出评价。四是讲究课堂评价的艺术性。教师要学会幽默，使用艺术的语言，讲究表扬和批评的方式方法，这将直接影响学生参与学习的热情。课堂评价，特别是批评学生，要注意保护学生的自尊和人格，不要挫伤学生学习的积极性。

（六）学会“教师评学生”

【案例 6.14】《菩萨蛮·大柏地》教学片段[①]

（当学生通过初读，基本上理解了这首词的意思之后）

师：现在老师给你们10分钟时间，请大家用不同的方式来表现你对这首词的理解。

（大约过了10分钟）

生1：我以“菩萨蛮·赞山乡”为题赋词一首，以此表示对词牌的理解。

师：你能用诗词的语言来表现对诗词的理解，又赞美了自己的家乡，真了不起！

生2：我根据词的内容作了一幅画。

（画的内容是：雨过天晴，彩虹横跨天空，关山苍翠，墙壁弹痕累累，毛泽东

---

① 课堂即时评价策略之七. 2006. http://blog.sina.com.cn/s/blog_4b830f10010005ud.html[2018-04-29].

置身于画面之中）

师：你对词的内容理解得很深刻，而且画得很好，看出你有很强的想象力和高超的绘画技艺，太棒了！

生3：我为这首词谱上壮族民谣曲，现在就给大家唱一遍。（唱完后，师生为他热烈鼓掌）

师：原来你有这么高的家乡歌谣水平，校园艺术节的时候可得好好露一手。

生4：虽然我用什么方式都表现得不太好，但是我想给大家朗诵这首词。

师：以前你上课从不主动发言，今天很主动，说明你进步了，大家表扬他。

……

（七）了解“学生评教师”

推行学生评教行动中，应注意：一是要信任学生。教师首先要相信学生是友好的且有能力的，相信他们参与评课有助于促进自身的发展。在这种积极心态的引导下，以一种诚恳、开放、民主的态度，将这些信任的信息传递给学生，从而引导学生以一种客观、公正、严肃负责的态度参与到评课中来。二是要辩证地看待教的结果，珍惜相互了解的机会。首先，教师要端正心态，勇于面对问题，不要纠缠于评教结果是否公平、合理等问题上，而真正需要反思的是隐藏在那些学生评教问题背后的那些深层次的需要，考虑自己在课堂教学上有哪方面需要改正。其次，教师更应珍惜这样一种与学生直接沟通的机会，在相互了解中达到互相理解、澄清误会和解决问题的效果。三是学生评教需要引导。评教是一门技术，也是一种能力。所以，有必要在学生评课之前进行必要的、科学的引导，如帮助学生了解参与评教的目的和内容，熟悉评教的过程和程序，以及如何使用评教的工具或技术等。否则，容易在放任自流中降低评教的信度和效度。

（八）学会“学生评教师”

学生评教常以填写反馈表的方式进行，参见表6.9。

表6.9　学生评教反馈表

教师姓名	所教课程
1. 教师的三维教学目标	①明确；②基本明确；③不明确
2. 课程目标与授课内容	①一致；②基本一致；③不一致
3. 教师教学情境的创设	①能激发学习兴趣；②有一定兴趣；③没有兴趣
4. 讲课方法	①引人入胜；②一般；③照本宣科
5. 教师对学生的思考采取何种态度	①鼓励；②不干涉；③限制
6. 教师对学生的进步	①关心；②略有考虑；③不关心
7. 教师在课上提出的问题	①富有挑战性；②略有价值；③机械单调
8. 课上我要提问和发表观点时	①有机会；②机会难得；③没机会
9. 教师对教学重点	①突出总结；②略有强调；③忽略
10. 本课促使我对这门课程	①感兴趣；②兴趣一般；③失去兴趣
11. 课程知识范围	①宽广；②基本适应；③太窄
12. 按我的准备和能力，本课的难度为	①正好；②稍难／稍易；③过难／过易
13. 我认为教师对本课的教学任务	①能完成；②基本完成；③没完成

二、日常活动形式的评价方法

（一）了解即时性评价

阅读资料，了解即时性评价的含义及作用。课堂教学中的即时性评价是教师针对学生在课堂上的情绪状态、参与状态、思维状态及生成状态进行及时评价。即时评价能促进师生心理相容，具有导向、激励功能。

问题研究：教师在实施即时性评价行动时要注意以下问题。

一是要营造民主、平等和温馨的评价氛围。一个民主、平等和温馨的评价氛围有利于反馈信息的畅通和学生的自我调节，有利于学生创造思维火花的迸发。教师要做到“赏识每一个学生，感受每一颗心灵”，在教学评价时要注意面向全体，做到“眼观八方”，使每一个学生在整个教学过程中得到激励和赏识。

二是在评价过程中关注学生个体差异。评价要依据学生的不同背景和特点，正确地判断每个学生的不同特点及其发展潜力，为每一个学生提出适合其发展的具体的有针对性的建议。这就要求教师应注意根据学生的年龄特征和学习风格的差异，采取不同的评价方式。在评价的内容方面也可以根据不同学生在不同阶段的特点，设计有所侧重的评价目标。只有重视差异、尊重差异，才能促进学生的发展。

三是根据实际情况，实行延迟性评价。由于学生的发展存在差异，我们应允许一部分学生经过一段时间的努力，再达到目标，为此可推迟对学生的评价。这样既能保护学生的自尊心，又能激发学生的学习兴趣，如低年级语文教学要培养学生的朗读能力，有的学生很快就能读得很好，有的学生由于各方面的原因朗读水平较差。针对这种情况，对那些朗读水平较差的学生，就要适当延迟评价。让学生有更多的时间和空间，让他们去努力，让训练过程长一点，让形式活一点，更好地发挥评价的激励功能。

四是评价要有艺术性。课堂教学中，评价语言、评价行为贯穿整个教学过程。教师在课堂上要灵活、恰当地运用评价语言，切实提高评价语言的水准和地位，增强对学生的人文关怀。①评价语言体现文化内涵。优美的评价语言穿插在整个课堂中，让学生在不经意间积累语言，丰富词汇，提高表达能力。②评价语言使学生充满自信。评价语言要丰富、贴切，给学生以莫大的鼓舞，激励学生不断获得成功的动力。③评价的语言要具有启发诱导作用。有的学生回答教师的问题偏离了正确的轨道，教师必须做好启发与诱导，帮助学生克服学习上的障碍，给他们向前迈进的动力，奔向预期目标。

（二）学会即时性评价

【案例 6.15】《麻雀》教学片段及评析[①]

师：从老麻雀从树上飞下来，想救小麻雀这件事中，想想老麻雀是勇敢还是胆怯呢，大家仔细、反复地读写老麻雀的句子，体会体会，然后在小组中交流、讨论。

---

①《麻雀》教学设计[EB/OL]. 2015. https://wenku.baidu.com/view/298bf214e53a580217fcfe29.html[2018-04-29].

（学生议论纷纷，教师也不时插言）

师：同学们讨论得很热烈，现在哪一个小组先说？

生：老麻雀像一块石头似地落在猎狗面前扎煞着全身的羽毛，绝望地大叫着，“石头似的”写出了老麻雀落下来的速度非常快，“扎煞”“绝望”写出它此时非常害怕。

师：你抓住了关键词语来理解，很好。

生：从老麻雀浑身发抖、声音嘶哑、呆立不动这些句子看，老麻雀是很害怕猎狗的。

师：你抓住写老麻雀的句子来理解，很准确。

生：老麻雀与猎狗搏斗是一场力量对比悬殊的搏斗，老麻雀害怕是正常的，但老麻雀为了救孩子，虽然害怕但没有迟疑，迅速飞下，是一种母爱的力量让老麻雀勇敢面对猎狗。

师：你能联系前后文来考虑，回答得很全面。

生：……

师：同学们各自说出了自己的观点，说得很好，老师也说说自己的理解。老麻雀为救孩子，明知危险却没有犹豫，它是勇敢的。正是这种无私的爱使老麻雀义无反顾地站在猎狗面前，猎狗在这种伟大的力量面前也暂时停住了，慢慢地后退。当然对老麻雀的理解，你们应该有自己的观点，不必受老师的限制。

点评：教师的评价尊重学生的感受，体现了教学的民主。

师：那么脱险之后的老麻雀和小麻雀之间可能会说什么？

生：妈妈，你太伟大了！

师：赞扬妈妈。

生：妈妈，我也要像你。

师：学习妈妈。

生：孩子，赶快练习飞行吧，那时你才能保护自己。

师：换了角度，说出了对小麻雀的希望。

（在如此热烈的情况下，此时一位不爱发言的学生举起了手，教师立即叫起他，并用鼓励的目光注视他）

生：妈妈，我不再贪玩了，我努力学习本领，你就不用担心我了。

师：回答得真好。相信你以后会说得更好。

……

（三）了解测验性评价

问题探讨：我们平时用测验性评价存在哪些问题?原因是什么?

阅读资料，了解测验性评价的含义。测验性评价是针对评价对象，运用教育测量的理论和方法编制高质量的量表、试题，并施测于评价对象，以获取评价信息的一种方法，是学生课业评价中最常见的一种形式，在教学中的使用频率最高。

应用反思：平时我们应用测验性评价是否遵循了以下原则，下面五项原则给了你哪些启示?原则是根据《基础教育课程改革纲要（试行）》的要求和参与式教学的特点制定的，实施测验性评价时，应遵循以下五项原则。

1）关注学生学业的原则。学业的含义包括：知识与技能；过程与方法；情感、态度与价值观。测验性评价所要关注的应当是学生各个方面的掌握和发展情况，而不是某一方面甚至某一点的掌握和发展情况。

2）发掘学生潜能的原则。要使学生在测验过程中充分调动自己的各种潜能。学生的潜能是多方面的，测验性评价要采用多种形式，让学生的各种潜能都在测验性评价中得以展现，要通过测验性评价来发现、发展学生的潜能，使潜能逐渐转化成现实的学习能力、分析问题和解决问题的能力，从而更好地促进学生的发展。

3）满足学生需求的原则。通过一个阶段的学习，不同的学生要提升学业的方面是不一样的。有的需加强自己的基础知识与基本技能的学习，有的需改进自己的学习过程与学习方法，有的需端正自己的学习态度和培养自己的学习情感。通过测验，教师对每一个学生可持续发展的需求应做到心中有数。

4）建立学生自信的原则。通过测验，教师要帮助学生认知自己的不足和需要改进的方面，尤其要帮助学生建立"我可以学好"和"我能学得好"的自信心。

5）推动师生发展的原则。通过测验，学生能更主动地投入以后的学习并更喜欢学习，教师在命题、反思、总结等基本教学技能和基本教学素养方面得到提升，更加坚定不移地按新课程标准的理念，创造性地投入以后的教学工作。

（四）学会测验性评价

【案例 6.16】一年级数学测验性评价[①]

本次测验以两种方式来进行：笔试与实践。

笔试部分

以百分制来计算，共分为三大块内容：比一比；画一画；看看、说说、写写。

第一版块：比一比

1）比学生计算的速度，以此来了解学生的计算能力和熟练程度。

2）比谁写出得数是5的算式多。

3）比较大小：有数与数之间的比较、数与算式之间的比较、算式与算式之间的比较，让学生在比较的过程中经历一个思考的过程，比较的方法是多样化的。

4）比较物体的多少、轻重，以此来检测学生的观察能力和推理能力。

第二版块：画一画

1）找规律，按照前面所画出的图形规律继续往下画两组。

2）在空格里画○，以此来检测学生的数感。

第三版块：看看、说说、写写

这块内容主要是以图的形式呈现，其中包括看一幅图写3道算式。看图列式计

① 李小融，魏龙渝. 教学评价[M]. 成都：四川教育出版社，1988: 12.

算（加法、减法）。最后还有一幅综合图，让学生根据所看到的内容，自己提数学问题，列式计算，以此来检测学生的观察能力、分析能力。

实践部分

把教室布置成一个数学乐园，以这种游乐方式来检测学生对所学知识的掌握情况。

1）进入“数学游乐园”。首先要买门票，这个门票就是拿准备好的口算卡片让学生随意抽取，答对者方可拿票进入。

2）让学生找准自己的座位坐下，听“导游”来介绍游乐项目。以此检测学生对几和第几的认识。

3）学生听完“导游”介绍，就可以自由组合开始游戏，游玩项目共有4块。

分分合合：教师提供小棒和小卡片，有2~10共9张数字卡片，学生进行抽签，按照自己所抽出的数学选择一样进行分一分。

摸奖：在一个口袋里装上各种形状的物体。“工作人员”指定物体，由学生摸出。学生摸物体，并说出物体名称。

讲故事：根据“工作人员”给的图片，学生自由编故事，并提出数学问题，进行解答。

猜数：两人合作，一人在纸上写上一个数字（0~10），由另一个人来猜。

游数学乐园王国后，累计得分情况，18颗及以上者为优，12~17颗为良，8~12颗为合格。

（五）了解表现性评价

1. 阅读资料，理解表现性评价的含义以及特点

表现性评价是指教师在学生完成一项具体的学习任务过程中，对学生认知、情感、技能和学习成果进行的实际考查。表现性评价强调在完成实际任务的过程中评价学生的发展，不仅要评价学生知识技能的掌握情况，更重要的是要通过对学生表现的观察分析，评价学生在创新能力、实践能力、与人合作能力以及健康的情感、积极的态度、科学的价值观等方面的发展情况。其特点主要包括以下几方面。

1）表现性评价的目的既可以是给学生评分，也可以是对学生的学习情况进行诊断，但其重点是在后者。

2）表现性评价比较擅长同时也是比较关注的评价领域不是知识技能的回忆与再认识，而是知识和技能的应用和非智力因素的发展。

3）表现性评价的问题情况是比较真实的，需要学生解决的问题是现实中的问题，而不是脱离现实情境的抽象问题。

4）表现性评价需要学生完成的任务一般是比较复杂的，需要学生综合运用多学科的知识和技能来加以解决。

5）表现性评价鼓励学生发散思维，允许甚至追求答案的多样性。

6）表现性评价比较费时费力，付出的时间代价较高。

7）表现性评价容易受评价主体主观因素的影响，导致评价结论的主观性较强或较弱。

2. 表现性评价的设计要点

确定评价内容和评价标准。表现性评价是对学生在完成任务时的具体行为表现的评价，因此，必须事先确定评价的内容（即教学目标），并将它分解为构成表现成果的可观察的具体行为，制定评价这些行为优劣的标准。教学目标体系主要包括学科学习目标和一般性发展目标两个方面。

学科学习目标的确定应以教育部制定的各学科国家课程标准为依据。教师在一节课或一个单元的教学前，就必须根据课程标准规定的基本要求和具体的教学内容设立恰当的评价目标体系，并据此选择相应的评价方法和具体的评价指标，以便在教学过程中根据评价目标和指标不断收集各种信息，监控学生的学习状况，及时发现教学中存在的问题并进行改进。只有这样，才能真正发挥评价目标的导向作用。为了避免因流于笼统、空泛而削弱评价的可操作性，造成评价结论的不一致性，评价指标应该用具体、清楚、简练、可测量的目标术语表述出来。如对学生的写作进行评价可以分解为立意、格式、语言等三个方面，这样才能提高评价数据的合理性和有效性。学生的一般性发展目标涉及个体全面发展的基本素质，主要包括以下内容：一是学习的愿望与能力，二是交流与合作，三是个性与情感。

应该注意的是：在实施评价时一般性发展目标和学科学习目标是无法截然分开的。实际上，学科学习是实现一般性目标的重要途径之一，学科学习目标应该也必然要包含或渗透一般性发展目标的内容。明确而清楚地界定表现性行为的评价标准是成功实施表现性评价的关键。首先，教师必须对评价标准进行认真研究，确定出一套行之有效的考查指标。表现性评价标准来源有：国家课程标准；实践经验总结；教师专业判断；师生共同商讨。为保证评价标准的有效性，制定评价标准时可以借鉴以下几项行动策略：一是根据评价标准列出学生表现或成果的重要方面，指导观察和评价的表现标准是方便观察和判断；二是表现标准的项目不多，一般限制在10~15项；三是尽可能用可观察、可测量和可量化的学生行为或成果特质来界定表现标准，避免用含糊不清的字眼来描述表现标准；四是按行为表现出现的顺序排列表现标准，以便观察和判断；五是检查是否已有现成的表现评价工具，若有，则可直接借用，若无，再自行编制。这样可以避免不必要的时间和精力的浪费。

3. 评价结果的信度

为提高评价结果的可靠性，可以从以下几个方面做出努力：一是严格坚持评价前制定的评定标准，减少评价过程中的主观片面性，不以个人的感觉来进行判断，而是以观察到的行为和事实来确定评价分数。二是要尽量控制客观因素的干扰，保证评价者始终在相同、适宜的情境中进行评价。三是坚持过程评定与产品评定的统一。在通常情况下，学生的学习成就能够从两个方面反映出来，一方面是在学习活动过程中的表现，另一方面是经由过程而产生的作品。教师在具体评定时需要处理好两方面评价的平衡关系，既要关注学生的过程表现，也应重视过程所产生的结果。通过对评价标准、评价场所、观察时机、评价工具的形式以及评价结果的使用目的等评价因素有效控制，创设有利于教师进行评价的环境，提高评价结果的信度。

（六）学会表现性评价

【案例 6.17】口语交际表现性评价[①]

描述任务：想想你最喜欢的课或课外活动是什么，请给老师描述一下，让老师了解了解。

突发事件任务：假如你独自在家，忽然你闻到一股烟味，你打电话给消防队，而接电话的正好是我。现在你假装正在和我通电话，你要告诉我帮助你所需的各种有关信息。（直接对我说：从说“你好”开始）

顺序任务：想一想你会做什么家务事?告诉我，一步一步地完成家务事的过程。

说服任务：想想你希望在学校看到的某一转变，比如说校规变化。假如我就是学校校长，试着说服学校应该这样变化。

评价标准：每次口语交际根据四个标准进行评价，即表达、组织、内容和语言。每个评价标准又以两至三个因素来确定。评价标准的这些因素在下面加以说明。

这些标准运用的严格程度随口头沟通的性质而变化，例如，评价即兴演讲比精心准备的演讲的期望值要低一些，同时也应考虑学生的年龄。在考虑每一个评价标准的因素时，可以使用“合格”和“优秀”来加以区分。“合格”学生的表现是指与期待的发展或教学进度相一致的水平。因此，从一定意义上说，某一因素“合格”大体意味着学生的表现正处于被期望的等级水平。而“优秀”则意味着学生表现明显超过期待的等级水平。四个标准中的每一个都可以给1~3分。因此，任何一个被评价者都能获得4~12分的总成绩。尽管这些规则被分解开来加以使用，但如果不考虑每个标准的分数分配，它们还是能被完整地运用。

表达：口语交际表达方式的评定根据三个因素，即有条理、语气和语调运当。优秀（3分），所有三个因素至少合格，并又有两至三个因素为优；熟练（2分），三个因素至少都合格；部分熟练（1分），三个因素不是都合格。

组织口语交际的组织评定根据两个因素，即交流中多个观点间的顺序和相互关系，也就是交流中观点顺序和联系是否清楚。优秀（3分），两个因素都为优；熟练（2分），两个因素至少都合格；部分熟练（1分），只有一个因素合格。

内容：口语交际内容评定依据三个因素，即内容的量、内容与指定主题的相关性，以及内容对听众和情境的适应性。优秀（3分），三个因素都合格并且两个或全部为优；熟练（2分），三个因素至少都合格；部分熟练（1分），三个因素不是都合格。

语言：口语交际语言评定依据两个因素，即语法、语词选择。优秀（3分），两个因素都为优；熟练（2分），两个因素都合格；部分熟练（1分），只有一个因素合格。

（七）了解成长记录袋评价法

阅读资料，了解成长记录袋评价法的含义以及功能。学生的成长记录袋就是一个学生作品和表现的专业收容库，可以记录关于这个学生的努力、进步或学业成绩的经历，成长记录

---

① 孔凡哲，王汉岭. 有效学业评价基本技能与训练[M]. 长春：东北师范大学出版社，2011.

袋评价则是指通过对成长记录袋的制作过程和最终结果的分析而进行的对学生发展状况的评价。其功能主要包括以下几点。

1）描述学生的进步。用成长记录袋收集一系列学生作品样本，以向学生、教师及家长提供学生学业进步或退步的有关证据。

2）展示学生的学习成果。通过观看和分析学生的成长记录袋，对学生的学习成果进行评判。

3）评估学生的状况，即确定学生是否达到预期的表现水平。

4）鼓励学生动手实践。促进学生自我反思，培养学生主体意识。

5）教师获得改进教学的信息。

阅读资料，了解创建和使用成长记录袋评价法的八个步骤。

1）确保每个学生拥有他们的成长记录袋。为了使成长记录袋准确地反映学生作品的发展历程，教师要向学生介绍成长记录袋的不同功能，让学生认识到成长记录袋是他们自己作品的集合，而不是收集教师要评分作品的临时容器，以使学生了解成长记录袋评价法的概念。

2）决定收集什么类型的作品样本。成长记录袋可以收集不同类型的作品样本。一般来说，可供选择的作品是相当广泛和多样的。确定成长记录袋收集材料的类型时，主要应注意以下几点：一是要与评价的目的联系起来考虑，如果成长记录袋的目的是展示，那么只要收集最好的作业样本即可；如果成长记录袋的目的是反映学生的进步，那么就应收集那些能表明学生进步的性质与程度的材料，如观察记录、轶事记录、作业样本（包括进步过程中的作业样本）、测验分数等。二是还要与评价内容结合起来。如果是要评价学生的作文，那么应收集学生的若干篇作文（包括草稿、修改稿、最后作品），在反复修改过程中学生的反省和自评材料、读书报告单、听写练习册、词汇积累本等。三是既要面向全体，又要照顾个别。如果每个学生的成长记录袋在内容和形式上全部一致，那就会把本来生动活泼的评价活动变得单调。总之，成长记录袋内容的收集服务于评价，服务于激励和促进学生的发展，因此，收集的内容不要过于形式，只要它能描述学生的学习与发展，具有发展的价值，与评价的目的相关，就可以收进成长记录袋。

3）收集和存放作品样本。学生会在完成指定作品后将其收集起来，放在如文件夹和笔记本中，然后将其存放在一个合适的场所。

4）确定评估成长记录袋作品样本的标准。为了保证评价的相对公正和客观，成长记录袋评价法也就有一个评价规则或准则。由于不同学生成长记录袋中的作品各不相同，因此，评价标准至少是主要评价标准必须是相互独立的，否则很难评价学生的努力和进步。

成长记录袋的评价标准的设计要注意以下问题：一是评分项目的选定应与教学目标相切合。由于对教学目标的分解结果可能存在差异，故对同一个教学目标可能会有不同的评分项目。如习作成长记录袋评价项目，可设计为常用应用文习作、写人记事习作、写景状物习作和想象习作四个方面。二是评价方式和评价标准宜采用等级制。为了评价时有所依据、提高评价信度，对于每个等级都应制定详细的评分标准。三是权益的确定。学生成长记录袋评价的结果应占每学期学生总分的多大比例，这是一个非常重要但却没有准则的问题。一般来说，在刚刚开始使用时，由于教师和学生都还缺乏经验，评价的信度和效度都可能存在较大的问题，所以成长记录袋评价最好只是作为课程评价的一小部分而引进，在学生总分中所占的比例不宜太大。待积累一定经验之后，再逐步提升比例。

5）学生参与评估。为充分调动学生学习的积极性和主动性，要求学生在教师的指导下，不断对其成长记录袋中的作品进行评估。学生可整体评估自己作品，或者分项评估，也可以综合使用上述两种方法。这种自我评估可以成为每个学生的日常工作。学生用一张小纸片，简要地写下自我评估意见，包括作品的主要优点和不足，以及如何予以改进的设想，并在自我评估表上签署日期，以便追踪学生自我评估能力的进步。每一张自我评估表还必须与相应的作品订在一起存放。

6）安排和举行成长记录袋互动评价活动。在这种互动评价活动中，教师与学生之间对学生的作品进行交流。对发挥成长记录袋评价的潜在功能具有十分重要的影响。这种活动不仅要评价学生的作品，还会帮助学生提高自我评估能力。

7）调动家长参与成长记录袋评价过程。在新学年开始时，教师要帮助学生家长理解成长记录袋评价过程的性质。教师还要鼓励学生家长定期回顾、评论其子女的作品样本及其子女作品的自我评估意见。家长越是积极地回顾、评论学生作品，学生越会感受到成长记录袋的重要性。

8）组织评价结果交流与分享活动。成长记录袋评价结果的交流与分享是成长记录袋评价全过程中的一个重要步骤，是发挥成长记录袋的发展性功能的关键环节。正是在不断交流与分享过程中，学生体验到成长发展的快乐、被人悦纳的幸福、受到赞赏的自豪和奋发向上的冲动。因此，一定要组织开展评价结果交流与分享活动。一般来说，评价结束时应把评价结果及时告知学生本人和家长。告知时，应将收集的所有材料和评分的等级同时告知，而不只是告知一个分数或等级。这样不但能使学生感受到成长与进步，而且能使学生从中得到激励，促进自身发展。

以上这八个步骤只是反映了教师创建成长记录袋最为关键的步骤，在实际操作中可以根据实际进行增减，灵活运用。

（八）学会成长记录袋评价法

【案例 6.18】小学中高学段“阅读”成长记录袋[①]

中段[3~4年级]

本学段的学生已具备一定识字量、阅读量，认识思维方式有了发展，但学生探究性阅读和创造性阅读的能力还比较差。因而，本阶段教师应注重利用阅读成长记录袋，考查学生阅读的兴趣、方法与习惯以及阅读材料的选择和阅读量。对学生的阅读习惯和阅读能力进行评价。

1. 读中评

教师可根据实际开展一些各具特色的读书活动对学生阅读进行评价，如在课堂

① 徐巧英. 参与式课堂教学原理与技能训练[M]. 南宁：广西人民出版社, 2009: 57.

上读书，到图书馆、阅览室读书等。教师可在学生阅读时观察、评价并在阅读成长记录袋上记录每个学生的具体表现，如读书习惯、有意注意时间等。另外，要引导学生在成长记录袋中设计“过目不忘”一栏，让他们完整地记录下自己所看过的书目名称，并在自己感兴趣的书目前加注星号，或可以直接把内容附在后面，以便今后查阅。

2. 办中评

教师定期组织学生办一些丰富多彩的刊物，如手抄报、黑板报、剪贴报等，让学生自己设计刊头、拟订刊名、精心排版，抄上自己喜爱的文学作品或自己的原创作品。定期对学生所办的报分项或综合进行评价，将评价结果放入学生成长记录袋。

3. 诵中评

积累是语文教学传统经验。小学生记忆力强，多诵读积累，可以终生受用。为此，教师要定期举办诵读比赛（包括朗读、背诵），让学生熟读乃至背诵课内外一些名言名篇，并在活动中对学生阅读进行评价。这一环节中可指导学生在阅读成长记录袋中设计“精品积累”一栏，把自己积累的和教师评价收入其中。

4. 谈中评

学生在阅读作品时会产生越来越多的思想，教师可设计“心灵之声”一栏，内容既可以是用录音形式现场记录学生发言，也可以采用做笔录的方式记录自己的所思、所感、所悟或是教师的见解。

高段[5~6年级]

语文课程标准所蕴含的许多新理念和要求，最引人关注的焦点之一是大力提倡探究性阅读和创造性阅读。本学段对学生的阅读评价要坚持探究性和创造性原则，大力发展学生的个性化阅读，及时予以记录。

1. 展中评

教师可在班级中开展“小小书市”活动，让学生交换自己家中的藏书或展示自己阅读过的书目，教师可根据学生活动的表现，在阅读成长记录袋中设计“大显身手”栏目，下面分设展示书目名称、数量；交换书目名称、数量；销售书目名称、数量、原价、现价；书商自述等内容。学生可把活动中自己或他人的表现都记录到阅读成长记录袋中。

2. 品中评

学生作为个性鲜明的生命个体，总是带着自己已有的知识、经验和情感来接触新的阅读文本，他们的阅读个性是客观存在的。教师指导学生在阅读成长记录袋中设置“阅读品赏”栏目，采用演讲、讨论等方式。给学生创设阅读交流平台，让他们在主动积极的思维和情感活动中，加深理解和体验，进一步感悟和思考，做阅读的主人、学习的主人。同时，在品读中发展鉴赏能力。

3. 写中评

学生在阅读各类作品时，对文本内容的理解会有自己的见解和观点，会不断地涌现出思想的火花。教师指导学生在阅读成长记录袋中设置“阅读感悟”栏目，让学生写一些读后感。教师在对学生的读后感进行评价时，应突出一个“感”字，倡导“我手写我口，我手写我心”的习作宗旨，让学生把自己心中所想及口中要说的话无拘无束、自由自在地写下来。

总之，参与式教学评价是参与式教学活动的重要环节，它的最终目的并不仅仅是对教学活动是否有效作出鉴定，更重要的是促进教学活动的价值最大化。因此，参与式教学评价不仅仅是教师要学会评价，而且学生也要学会评价，师生在参与评价中构建学习共同体。

【课后练习】

一、简答题

1. 参与式教学评价的原则有哪些?
2. 参与式教学评价的领域有哪些?
3. 参与式教学中常见的教学方法有哪些?

二、论述题

1. 怎样教会学生自评?
2. 教师在实施即时评价活动中要注意哪些问题?

三、技能训练题

1. 根据表6.10所给出的提示，进行有效组织教学活动的可能困难分析，分小组讨论并列出解决的办法。

表 6.10 有效组织教学活动的可能困难分析及解决方法

可能的困难	解决的办法
吵闹噪声大	
学习者会犯错	
很难控制班里的安全情况	
男生和女生不愿意合作	
能力较差的组，组员无法相互帮助	
桌椅无法移动	
学习者不愿意自主行动，等着教师	

小组交流讨论：参与式教学活动中，参与式教学评价应该遵循哪些基本的原则和标准？这些评价原则或标准与其他教学模式中学生学习活动评价的标准相比有何特点?

2. 和自己亲近的学友合作，一起开展一次微格教学，然后从教师专业发展的角度尝试相互向对方提出建设性反馈。

【参考文献】

阿来萨. 2007. 课堂评估: 理论与实践[M]. 徐士强译. 上海: 华东师范大学出版社.

陈向明. 2003. 在参与中学习与行动——参与式方法培训指南[M]. 北京: 教育科学出版社.
古德, 布罗菲. 2009. 透视课堂(第 10 版)[M]. 陶志琼译. 北京: 中国轻工业出版社.
郭熙汉, 何穗, 赵东方. 2008. 教学评价与测量[M]. 武汉: 武汉大学出版社.
李小融, 魏龙渝. 1988. 教学评价[M]. 成都: 四川教育出版社.
施良方, 催允漷. 2006. 教学理论: 课堂教学的原理、策略与研究[M]. 上海: 华东师范大学出版社.
孙冬梅. 2005. 有效的参与式教学[M]. 兰州: 甘肃民族出版社.
徐巧英. 2009. 参与式课堂教学原理与技能训练[M]. 南宁: 广西人民出版社.
钟启泉. 2010. 课程与教学论[M]. 上海: 上海教育出版社.

第七章　参与式教学模式

【学习目标】

1. 了解参与式教学模式的意义和价值。
2. 熟悉参与式教学模式的各个步骤。
3. 对比不同学科的教学模式，进一步理解参与式教学是如何在课堂上运用的。
4. 能够根据某一学科的教学模式设计一个参与式教学课堂活动方案。

任何一种教学模式或者方法模式都必须运用到实际的课堂教学中进行实践和检验，才能肯定它的意义和价值，但是不同的学科具有不同的学科特征和教学要求，为了便于教师在教学实践中有效开展参与式教学，我们针对不同的学科和课型，总结和概述了教学的基本模式和常用的教学活动。首先，从课型的内涵出发，对参与式教学模式进行了简单概述。其次，对小学语文、数学、英语及中学物理、化学学科进行课型划分，以教学目标和学科特点为依据，把小学语文划分为识字写字、阅读、习作、口语交际、综合性学习五种课型；以教学任务作为划分标准，把小学数学划分为新授课、练习课、实践课、复习课和讲评课五种课型；以教学的主要内容作为划分标准，把小学英语课划分为语音教学、词汇教学、语法教学、听说教学、阅读写作教学五种课型；根据中学物理学科特点和教学任务，将中学物理课型分为概念规律课、实验课、讲评课、复习课；以教学任务为标准，将中学化学课型分为新授课、实验课、讲评课、复习课。最后，根据一定学科和课型的特征和要求，开展参与式教学模式的建构和设计，并列举常见的参与式教学活动。

为了使教学效果最优化，我们往往需要多种教学方法的结合和整合，参与式教学模式的设计亦如此，它包括一些基本的参与式教学环节，但教师在教学过程中应该灵活运用，根据实际的教学情况和学生的学习状况进行完善、拓展和延伸，从而提高参与式教学模式的可操作性，使其更好地为学生服务。

第一节　参与式教学模式概述

一、课型的含义

课型有两种理解，“一是指课的类型，是根据知识特征、教学任务或者主要的教学方法来划分的课堂教学的类型”[①]。在教学中，有的课主要是传授新知识，有的课主要是复习巩固应用知

① 田宝宏．分课型构建教学模式的意义与关键[J]．中国教育学刊，2010, 9: 32.

识，有的课要进行实验操作，培养学生的动手能力，课型就是把各种课按照某种标准划分为不同类型，每种类型就是一种课型。二是指课的模式，它是在对各类型的课在教学观、教学策略、教材教法、师生活动方式方面的共同特征进行抽象概括的基础上形成的模式。本章中提到的"课型"，主要是第一层意思，参与式教学模式就是在课型分类的基础上进行设计和建构的。

二、参与式教学模式的内涵

教学模式是在一定教学思想和教学理论指导下建立起来的，抓住学科特征和教学基本要求，对教学的组织过程和形式作简要概括，是教学过程中比较稳定的教学程序及其方法、策略体系。课型如果从另外一层含义理解，就是教学模式，是课堂教学最具有操作性的教学结构和程序。总体来说，课型与模式不存在一一对应关系，而且一种课型可以选择多种不同的教学模式表征，一种模式可以应用于多种课型。

"参与是个体投身认识与实践活动的过程和基本形式。新课程的核心理念强调以学生发展为本，让学生参与教学。学生参与教学蕴含着重要的现代课程理念：活动、民主、自由。学生主体参与教学是其在教学中主体地位最基本的表现形式。"[①]因而，学生应该积极和有效地参与学习。积极参与是情感态度问题，而有效参与是认知策略问题，教学过程应该是认知和情感的统一。因此，在参与式教学过程中，认知与情感理应相辅相成。参与式教学的根本目的是让学生学会学习，即自主探究学习。

参与式教学模式是一种合作式或协作式的教学程序，它以学科特点、学生身心发展规律为依据，以课型的特征和要求为基础，以参与式教学法的教学思想和理论为指导，来设计和构思针对某种课型的课堂教学。参与式教学模式以学习者为中心，充分利用灵活多样、直观形象的教学手段，鼓励学习者积极参与教学过程，成为其中的积极成分，加强教学者与学习者之间以及学习者与学习者之间的信息交流和反馈，使学习者能深刻领会和掌握所学知识，并能将这种知识运用到实践中去[②]。

现代教学理论认为，教学活动的过程及其结构是课型分类的主要依据之一，但教学过程和结构往往又取决于一定的学科、教学内容、教学任务，所以特定的课型必然有与之相适应的教学模式。对课型的分类和研究有助于教师更好地掌握各种课型的教学目的、教学要求、教学方法等方面的规律，提高教学设计、实施和评价的能力。

第二节　小学语文参与式教学模式

一、识字写字教学模式

（一）识字教学模式

识字教学又可以分为单词教学、词组教学、随文识字教学，一般会经历如下教学步骤。

1）自主预习。读词、词组，或者阅读一篇文章，标记不会读的字词。

① 王丽杰，关文信. 新课程理念与小学数学课堂教学实施[M]. 北京：首都师范大学出版社, 2003: 58.

② 杨东. 课堂教学的变革：小学参与式教学实践研究[M]. 北京：北京师范大学出版社, 2010: 14.

2）把生字游离出来，教师结合拼音或字形教学，学生读会，再根据字义展开辨析。该环节可以结合游戏或活动重点巩固这些难点字，比如“摘果子活动”。

3）解释并分析字词意，联系生活情境运用，比如生活对话或造句。

4）回归文本。反复呈现，练习读音，教师指导读准字音。

活动：“连故事”。

游戏准备：相关词卡。

学习词组或者课文后，出示一组生字词卡，要求用这些词连成小对话或者故事。可以复述课文，也可以改变课文内容，从生活中找出这些词的运用点，但要求要合理运用完这些词语。这样的活动既巩固了生字词，又回顾了课文，训练了学生的语言表达能力、迁移能力、想象力，把字词放在语言环境中理解词义，培养了学生运用字词的能力。

（二）写字教学模式

低年级的写字教学很重要，是后续阅读和写作的基础，小学低年级一般每堂课都适当安排写字活动，但不能枯燥乏味地进行大量写字练习。写字教学一般可以经历以下步骤。

1）回忆偏旁部首。练习写字之前，可以分小组进行一次“记忆大王”的竞赛，检测学生对偏旁部首的掌握程度。

2）让学生掌握正确的执笔方法、写字姿势。“眼离书本一尺远，身离桌边一拳头，指离笔尖一寸高。要求学生做到头正、身直、臂平、足平，养成习惯。”[①]

3）仔细观察生字的结构以及在田字格中的位置。

4）教师在黑板上演示书写生字，并重点提示“一横”“一竖”等笔画顺序。

5）学生亲自动笔书写。

6）同桌或者小组互助练习，讨论怎样写正确并且美观。相关活动：教师出示一些独体字，学生写下来，再为它添部首，如目—泪；或者出示一些部首，为它添部件，组成一个完整的字，如木—休。这个教学活动有利于学生了解字的结构，加深印象，并能分辨形近字，为字的运用打下基础。

7）教师在小组间巡回指导，及时纠正错误。

二、阅读教学模式

阅读是人们获取信息的主要方式，阅读教学有助于提高学生的语言表达能力和写作能力，有助于培养学生的语言感知和审美情趣，在语文教学中占据着举足轻重的地位，《义务教育语文课程标准（2011年版）》课程总目标中强调，要培养学生“具有独立阅读的能力，学会运用多种阅读方法。有较为丰富的积累和良好的语感，注重情感体验，发展感受和理解的能力。能阅读日常的书报杂志，能初步鉴赏文学作品，丰富自己的精神世界”。可见阅读在整个语文学习中的重要性。

---

① 黄桂林. 小学语文课型研究（三）——写字课[J]. 小学语文教学, 2006, 3: 53.

（一）“预习—互议—诊断—处方”模式

这种模式首先是学生自己的感知，通过预习、自我感悟、自我思考等实现学习效果的最优化，其次在教师和其他学生的共同诊断下发现问题，最后通过一系列检查和确认最终开出处方，它包含以下具体步骤。

1）预习：放手让学生自读课文，可以为学生提供相关的背景材料。学生在阅读的过程中，可以找出生词生字，大体了解文章内容。

2）互议：每个学生带着自己的问题融入小组合作学习中，在他们的交流学习中能够扫清一些简单的字词障碍，最后小组汇总出一个问题清单。这个环节可以让学生体验向其他学生学习的愉悦，培养向别人学习、团结互助的意识。之后每个小组派代表分享自己的问题，教师和学生共同讨论、删减，并最终确定几个共同的、主要的问题。

3）诊断：根据大家提出的问题，教师可以采用讲解、视听等方式介绍课文内容、背景，扫清阅读障碍，弄懂一些基本概念，引导学生联系前后文，分析文章主要段落以及要表达的思想感情。

4）处方：思考并解决我们的问题清单，游离出仍然不懂的问题。带着问题，结合作品风格及阅读材料的感情、语调重新阅读文章，重点放在分析文章以及第一遍没注意的情节和语言上，活动可以采用角色扮演的方式，让学生体验文章情节和表达的思想感情，最终在教师的引导下解决完之前遗留的问题。再通过课外阅读、观看影视资料、游戏等形式进行强化。

该模式围绕问题层层推进，针对特定的目的和学生的实际需要来进行教学，保证所有学生都能获得发展，培养学生的问题意识，从发现问题到解决问题，学生都能全身心投入其中。同时借助活动和游戏来设计教学，吸引学生主动参与，获得“处方”。

（二）“品读感悟—课外延伸”模式

该模式的设计继承了传统课堂教学的一些做法，但它在传统课堂的基础上提倡自主学习、合作探究、情感交流等新型的教学思想，主要有以下几个步骤。[①]

1）激趣引题：教师通过多媒体课件、歌曲、谜语、彩图等方式创设相关情境，引出课题，激发学生的兴趣，学生便会听得专注，很快进入课文情境。

2）自主阅读：导入新课后，教师可以做一些简单的背景介绍，然后让学生自主选择阅读方式进行阅读。阅读时提示学生注意一些关键地方，比如最感动或者最喜欢的地方。最后大家交流，提出一些有价值的问题，教师根据问题来组织教学。低年级还要注意通过阅读来巩固识字写字教学。

3）探究感悟：在整体感知课文内容的基础上，鼓励学生按自己喜欢的方式细读课文，比如分角色朗读、同桌对读、全班齐读、学生范读等，读出语气，表达出不同人物的情感，边读边展开想象和联想，体会作者的情感。在读的过程中，对于无法表达或者不愿意表达的学生，教师要引导其互助、互学、合作探究、品读感悟。

4）朗读背诵：根据自己对课文的情感体验，摘抄自己喜欢的或者感受最深的句子、段

---

① 杨东. 课堂教学的变革：小学参与式教学实践研究[M]. 北京：北京师范大学出版社，2010: 43.

落，并有感情地朗读背诵、默写这些句子，这样可以陶冶学生的情操，同时又为语文写作打下坚实的基础。

5）课外延伸：可以让学生谈谈自己的收获，写一点心得，也可以让学生自主查阅与课文相关的课外知识，又或者根据自己的感受画一幅画、写一首小诗等。这样可以拓展学生的思维，培养学生的创造力、想象力，进一步体会课文的美。

（三）“编故事”模式

国外许多小学教师常用“编故事”的方法进行阅读教学，学生完全参与到教师的故事中来，成为故事的建构者，对阅读的概念有一个启蒙性的认识，此方法常用于小学低年级语文教学中。

1）呈现鲜活的体验情境。教师为学生创设一次真实的情境体验，这些体验为故事建构提供内容。体验的方式有很多种，比如饲养一只小宠物、看一部电影、观察某样东西、拜访某个人、开展一次郊游等。

2）描绘体验。可以让学生自主选择方式描绘体验，比如口头描述、画画描述、动作表演描述等。

3）收集并记录。对于学生的口头描述，教师要把它记录在黑板上或者笔记本上，如果是图画，要仔细倾听学生对图画的描绘，并将图画和相关记录收集起来，如果是动作表演，教师最好能录下来。

4）阅读。帮助内容就是黑板上和笔记本上的实录，这些句子完全来自学生的描绘，教师可以演示如何来读一个句子，比如从左到右。读完这些句子后，教师就可以引导学生将这些句子连贯起来，组成一篇小文章、一个小故事，帮助学生形成最重要的阅读概念。

（四）“古诗词”教学模式

小学阶段的古诗词以及古文教学是难点，许多教师都找不到有效的办法开展教学，多数只能让学生死记硬背整首诗，而学生对诗意和诗情都不明了，达不成教学目标。古诗词教学模式可以经历以下步骤。

1）课前准备：上课前让学生自主选择方式查询作者及背景资料，可以是文本，也可以是视频、图片、音乐等，并且预习诗文。此环节可以培养学生收集信息的能力。

2）材料呈现：学生通过口头表达、视频播放、图片展示等方式介绍作者和背景，然后师生共同总结，解开诗题。

3）分析诗意：先让学生朗读，扫清字词阅读障碍，然后教给学生理解古诗词的方法，搞清一些基本解释，然后小组谈论交流，教师给出要求，比如这首诗的诗意。多让学生交流，提出问题和理解难点，教师根据现状组织教学、分析诗意。

4）品悟诗情：学生已经基本理解了故事内容，教师要引导学生采用多种方式展开丰富的想象，再仔细品读课文，然后再集体评议、师生交流，从而感悟作者要表达的思想感情，可以借助一些背景材料来引导学生联想和想象，体会中心思想。

5）感受韵律：古诗犹如歌曲一样，有鲜明的节奏感、美好的韵律、丰富的情感，教师采用多媒体播放音频，让学生欣赏和体会有感情的古诗文，培养学生的审美能力，从而改变传统课堂中学生对古诗文枯燥乏味的印象。

6）课外延伸：课后活动可以体现学生的自主性，设计一些学生感兴趣的活动，如画一幅画、吟诵一首诗、默写或者背诵等。

【案例 7.1】《桂林山水》教学活动过程[①]

1. 赏

欣赏相关的桂林山水图片或视频，初步感受广西的风土人情，为理解文中山的“奇、秀、险”，以及水的“静、清、绿”作好铺垫。

2. 导

请学生做小导游，学生学习文本后编写导游词并导游桂林山水的景点景物，实现对文本的二次理解和重构，是习得后的再输出。

3. 缀

词句的积累是提升语文素养的好方法，写景类文章多流光溢彩之词句，所以教师应引导学生边积累边开展连词造句训练，或者口头、书面描述桂林山水的美丽和壮观，营造一个身临其境的意境。

三、习作教学模式

（一）“想—写—读—改”模式

小学语文习作教学是以激发学生丰富的想象力、挖掘学生的创新点，以及培养学生的写作兴趣、语言表达能力、创新思维能力为目标的教学。该模式从以下几个步骤进行设计。

1）想，第一步收集资料，阅读欣赏。鼓励学生课外广泛收集资料，比如文本、实物、图片、影像等，师生共同分享，通过阅读、欣赏资料，充分调动学生的学习兴趣。第二步自由想象，大胆联想。鼓励学生根据已有资料自由想象和幻想，给学生一双翅膀，在思维的世界里自由翱翔，教师不能随意否定学生奇特和怪异的想法，而应该积极引导和鼓励。第三步合作交流，启迪思维。指导学生相互交流自己对材料的想法，让大家产生思想碰撞，启迪新颖的思维，体会群体中每个人的不同思想以及看待事物的态度、观点。

2）写，精心构思，列出提纲。根据自己的感受，理清思路，教师要尝试引导学生列一个简单的提纲，然后开始写作初稿，构思是写作最关键的环节，教师要让学生学习怎么构思、怎么列提纲，从而培养学生良好的写作习惯。

3）读，学生朗读，教师点拨。每次作文课都鼓励一部分学生站到讲台上朗读自己的作文，这样一个学期下来，绝大部分学生都有机会上台朗诵自己的作文，教师和学生仔细听并记录，然后点评，给出建议，这样对学生的语言表达和写作能力都会有很大提高。

4）改，修改成文。引导学生反复阅读自己的作文，斟酌用词是否恰当，句子是否通顺，仔细修改后定稿成文。反复检查可以让学生养成认真细致的习惯，上台朗读还可以让学生展

---

① 杨东. 课堂教学的变革：小学参与式教学实践研究[M]. 北京：北京师范大学出版社，2010: 43.

示自己的成果，并且体验成功的快乐。

（二）基于网络环境的写作教学模式

小学生好奇心强，喜欢亲自动手、体验学习，而在网络环境下，学生作为学习者能够得到更多学习体验的机会，在多媒体环境下，习作教学一般要经历以下环节。

1）创设情境。通过多媒体课件、视频、音频创设问题情境，吸引学生注意力，激发学生的学习兴趣。

2）自主学习。教师通过网络为学生提供丰富的学习资源，学生通过同桌互助、师生交流、小组合作等方式筛选对自己有用的资料，明确写作要求，反复研究资料，进行构思，确定写作思路。

3）电脑输入。计算机发挥本身的优点，即修改起来简洁方便，学生按照自己的构思，把自己的想法和认识通过“边想边打”的方式输入电脑中，教师要对打字有困难的学生进行个别辅导和帮助。此环节可以训练学生的计算机操作能力。

4）集体评议，修改成文。鼓励学生积极参与评议、自改、互改等形式，教师可以上传或者共享有代表性的学生作文，在计算机上交流感想，也使评价变得客观公开，此环节充分发挥计算机处理信息方便快捷的功能，培养学生的信息素养，同时也提高了作文质量。

（三）“生活体验”模式

不言而喻，“生活体验”的写作模式主要就是一种以生活和学生的实际体验为中心的写作模式，通过对我们的生活世界和学生的经验体验的描写，在培养语言能力的同时，分享学生的经验和体验，使学生明白知识源于实践，我们应该关注生活，关注学生的实际需要，为以后形成正确的人生观、价值观打下基础，培养学生健全的人格，从而促进学生全面发展。

1）自由选材。内容可以是生活中的某个人、某种现象、某件事或者某种感悟，自主选择材料。日常生活内容丰富、形式多样，是学生选材的主要来源，作文教学只有与日常生活紧密结合才能体现出生机和活力。学生选择自己亲身经历的事情来写作，也是一种间接的直接参与，会产生浓厚的兴趣。

2）描述体验。教师引导学生根据自己的体验活动来写作，集体评议，在教师和其他学生的建议和帮助下理清思路，确定写作步骤和重点。

3）初稿成文。按照自己的思路和提纲写作成文。

4）口述文章。作者本人朗诵，教师和学生共同记录表达有误和不妥的地方，大家一起讨论出现这些问题的原因，这样可以帮助其他学生避免出现类似的错误，从根本上提高作文质量。

5）修改成文。在成文阶段，教师可以让学生谈谈本次写作的感想，从侧面了解学生的真实感受，关注学生的生活以及心理健康。

（四）“听后感”模式

本章所谈的“听后感”是一个连续的动作程序，主要就是教师或者学生阅读相关材料，认真听并记录，然后思考、归纳、总结，得出材料的主题，然后用日记的形式写出自己对所听内容的感想和感悟。具体有以下步骤。

1）朗读材料。教师可以亲自朗读材料，也可以鼓励语言表达能力较强、普通话较好的学生给大家朗读，材料的内容可以丰富一些，可以由教师选择，也可以由学生自己推荐，比如报纸或者杂志短文、儿童书籍的一些章节等，只要内容与写作主题相关即可。

2）思考定题。学生要认真思考所听到的内容，才能在头脑中形成一些想法，在此环节，教师可以创设与阅读主题单元相关的多种有趣活动，采用头脑风暴法，在脑海中产生一系列题目，再引导学生搜索练习材料，最终筛选出一个能在材料中找到充分例证的题目，开始构思。

3）写感想。教师先给学生介绍写日记的格式：先标题，再日期和天气，后正文。学生清楚格式后在日记本中写下他们的感想。

4）师生交流。小学生尤其是高年级学生开始有自己的隐私，他们羞于表达自己的感悟和想法，害怕被教师和其他学生取笑，所以教师要鼓励愿意分享的学生朗读，并给予肯定性的评价，这样才会鼓励更多的学生参与进来，乐于分享。

5）归纳概括，形成大作文。感想是学生在某种情境下对某些事物的想法、感受和观点，总体上比较零星，当一个单元结束后，教师要提醒学生重温自己的日记，综合这些感想，引导学生进行归纳和概括，寻找一些观点和论据，形成一篇大作文。教师给予指导和帮助。

四、口语交际教学模式

中国乃至世界，社会形态都正在发生变化，交际成了生活中非常重要的一部分，“口语”是谈话时使用的语言，“交际”是人与人之间的往来接触，如语言是人们的交际工具。而在语文教学中，口语交际是指“交际者在特定的环境里，围绕特定的话题，为了达到特定的目标，运用语言手段，面对面传递信息，从而交流思想感情的一种言语活动”①。《义务教育语文课程标准》（实验稿）课程总目标中指出，要使学生“具有日常口语交际的基本能力，在各种交际活动中，学会倾听、表达与交流，初步学会文明地进行人际沟通和社会交往，发展合作精神”②。这个目标体现了现代社会对学生语文能力的新要求和对口语交际课的要求。以下是两种常用的口语交际教学模式。

（一）“营造氛围—初步练习—全班交流—方法梳理”模式

1）营造氛围。口语交际课的课前导入，目的是要激发学生参与的兴趣，唤起学生说话的冲动，所以教师首先可以运用多媒体、实物、挂图等方法来创设轻松愉悦的交际氛围，创设一个说话的情境，唤起学生对生活经验的回忆，使学生心情舒畅，乐于思维，敢于表达，不必担心被指责和奚落，这样学生的交际情感才能易于被诱发，交际的欲望才能易于被点燃。其次是谈话引导。继续为学生营造良好的氛围，引导学生回忆自己生活中的丰富经历，就相关话题拓展思路，广泛选取自己感兴趣的口语交际素材，丰富班集体交流的话题。

---

① 杨东．课堂教学的变革：小学参与式教学实践研究[M]．北京：北京师范大学出版社，2010: 58.

② 中华人民共和国教育部．义务教育语文课程标准(实验稿)[M]．北京：北京师范大学出版社，2001.

2）初步练习。给学生一些准备时间，在小组间围绕自己喜欢的话题展开讨论，练习组织自己的语言，在交流中取长补短。教师要注意引导和观察，发现学生普遍喜欢的话题和交流中存在的问题，从而更有针对性地加以引导和点拨。对于组织语言特别困难的学生要给予及时指导。

3）全班交流。首先在小组交流的基础上进行全班交流，一部分学生进行现场表演，最重要的是使学生学会倾听，其次教师针对共同的话题或者出现的共性问题进行解释和说明，并把口语交际的方法穿插在这个互动交流的过程中，使学生受到启发，并逐渐领悟，提高口语表达能力。

4）方法梳理。在语文教学中，听说写是紧密联系着的，教师引导学生回顾交流一些方法，并做记录，可以加深学生的印象，同时有效提高学生在文字和口语之间转化的能力。

（二）“创设情境—明确要求—小组划分—情节互动—课外实践”模式

1）创设情境。创设口语交际情境的方式有很多，比如语言描述、多媒体展示、角色表演、模拟社会活动场景等，营造一个说话的氛围，使学生有充分的心理准备。

2）明确要求。在情节互动前让学生明确要求，做一些准备，以防互动时无话可说。口头表达能力较差的学生可以提前打“纸稿”或者“腹稿”；口头表达能力较好的、爱表现的学生可以有更高的要求，比如声音洪亮、意思表达清楚、引人入胜等；倾听的学生要安静、仔细听。

3）小组划分。口语交际教学实践活动比较多，很多互动和练习都要以小组合作的形式进行，为了让更多的学生参与到口语交际活动中来，教师要适当干预学生的分组，把表达水平高、中、低的学生合理分配到各个小组，保证每个小组的水平基本平衡，这样有利于学生之间相互学习、相互促进。

4）情节互动。开口说是口语交际中最关键的环节，所以口语交际教学一定要有互动，教师提供各种各样的活动情节，引导师生互动、生生互动、小组间互动，比如组员民族服饰介绍、风景名胜介绍、讲故事、说笑话、待客、道歉等。

5）课外实践。教师可以根据口语交际课内容的需要，组织校外采访或者校外人士直接来校参加活动，扩大学生的交际对象和范围，训练学生与陌生人交往时的仪态、表达等技能，提高学生的口语交际能力，学校及教师一起努力为学生提供更多实践机会，并养成在日常生活中主动练习的习惯。

五、综合性学习教学模式

新课程改革倡导学生主动参与、乐于探究、勤于动手，培养学生搜集和处理信息、分析和解决问题的能力以及交流与合作的能力，由此，语文课程标准提出了“综合性学习”的要求。语文综合性学习体现语文知识的综合运用，听、说、读、写能力的整体发展，以语文课程的整合为基点，目的在于加强语文课程与其他课程的联系，强调语文学习与生活的结合，促进学生语文素养的提高。

常用的综合性学习教学模式一般有以下步骤：确定研究主题—制订研究计划—组建研究小组—选择研究方法—小组合作探究—整合处理材料—汇报展示成果—听取评价反馈—指导付诸实践①，综合性学习教学模式可以开展一系列活动，比如考察探究式、竞赛活动式、角色扮演式，把书本学习与实践活动紧密结合，真正落实综合性学习的要求。

第三节 小学数学参与式教学模式

以不同的教学任务作为标准来划分，可以把小学数学课划分为新授课、练习课、实践课、复习课和讲评课。小学数学知识是人们在长期的生活经验中积累并系统整理而产生的，它源于实践，具有实践性和可操作性，但也有一些抽象知识，具有较强的逻辑性。小学生逻辑不清晰，但他们具有好奇、好动、好胜的心理特点，小学数学参与式教学就是基于数学的学科特点、学生心理特点并结合社会对人才素质的要求提出的。

一、新授课参与式教学模式

（一）小学数学新授课的主要特征

小学数学新授课是以传授知识、形成科学思维品质、养成良好学习习惯、培养学生的好奇心和探究兴趣为主要任务的一种新型教学方式，新授课教学使学生获得新的数学知识与方法，是数学教学中最基本的课型。

（二）小学数学新授课的教学要求

1）新授课的教学应打破教师系统传授教材内容的单一教学模式，而实行“师生之间、学生之间参与互动，获得共同发展的过程”，互动参与强调民主、合作、交流、开放。参与式教学模式致力于建立一个以学生为主体、以问题解决为主线，学生自主、探究、合作和师生共同发展的和谐课堂。

2）数学教学的任务不仅包括使学生了解数学事实，而且包括使学生获得数学活动经验。所以我们要转变以知识为中心的传统观念，改变以传授知识为主要目的的教学方式，创设问题情境、主动参与体验解决问题的整个过程，学会思考，学会学习，树立以学生的全面发展为目标的教育思想。

3）着眼于学生逻辑思维的培养和整体素质的提高，在参与探究问题解决的过程中培养学生解决问题的能力、合作学习的意识、创造性的思维品质，继续朝着具有丰富知识、健康情感、健全人格、良好思想道德行为的目标前进。

---

① 杨东. 课堂教学的变革：小学参与式教学实践研究[M]. 北京：北京师范大学出版社，2010: 61.

（三）小学数学新授课参与式教学模式

依据小学数学课程标准、学科特点以及儿童的认知规律，并且在吸收传统教学模式优点的基础上，设计的小学数学新授课参与式教学模式主要包括以下几个基本环节。

1）情境引入，导出问题。课堂中，教学导入是关键环节，这一环节从情感方面来说是吸引学生注意力，唤起学生的学习热情，激起学生的求知欲。从行为方面来说，就是准备学习材料，进入学习状态，避免无关活动。教师在这个环节起着关键主导作用，学生则由被动向主动转变，创设情境的方式有很多：创设问题情境，引发悬念；创设故事情境，进入角色；创设障碍情境，激发认知冲突等。创设数学情境时，应尽量将数学问题蕴含在其中[①]。

2）探索参与，知识建构。这一阶段学生开始参与学习，这一阶段教师要针对学生以前学习过程中存在的知识障碍、心理障碍与思维障碍，启发引导学生动脑、动口、动手，寻求数学定义、公式、规律、方法与知识之间的连接点，从而探索新的数学知识的形成，要经历小组合作、讨论交流、全班互动、师生归纳、板书重点知识等环节。

3）知识应用，巩固练习。新授课教学侧重于对知识的发现、对方法的掌握、对规律的探讨，而练习是对知识的巩固和应用，所以习题的选择应偏向于基础性和专项性，教师在讲解习题时，要选取最新的教学内容，设计不同层次的习题及活动，采用多种方式来巩固所学的知识，引导学生自我评价，观察学生存在的一些普遍性的错误，并分析原因。

4）反馈总结，完善知识。通过练习及相关活动的检测，学生会暴露出一些问题，教师要通过这些反馈来探析原因，是因为没理解概念，还是方法不对或者粗心，教师要引导学生进行自我反思，并及时给予指导，从问题出发，有针对性地整理、内化、完善知识结构，形成新的认知。

【案例 7.2】《猜测中的验证》教学设计[②]

活动目标：学生在“问题—猜想—验证—归纳—应用”等活动环节中动手操作实践，从而发现规律、建构知识，为学习“分数的基本性质”做好铺垫。

活动准备：纸条、绳子、图片。

活动时间：约20分钟。

活动对象：小学五年级学生。

活动过程：

1. 分组

每4人一个小组。

2. 问题

师：你见过分子分母不同，但大小相等的两个分数吗？能不能举出例子？举的越多越好。

---

① 杨东. 课堂教学的变革：小学参与式教学实践研究[M]. 北京：北京师范大学出版社，2010: 61.

② 杨东. 课堂教学的变革：小学参与式教学实践研究[M]. 北京：北京师范大学出版社，2010: 61.

3. 猜测

生1: 1/2=2/4

生2: 1/2=4/8

4. 验证

师：这几组分数真的相等吗？你们能用什么方法来证明同一组的这两个分数相等呢？现在给时间让你们讨论，要求是要设计出一个方案来证明我们的猜测。

生：运用我们的纸条、绳子、图片，组员开始做一些操作尝试，并进行交流、讨论、记录。

师：来展示一下你们的成果，用什么方案来证明他们相等。

代表1：我们是取两张完全一样的纸条，一张平均分成2份，取其中的1份；另一张平均分成4份，取其中2份；然后分别涂上颜色，最后把涂色部分在各自的整体中作比较，涂色的都占了它们整体的一半，所以我们认为1/2=2/4。

代表2：我们首先是测量出两根一样长的绳子，把它们分别平均分成2份和8份，然后分别取出1份和4份，进行比较，惊奇地发现它们一样长，所以1/2=4/8。

代表3：我们是画两条一样长的线段，分别平均分份，然后涂上不同的颜色，最终根据颜色比例来比较，得出相同的结论。

代表4：………

5. 应用

师：上面列举的都是几对简单的分数，你能再用折一折、画一画、剪一剪、比一比的方法找出几组相等的分数吗？学生继续探究。

活动评析：整个活动都在调动学生的感官，动手、动脑、动口。学生在“动”中学习数学，体验数学思维逻辑，探究数学规律，同时在小组合作中感受数学的魅力，在实践中建构知识，在操作中培养能力。

二、练习课参与式教学模式

（一）小学数学练习课的主要特征

小学数学练习课是在新授课之后，教师有目的、有计划地指导学生运用已掌握的知识和技能进行一系列基本训练的教学活动，它帮助学生进一步领会、巩固、加深所学的数学知识，提高分析问题和解决问题的能力。同时，练习课也是学生主动学习的有效形式，是个别教学、因材施教、巩固学生数学认知结构的过程。因此，明确小学数学练习课的课型特点和它所担负的教学任务，对提高学习效果大有帮助。练习课一般占总课时数的一半左右。

（二）小学数学练习课的教学要求

1）练习课教学关键是练习题的设计和选择。首先要以课程标准和教科书为依据，其次要符合学生的身心发展规律，以及学生的一般认知水平，最后要注意练习的目的性、典型性、针对性、启发性、多样性和趣味性，除了口头和书面练习，还可以以活动和游戏的形式展开，既突出基础知识和基本技能的培养，又注重学生创新意识的锻炼。

2）提高练习的整体效率，重视练习的质量。要注意加强各种练习的协调和配合，练习的编排要由易到难、循序渐进；练习的结果要及时反馈评价，引导学生在对比中弄清区别，在辨析中加深理解，在概括中把握联系，在评价中受到激励；还要养成独立练习、自觉检查、书面整洁等良好习惯。

3）强调个别教学和因材施教。练习课也是学生自主学习的一种方式，教师要尽可能照顾后进生和学困生，练习课对后进生特别重要，通过知识应用从而完善自己的知识，所以练习题可以分层次进行，并且可以设置适合学优生的选做题，编排由易到难、循序渐进，把课堂练习和课外活动结合起来，让更多学生参与到练习课堂中来。

（三）小学数学练习课的教学模式

练习课的教学要有明确的目的，包括要巩固哪些知识，形成哪些技能，从而克服随意性和盲目性，注重层次性、启发性和趣味性。实施参与式小学数学练习课，可以设计以下基本环节。

1）知识的激活。激活知识有两个目的，一是突出知识中的重要因素，二是强化知识中的基本要素。练习内容中的重点、难点、疑点等就是知识中的重要因素。在此阶段，教师应该安排一些突出解题关键的基本题为解答复合题作准备。就练习课而言，其基本要素几乎都可以归结到口算和口答训练上。因此，练习课上一般都要安排一些有关的训练，比如口头计算、口答公式等。

2）设计并选择练习。练习课的教学应该要做到“课本习题为主，课外习题为辅”。教师可以根据教学内容、教学目标、学生实际，将教材习题进行适当地组合和练习形式地改编。在综合性练习当中，可以适当提高教材习题的难度，进行综合训练。当教材习题太少，或者已经处理完了，但根据学生反馈的信息与教学实际，需要加大练习量，这时可适当补充习题。练习内容的选择和设计也是关键环节。

3）组织练习并指导。为了避免练习课的机械重复训练，教师要通过一题多用、一题多变、一题多解等方法指导学生举一反三，从而提高练习的效率。有组织的练习还包括习题的临时增删、节奏的随时调控、要求的适时调整等。除了分析练习中要用的法则和定律，教师还要注意在重点练习题的解题依据处设问；在解题错误的错因处设问；在提示知识内在联系，探求知识规律处设问；在易混知识处设问；启发学生如何综合运用新旧知识；引导学生进行思维转折；在各个环节的衔接处做到承上启下。

4）练习评讲。练习课的评讲内容包括：判断练习结果的正误，比较练习过程的异同，评估习题的价值与功能，指出解题的关键与注意点等。教师通过对练习中出现的普遍性问题进行评讲，当堂解决问题，从而加深学生对知识的理解，提高学生的认识水平。

5）总结概括。解题重要的不是统计做对了多少题目，而是学生是否掌握了一类题的实质，即有没有形成基本的解题模式，只有真正掌握了一类问题的解题思路，才算掌握了解答这类题目的基本规律。所以，当学生练习到一定程度时，就应引导他们总结和概括出练习的基本经验和解题规律，由特殊到一般，获得有意义的练习成果。

6）应用检测。在学生总结出解题规律和思路后，获得相关认识，教师应该抓住机会强化这些经验和规律，通过设计一些练习来检测并强化他们对理论的应用，进一步完善和提高知识水平。

【案例 7.3】《我的朋友在哪里》教学设计[①]

活动目标：巩固10以内数的分解和组成。

活动准备：教师准备若干套1~10的数字卡片（每个小组一套）。

活动时间：约10分钟。

活动对象：小学一年级学生。

活动过程：

1. 分组

组建10人小组，每组围成一个圆圈。

2. 分发数字卡片

把卡片分别发到学生手中，每人一张。（注意每组的卡片必须包含全套数据）

3. 教师发布指令

8的好友在哪里？

4. 学生活动

拿卡片的学生举着卡片，互相找到和自己的卡片能组成8的同学，结伴站到圆圈里，卡片举给同学们看，甲说“我是1”，乙说“我是7”，齐说“1和7组成8”。（同理，还可以说“我是2”，“我是6”，“2和6组成8”；“我是3”，“我是5”，“3和5组成8”）

5. 教师追问

4、8、9、10为什么没有好朋友呢？

6. 后续活动

师问另外某数的好朋友在哪里，游戏同上继续进行下去。

活动评析：根据年龄特征，一年级的小学生具有好动的天性，喜欢交朋友，“找朋友”这个活动把课堂与一年级儿童的生活经验联系起来，让学生感悟数学的乐趣，体现“教学即活动”的理念，教学贯穿于活动中，能提高课堂教学效果，对巩固10以内数的分解和组成有很大帮助。但“找朋友”这个活动主要还是适用于小学低年级的练习课、复习课等课型的教学。

三、实践课参与式教学模式

（一）小学数学实践课的主要特征

小学数学实践课是以课程标准中的“实践与综合应用”领域为基础，以活动课程的形式开展教学，旨在经过课内外的主动参与、自主探索、主动实践和合作交流，帮助学生综合运用已有的知识经验，解决与生活有密切联系，具有综合性以及富有现实意义的问题，促进学

① 杨东. 课堂教学的变革：小学参与式教学实践研究[M]. 北京：北京师范大学出版社, 2010: 61.

生的思维逻辑、知识、情感、态度和价值观全面协调发展的一种教学形式。

（二）小学数学实践课的教学要求

1）强调形式开放。综合性的实践活动必须是一种全新的、开放式的活动。教师应该了解学生，找准教学的起点，在全面深入研究学生和钻研教材的基础上，根据学生课堂学习的实际状况和需求设计动态化的教学过程，鼓励学生走出校门、走向社会，开展调查、访问、参观、竞赛、游戏等实践活动，通过感官、数学计算、科学知识、人际协商等实践活动感受生动的现实生活，帮助学生构建新的知识、掌握新的技能。

2）注重过程参与。课堂教学是一种师生双边参与的过程，学生是实践课的主人，是课堂上探索、求知的主体。因此，教师在教学过程中，应该尊重学生独特的思维方式和活动方式，积极创设问题情境，让学生自己提出问题，自己选择问题，自己制定解决方案，通过实践来解决问题，获得亲身体验，给学生较大的自由选择权。

3）鼓励创新。数学实践课的形式是灵活多样的，根据学生的个性差别，教师要允许学生转移兴趣，鼓励学生从不同角度观察、思考和解决问题，允许学生产生不同的实践结果，教师相应采用多元评价方式，组织学生互动评价，在评价过程中讨论和探讨，学生之间相互启迪思维，学会合作学习，最终培养学生的创新能力和创新意识。

4）提倡情境愉悦。恰当的问题情境能唤醒学生的学习热情，把教学活动安排在合乎实际的教学情境中，可以使学生积极投入问题情境中，自觉地参与数学实践的探究活动。数学实践课的情境应该是具体、生动、活泼的，符合学生的心理需求，学生在这种轻松、和谐、民主的气氛中体验求知、求学、求乐的喜悦。

（三）小学数学实践课的教学模式

《义务教育数学课程标准（2011 年版）》明确指出："数学教学要让学生认识到现实生活中蕴含着大量的数学信息，数学在现实世界中有着广泛的运用，面对实际问题时，能主动尝试着从数学的角度运用所学知识和方法，寻求解决问题的策略。"①针对传统教学中重知识传授轻知识运用的现象，以实现生活问题数学化和数学问题生活化的最终目标。实施参与式的小学数学实践课，主要包括以下阶段。

1）课前准备。这个环节需要给学生分组，然后指导学生进行课前调查、课前操作和讨论，但教师应该给出一些相关的建议和要求。同时要求学生准备课堂实践中会用到的材料、器具。

2）制定活动方案。小学所学的数学知识绝大部分都可以在生活中找到原型，在教学中学生可以联系自己的生活实际、已有的知识经验以及自己的年龄特点设计一些喜闻乐见的教学活动方案。所以，教师可以引导各个小组根据查找的资料进行讨论、交流，共同制定活动方案。

3）论证活动方案。学生可能会提出一个或多个问题以及实践活动解决方案，此时师生需要共同对话，探讨方案的可行性，从中筛选出那些富有成效的研究活动的问题及方案进行修改和完善，明确探究方向，形成相关的假说或猜测。在论证方案阶段，要注意问题的合理

---

① 中华人民共和国教育部. 义务教育数学课程标准（2011 年版）[M]. 北京：北京师范大学出版社, 2012.

性，要与学生的发展水平相适应，但也要有一定的难度，既能引发学生探究、求知的欲望又要让学生乐于尝到探究的成果。

4）实施活动方案。论证和实施都是学生自主探究的关键环节，动手过程是一个手脑并用的过程，是促进学生思维发展的一种有效手段，数学实践活动课应该以数学为内容，以实践为过程，在活动中学习。教师要引导、鼓励学生积极参与实践，自主体验观察、操作、游戏及解决问题等丰富的活动，通过合作解决问题，培养学生的表达及交流能力。综合实践活动能把一些抽象的数学概念变为学生看得见、摸得着、理解得了的数学事实。这能使他们在大量感性材料的基础上，对材料进行整理，找出规律，逐步抽象、概括，获得数学概念知识，使抽象问题具体化，让学生及时获得成功后的满足感。

5）交流评价。通过实施体验过程，学生一定有许多问题和想法，教师可以组织学生以小组为单位进行汇报交流，内容包括活动中成功的地方在哪、问题出在哪，交流是一次“再学习”的过程，学生可以相互学习，或者吸取失败的教训，训练学生参加实践活动的技能。评价过后，教师对本次实践活动进行总结和评价，评价方式可以是小组间互评，也可以是师生以鼓励为主的共同评价。

6）课后延伸。以上活动加深了学生对问题的理解并获得解决问题的经验，教师要鼓励学生学会运用本课知识向课外拓展，解决一些生活中的实际问题，从小课堂拓展到社会的大课堂，并带着问题走进课堂，带着问题走出课堂。课外延伸的任务是引导学生通过数学日记、数学小论文等形式，抒发自己对数学实践活动的情感，感受数学的趣味性，形成良好的数学素养，培养学生积极的数学情感。

【案例 7.4】“为什么 5 加 5 不等于 10” 教学设计①

活动目标：让学生在活动过程中生成问题，在解决问题中中感知“重复”“交叉”的意义。在活动中，教师要注意渗透“交集”“数行结合”等教学思想。

活动准备：10份小礼品，两段同样长的铁丝（把它们分别围成完全一样的两个椭圆）。

活动时间：约10分钟。

活动对象：小学一年级学生。

活动过程：

1. 组建小组

组建5人小组。

2. 介绍规则

参加抢坐板凳游戏的学生，将会获得1份小礼品。

3. 组织活动

第一轮游戏：鼓励5个学生到讲台上参加抢坐板凳的游戏。（游戏比赛结束后，教师向踊跃参与的学生赠送小礼物，从而调动不参与学生的积极性）

第二轮游戏：再邀请5个学生参加第二轮的抢坐板凳游戏。教师在抽学生参加第二

---

① 杨东. 课堂教学的变革：小学参与式教学实践研究[M]. 北京：北京师范大学出版社，2010: 61.

轮游戏时，要故意安排两个第一轮参加过比赛的人。（游戏结束后同样赠送小礼物）

4. 小组讨论与全班交流

请大家算一算，两轮比赛一共有多少人？

A组：10人（快速答出）。

B组：我们不同意A组的意见，应该是8人。（出现争议，因势利导）

师：究竟是多少人呢？我们把两次参加比赛的学生名单写出来如何？教师让参加第一次游戏的学生举手，并在黑板上写出名字A、B、C、D、E。教师用事先准备好的椭圆圈在黑板上圈出来（图7.1）。

教师再让参加第二次游戏的学生举手，并在黑板上写出名字A、B、F、G、H。教师用事先准备好的椭圆圈在黑板上圈出来（图7.1）。

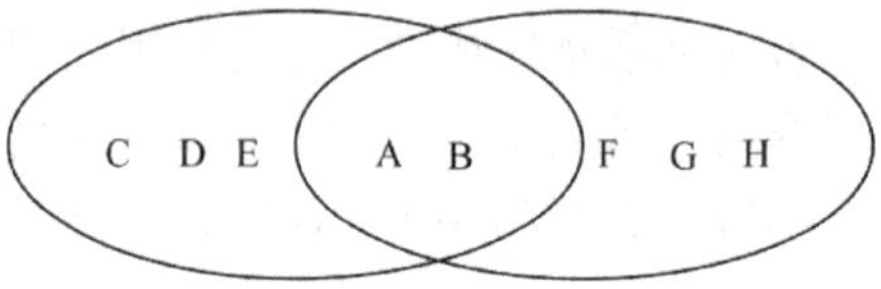

图 7.1 参加游戏学生示意图

师：同学们明白为什么是8人了吗？把理由说给同桌听一听。

生1：A、B参加了两次游戏，他们重复了。

师：谁能说一说，老师准备10份礼品，还剩2份礼品的理由吗？

生2：因为$5+5-2=8$（人）。

5. 教师点评与总结

活动评析：本次活动让学生真正体验了在游戏中发现问题、提出问题、分析问题、解决问题的整个过程，在游戏中激发学生探究问题的热情，并且利用礼物来激发学生的外在动机，让更多的学生参与进来，初步感知“重复”“交集”“交叉”的含义。该活动也整合了“数形结合”的数学思想。

四、复习课参与式教学模式

（一）小学数学复习课的主要特征

小学数学复习课根据进度安排可以分为单元复习、期中复习、期末复习三种形式，根据开展形式不同又可以分为专题复习、总复习、测评复习等，但复习课的内容主要是整理和内化已学习的知识，综合梳理、建构知识框架，形成自我的知识体系，从而帮助学生形成良好的认知结构，提高学生综合运用知识解决问题的能力，具有基础性、针对性、形式多样性等特征。

（二）小学数学复习课的教学要求

1）梳理知识点。数学是一门结构性很强的学科，教材中许多概念都是分散呈现的，在复习阶段，教师首先应该引导学生探讨概念间的内在联系，对学过的概念作穿线结网，促使学生大脑中的概念结构系统化。其次，许多知识点的呈现都是分层次和模块的，复习课的另外一个重要任务就是对所学的知识进行系统整理，使之从“点”竖成“线”，最后横成“面”。最后，引导学生学会融会贯通，抓住知识的重难点和易混淆点，理清知识的来龙去脉，最后对知识进行分类、整理、综合。

2）构建知识体系。小学数学知识逻辑性强，纵横联系紧密，没有哪个知识点是孤立静止的，当我们对知识点进行系统梳理之后，中心环节就是对知识网络的建构，可采用画表格或者绘图等方法形成完整网络，构建完整的知识体系。

3）习题演练。虽然复习课不同于练习课，但在复习课的教学中，仍然少不了习题演练，这是知识的运用过程，也是知识的巩固过程。复习课教学要充分体现“精讲多练”的原则，但选择的复习题要全面，尽量贴近学生实际生活，内容和形式都要具有开放性，可以是情境图、表格，也可以是统计图等。同时，根据学生水平差异，要注意分层次布置作业，设置开放题以培养学生的创新意识和发散思维，使不同的学生得到发展。

4）复习效果评价。复习课教学放手让学生整理知识、演练习题，形成个性，所以教师要鼓励学生开展互助评价和争辩，互评可结合自评和教师评开展，但都要以激励性评价为主，让学生主动参与、体验成功、感受快乐。最后，要组织学生讨论归纳这些知识点，并说说复习后的感想和意义，形成知识网络。

（三）小学数学复习课的教学模式

数学复习课要充分体现“以学生发展为本”的教学理念，从传统教学强调知识的传授和关注技能的掌握，转向侧重于促进学习者的发展，更多地关注学习者的学习能力培养、习惯和态度的形成、价值观念及情感态度的养成。复习课的教学更注重认知和发展的有机结合，着眼于学生的可持续发展。实施参与式小学数学复习课，应包含以下基本环节。

1）明确要求，自主梳理。教师引导学生提前拟好复习课的复习提纲，让学生明确复习内容和具体要求，作为家庭作业，先让学生进行自主整理和复习。拟定复习提纲时，教师要准确把握好知识要点，做到重点突出、层次清楚，既具备可操作性又具备可反馈性和可检测性。在自主梳理阶段，鼓励学生提出问题，带着问题探讨能避免复习课的盲目性。

2）合作交流，完善知识结构。组建好合作学习小组，围绕复习提纲让学生在小组里充分交流。留一定的时间让小组各成员充分发表自己的意见，鼓励学生发表不同的意见、鼓励学生大胆质疑，在此基础上形成小组共识。教师在这一环节中要作为一个参与者、合作者、帮助者，同时又是一个情报员，善于收集、整理、归纳信息，便于在下个环节中适时点拨和深究。合作交流还能让学生交流知识的掌握情况，了解掌握了哪些知识，以及存在的问题，探讨各个知识点之间的相互联系，从而促进个人的知识系统化。

3）汇报交流，评价反思。学生通过合作交流会产生认知冲突，此时要给学生充分表达的机会，阐述自己的整理结果、思维过程和面对的难点问题等，促进学生的相互学习，取长补短，获得成功的体验。教师适当给出评价，并引导学生提出相关问题，提炼要点，内化知识要点。

4）知识系统建构。学习过程是学习者自我认知结构组织和再组织的过程，如果学习者能抓住知识之间的内在联系，将零散知识以其逻辑关系串联起来，学习者就能更加系统、全面地理解和掌握所学知识点。因此，教师要引导学生观察、补充、完善自己的知识脉络，再建立知识点之间的联系，组织框架，形成网状结构，最终内化为自己的知识系统。

5）分层练习，内化提升。数学课程的学习最终都要致力于提高解决问题的能力，包括数学中的问题和生活中的问题，学生综合整理知识后，在思考和解答问题时，原有的思维方法和解题方式都会有一些改变。因此，教师要适时引导学生从多角度去寻找解决问题的途径，灵活地选用合理的解决方法，同时复习题要突出一定的综合性、灵活性和发展性。

【案例 7.5】《聪明的卖油翁》教学设计①

活动目标：教师通过活动使学生了解我国计量工具的发展情况，培养学生利用数学知识解决问题的能力和创新思维习惯。

活动准备：《卖油翁》的故事课件；容积为3升、5升的瓶子。

活动时间：约10分钟。

活动对象：小学五年级、六年级学生。

活动过程：

1. 组建小组

组建4~6人的活动小组。

2. 故事情境

播放《卖油翁》的故事片。学生看完后，谈谈自己的感受。教师总结后，介绍我国古今计量工具，并提出今天活动的任务。

3. 任务说明

一位卖油翁只有容量分别为5升和3升的两个瓶子可供他从油罐中量取顾客所需要的油。请问：如何利用这两个瓶子量出1升油？要求不得浪费任何油。

4. 分组活动

学生先独立思考，再在组内相互交流解决问题的办法。

5. 全班汇报

各小组汇报活动结果。

A组：用3升的瓶子分别量两次倒入5升的瓶中，余下的是一升。

B组：用5升瓶量出1瓶后倒出3升，然后将余下的2升倒入3升瓶中，再量出5升，加满3升瓶，余下4升。再倒一个3升，余下的为1升。

C组：用5升的瓶子量一瓶倒入3升的瓶中，余下2升，在2升处作好刻度后将余下的油倒出，然后将3升瓶中的油倒回5升瓶中2升刻度为止，这时3升瓶中余下的油为1升。

D组：……

6. 活动小结

通过这次活动，你受到了什么启发？

活动评析：本次活动围绕一个古老的数学问题展开，教师创设与生活实际相关的问题情境，激发了学生的探究欲望，学生在小组汇报中感受到了在解决问题时方

① 杨东. 课堂教学的变革：小学参与式教学实践研究[M]. 北京：北京师范大学出版社，2010: 61.

法的多样性，以及思考问题的多角度策略，充分挖掘学生的创新思维，培养学生的创新能力，同时，学生从古人的智慧中感受到数学的博大精深，激发了学生热爱数学的情感。

五、讲评课参与式教学模式

（一）小学数学讲评课的主要特征

讲评是数学教学中一种基础的教学方式，它的目的是通过作业批改、试卷测评来纠正错误、规范解答、扬优补缺、巩固知识、熟练技巧、开阔思路和创造意识，讲评课是数学教学中的一种重要课型。它把学生在作业和试卷中出现的错误作为新的学习内容信息，对学生进行再教育。小学数学讲评课主要有作业讲评和试卷讲评两种形式，讲评的主要功能是及时反馈教与学双方存在的问题，以便获得及时解决，提高学生应用知识解决问题的能力。

（二）小学数学讲评课的教学要求

1）强调讲评的激励性。作业讲评时，教师要对卷面整洁、解答规范、思路清晰的学生予以表扬，对试卷混乱和错误较多的学生，教师首先要表示理解，并努力找出他们做得好的地方，然后和他们一起来分析出现错误的原因，一起研究正确的做法，以增强他们的信心，消除其挫败感。在试卷讲评中，除了以上这些做法，还要引导学生对此次测评进行正确归因，尽量把失败归因于自身努力而不是能力，以增强学生的成就感。

2）采用归类评讲的策略。教师在作业和试卷批改过程中，就要有意识地对学生出现的错误进行记录、整理、归类。学生常出现的错误原因可以归纳为以下几种：对概念和知识点理解有误、对题目中的关键字词理解有误、没有掌握解题方法和思路、个人的粗心大意等。教师在进行讲评时就可以根据这些原因把题目进行归类，一般可以归为三种：知识点类似的、解题方法类似的、学生出现的错误类似的。这样教师就不用每题逐一评讲，对学生理解和改正都有好处，并且把分类总结、归纳整理的学习方法渗透到讲评课中，促进学生更有效地学习。

3）注重问题延伸。学生在数学作业和测评中出现问题是一种现象，教师的讲评关键就是透过现象看本质，不能就题论题，孤立地看待问题，要进行总结和反思，找到问题的本质，从而对症下药，要达到讲一点就渗透了全部有关的知识点，讲一题就相当于讲了一类题目，讲一题就让学生学会了多种方法。同时，讲评课结束后，一般都需要二次布置作业，把题目进行变式和延伸，从而检测讲评的效果。

（三）小学数学讲评课的教学模式

教学讲评课是数学教学过程中必不可少的环节，作业和试卷检测的目的之一都是使教师掌握学生在某一阶段数学学习的情况，所以相应地讲评的目的就是让学生清楚地知道自己在此阶段数学学习中存在的问题及问题产生的原因，取长补短，引导学生正确归因，诱发良好的学习动机，促进认知结构的良性发展。但许多教师只是从知识的范畴来修正学生的错误，并未真正了解学生思维的真实情况，所以检测后的讲评应充分发挥学生的主体作用，让他们在认知上重新建构或完善建构，这是学生自我强化的好时机。教师在实施小学数学参与式讲评课的过程中，可以设计以下基本环节。

1）做好统计和简评。教师要对测试的批阅情况做好统计，统计内容主要包括试题的错误率、普遍出现的问题、错误的原因等，保证教师能及时、准确、全面地了解学生对知识的掌握情况，并对测试题目的难度、学生平均分及出错根源进行分析和比较，从而为课堂讲评提供充分的依据，制定出相应的具体纠错措施，做到整体把握、有的放矢，这样有利于课堂教学策略的调整。教师通过总体简评，让学生了解班级的整体情况，准确定位自己的个人水平。同时，对学生进行表扬和鼓励，让学生树立信心、明确目标。

2）分析错因，自我纠正。讲评课开始之前，教师应该把批阅完的作业或者试题分发给学生，然后对测试情况作简单的评述。对于一些题目，学生出错的原因有很多，有些是因为学生粗心，将单位写错，或将数据抄错，或是计算出现错误，对于这类错误，教师要鼓励学生自主学习、主动探究，给学生留出一部分时间，自己独立分析错题、找出错因，并进行改正，将自己不能解决的问题作好标记。对于因为粗心引起的失误，学生要反思和总结，吸取教训，争取不在以后的学习中再出错。

3）合作互助，互讲互改。有一些题目，学生自己不得其解，并做出了标记，教师应该抓住机会指导学生合作互助，首先鼓励学生提出自己感到困惑的问题，大胆表达自己的见解，说说自己在测试中是怎样想的、怎样做的，然后请回答正确的学生帮助分析，充分发挥小组内优生的“帮扶”作用，让学生在自己独立思考的基础上通过小组讨论，进行合作探究，共同解决。为了提高互助效果，教师可以事先将不同程度的学生按同质或者异质进行分组。

4）典型错误，重点讲解。在测试中出现的一些普遍性的、小组合作仍然解决不了，或是有争议的问题，教师要重点讲解。这部分题目都是学生出错集中的重难点问题，或者是解法新颖、启发性强的题目，教师要找到通病和典型错误，找准学生思维的薄弱点，予以重点剖析，做到突出重点、突破难点，加强思路分析，讲究对症下药，将较多的时间用在错因分析与思路启发上，做到就题论理、举一反三、触类旁通以及纠正一例、预防一片。通过教师的指导，学生不断提高解题能力和纠错、防错能力。

5）归纳概括，整理总结。本环节就是要分类、整理自己的错题，进一步进行原因分析和归纳总结，吸取教训。同时，概括测试所涉及的主要内容、解题方法与规律，并强调思路和易错点。

6）变式刺激，内化知识。对于一些典型的重点和难点，经过一次讲评，学生或许还不能完全掌握，因此，除了要求学生反思和改正以外，教师还应针对出错多的知识点、典型的解题方法来变换角度设计出一些有针对性的练习，这样可以加强对学生的刺激，通过反复强化来帮学生将知识真正内化。

【案例 7.6】《我班的问题银行》教学设计①

活动目标：培养学生发现问题、提出问题、分析问题、解决问题的问题意识，

---

① 杨东. 课堂教学的变革: 小学参与式教学实践研究[M]. 北京：北京师范大学出版社, 2010: 61.

让学生养成不懂要问、厚书读薄等学习习惯。

活动准备：每人1本“数学问题”银行存折。

活动时间：每周1问。

活动对象：小学六年级学生。

活动过程：

1. 组建机构

以班级为单位，设立“总行”，班长任“行长”。以小组为单位，设立若干“支行”，小组长任“副行长”。每位学生均是“储户”，每位储户领取1本“数学问题”银行存折。

2. 储户职责

每位储户每周提出一个数学问题，填写到数学问题存折上。

3. 副行长职责

副行长负责检查本支行的储户存款，每周向总行上报一笔最大的储蓄，即上报本组本周存在的最严重的数学问题。

4. 行长职责

行长检查各支行上报的信息，公示各支行的业务情况，即班长把各组各周存在的数学问题张贴到学习园地，让“客户”来申报解答各个数学问题。

5. 股东分红

数学教师定期安排时间将典型数学问题集中评讲，并设计同类的变式问题让学生二次学习。

活动评析：随着社会经济水平的不断提高，学生的生活经验也变得越来越丰富多彩，接触的东西也越来越前沿，本次活动以“银行”作为出发点，激发学生的兴趣，同时有利于学生学习兴趣和学习习惯的培养，对学生的问题意识、应用意识、解决现实生活问题的培养都有很大帮助。

第四节 小学英语参与式教学模式

英语是一门实践性很强的学科，《义务教育英语课程标准（2011年版）》二级目标提出：“对继续学习英语有兴趣。能用简单的英语互致问候，交换有关个人、家庭和朋友的简单信息，并能就日常生活话题作简短叙述。能在图片的帮助下听懂、读懂并讲述简单的故事，能在教师的帮助下表演小故事或小短剧，演唱简单的英语歌曲和歌谣。能根据图片、词语或例句的提示，写出简短的描述。在学习中乐于参与、积极合作、主动请教，初步形成对英语的感知能力和良好的学习习惯。乐于了解外国文化和习俗。”[①]因此，小学英语教学要从学生的生活经验和兴趣出发，通过感知、体验、实践、参与合作等方式，积极学习语言，享受丰富

① 中华人民共和国教育部. 义务教育英语课程标准（2011年版）[M]. 北京：北京师范大学出版社，2011.

的英语课堂，使课堂最终回归生活。

根据学科的特点以及教学的主要内容可以把小学英语划分为语音教学、词汇教学、语法教学、听说教学、阅读写作教学这几种课型。课型的划分有利于教师驾驭教材、调控课堂，也利于学生摸索和掌握有效的学习方法和规律，对优化课堂教学、提高课堂教学效率有着重要的意义。下面将从语音、词汇、语法、听说、阅读写作这几种课型出发，介绍各种课型的主要特征、教学要求及相应的教学模式。

一、英语语音参与式教学模式

（一）小学英语语音课的主要特征

首先，语音课型具有基础性，语音是学习英语的基础，是语言的重要表现形式。其次，语音知识包括字母、音素、拼读、重音、节奏、语调等，不重视字母读音的教学，会影响到单词的拼读、拼写，不标准的语调以及错误的表达会造成与人沟通时的障碍，因此，语音教学具有全面性。再次，语音的学习从入门阶段的字母、单词、日常用语到初级阶段的句子、课文、对话，这就决定了小学英语语音教学的长期性，儿童对于语音现象只能从表面理解、机械模仿入手，较难迅速内化。最后，儿童的认知特点决定了小学英语语音教学具有实践性，学生必须将课堂中所学到的感觉和印象转化为学生自己的观念才能表现出来，教师在语音教学中务必带领学生亲自实践，通过教师的示范朗读或播放录音，熟悉每个音的发音部位、发音方法、字母组合的读音规律，提高正确掌握语音知识和运用语音的能力。

（二）小学英语语音课的教学要求

《义务教育英语课程标准（2011 年版）》二级目标提出，学生要能“正确读出 26 个英文字母；了解简单的拼读规律；了解单词有重音，句子有重读；了解英语语音包括连读、节奏、停顿、语调等现象。”[①]该目标对小学英语语音教学提出了新的要求，加强了重读、连读、节奏、语调等知识，反映了国家对语音教学的重视。

小学生开始学习英语往往从兴趣和好奇心出发，这种最初的学习动机如果遇到灌输式的教学，就会使儿童由感到枯燥乏味，进而感到学习困难，逐渐失去学习的热情。所以教学中要求教师在交往、游戏、观察、活动中积极创设语言情境，通过对视觉、听觉、触觉等感官的刺激来获得表象，发展形象思维，就更加有利于语言的学习。同时，要引导学生主动模仿标准的语音，不断揣摩，用心体会，鼓励小学生主动参与，教师提供更多的模仿语言及语言环境。学习主动性是学习的关键部分，语言本身就是用来交流的，只有在交流中，语言才能得到发展、完善。因此，主动交流的培养就尤为重要，教师在语音教学中要化繁为简，改进语音教学评价方式，多鼓励，少批评，变单调的操练为趣味活动，增加歌曲和韵文，使语音训练更具美感，使课堂变得生动活泼、富有魅力。同时，还要关注重音与连续，训练节奏感，培养学生安静倾听、仔细观察、积极模仿、大胆练习的良好习惯。

---

① 中华人民共和国教育部. 义务教育英语课程标准（2011 年版）[M]. 北京：北京师范大学出版社, 2011.

（三）小学英语语音课的教学模式

1）创设情境，激发兴趣。英语是一门外来语言，学生在课堂中缺少语言环境，课堂外又很少有说英语的意识，所以语音教学的首要任务就是创设语言情境，创设一个轻松、愉快、支持性的语音学习环境。在日常活动各个环节，拓宽口语训练情景范围。根据学生的心理特点，教师可以通过师生问候、自编儿歌、角色扮演等方式引导学生主动学习语言、运用语言。比如，学习元音 Aa 和 Ee 时，教师可以先引导学生唱“ABCD歌”，然后提问“同学们知道有多少个元音吗？”等问题，引发认知冲突，自然过渡到新课教学上。

2）呈现字母。字母语音的教学比较直接，教师让学生安静倾听，仔细观察字形，然后用多媒体呈现录音，初步感知字母的发音，从而使学生尝试着读出字母来。

3）教师示范，学生模仿。语音教学对教师的发音要求较高，因为只有准确、标准、地道的语音才有利于人际交流，教师要提供准确的语音范例，课堂用语多设计语音范例，使学生尽可能多地模仿语言及语言环境。鼓励学生大胆开口，准确发音，顺畅交流。所以教师必须用标准的语音给学生示范，讲解口型和舌位的变化，同时积极鼓励学生根据录音和教师的讲解来模仿发音，学生也可以采取跟读的方式，跟着教师读或者跟着录音读。

4）小组模仿和竞赛练习。重复的语音训练会让学生感觉枯燥和乏味，所以教师应该把握好度，必要的时候改变教学方法，分小组进行操练，学生之间可以互相纠正发音，取长补短、增进交流、促进感情。另外，学生都有一种争强好胜的心理，竞赛是发挥这种心理优势的有效方法，所以教师可以组织学生进行小组竞赛，学生会乐于参加和表现，积极为本组的集体荣誉争光，教学效果会比较好，而且可以培养学生的合作精神和集体荣誉感。

5）评价总结。小组合作学习之后，教师要进行指导和纠正，不能让学生一直模仿一些错误的发音，同时积极鼓励那些在合作学习中积极参与和表现的学生，对那些发音比较标准的学生要给予表扬，并邀请他们在课堂上大声读出来，为其他学生树立榜样，提高学生学习信心。另外，此阶段教师还要力求让学生对字母标准发音进行分类和归纳，并且积极总结字母在开音节和闭音节中的发音规则，努力让学生掌握字母的正确读音，并初步感知字母在例词中的读音，为以后的学习奠定基础。

6）巩固应用。学习语音也是为了语言的最终应用，小学生的注意力持续时间比较短，而且小学生大都好玩好动，所以教师要根据小学生的心理特点，保证教学方法的多样性，在巩固应用阶段，可以采用角色扮演、情境交际、游戏互动等方式来吸引学生的注意力，使他们在玩中巩固知识、应用知识。

【案例 7.7】《画一画，唱一唱》教学设计[①]

活动目标：让学生在“画”“听”“唱”的过程中识记、巩固字母的形状、发音、书写，同时引导学生积极参加小组活动，感受学习英语的乐趣，激发学生学习热情。

活动准备：不同颜色的画笔、卡纸、字母卡片、多媒体录音等。

---

① 彭叶. 巧学巧练巧用——小学英语字母教学 ABC[J]. 教育·科研, 2009, 4: 79.

活动时间：约15分钟。

活动对象：小学一年级、二年级学生。

活动过程：

1. 呈现任务

教师利用多媒体课件呈现字母表，引导学生观察字母的形状，并让学生充分发挥自己的想象，这些字母形状像什么呢？

2. 形状感知，自主操作

为了满足学生好动的天性，让学生对字母语音学习感兴趣，教师设计了以画带学的方式，引导学生在卡纸上写出字母，并根据自己的观察和想象在相应的字母旁边画上你想到的图形。

学生开始各自勾勒眼中的字母，有学生写上字母C，然后画上一轮弯弯的月亮；有学生写上字母D，然后画上一张弓箭；还有学生写上字母M，然后画上一座大山；也有许多学生联系自己的生活经历，写出字母J，然后画上一个鱼钩。每个学生眼中的字母都那么丰富多彩，那么有活力，他们惊喜于一个个英语字母变成了一张张图画，这一神奇的时刻在他们的内心已经激起了小小的水花，学生有成就感就会迫切想进入英语字母的学习乐园。

3. 小组讨论，交流互评

小学生的注意力集中时间有限，教师要注意适时地改变活动方式。学生在独立画出一幅幅字母图时，在小组间共同分享，讨论过程中其实已经间接地得到了一些评价，此时，教师抓住机会表扬大家都画得非常好，并选择几幅优秀的作品来展示。对字母的形状初步感知以后，就是发音的学习了，这是特别关键的环节。

4. 模仿录音，吟诵歌谣

教师用多媒体播放录音，让学生复习和回忆这些字母的发音，然后组织学生根据自己的听觉和联想编歌谣，然后教师和学生一起整理，综合大家的想法，编出一首属于全班学生的歌谣，让大家吟诵，比如弯弯的月亮C C C，零的突破Q Q Q，盘山公路S S S，三岔路口T T T，半只葫芦B B B，一座宝塔A A A，胜利象征V V V，大号鱼钩J J J，一扇小门n n n，一棵小苗r r r等。让学生大胆吟诵，有时拍着手、有时比画动作、有时摇头晃脑，完全进入“表演家”的角色，吸引学生的注意力。

5. 巧记儿歌，练习书写

认识了字母形状，练习了字母发音以后，语音学习的最后一个环节是书写，这是字母教学中的一个难点，特别是字母书写中大小写字母占格和笔顺。在活动中，利用儿歌易记的特点帮助学生掌握字母的正确书写。例如，小写字母讲规则，右斜五度最标准。头上有辫上两格，b d h k l有五个。g p q y下两格，注意p出第一线等。有时，也要把主动权交给学生，充分发挥他们的观察力、想象力和表达能力，让他们自由组合，共同创编新的字母儿歌、歌谣，采取比赛的形式，激发学生的学习热情，让学生尝试学习成功的快乐，养成正确书写的好习惯。

6. 活动延伸

学习的目的就是运用，如何把在课堂中学习到的英语字母运用到我们的现实生活中才是学习的最终追求。后续活动可以设计为“寻找生活中的字母”，引导学生在生活中学习，开展“英语字母”征集活动，让学生走进商店、家里，收集所见到的英语字母，然后弄清这些字母的含义。比如家用电器“VCD”“DVD”“ID身份证”“MP3”等。

活动评析：本次活动的设计符合小学生的心理年龄特点，创设了有效的字母语音学习环境，促进了学生的积极参与，关注学生的兴趣爱好，以“学生为中心”，学生不再对英语字母的学习感到厌倦、乏味，而呈现出主动、快乐、轻松、愉快的学习过程。这样的学习让他们真正成为课堂学习的主人，成为英语字母乐园的快乐小精灵。

二、英语词汇参与式教学模式

（一）小学英语词汇课的主要特征

词汇是构成语言的基本材料，是语言的三要素（语音、语法、词汇）之一，没有了词汇，就没有了语言，每一个发音都有对应的拼写，许多单词有多个词义，学生掌握的词汇越多，他们运用语言的能力就越强，词的理解、积累的运用是语言能力的重要组成部分。总体来说，小学英语词汇比较短，词汇量也不多，而小学生的右脑比较发达，左脑逻辑性没那么强，所以小学英语单词的呈现都基本和实物图相联系，而且单词和我们的实际生活联系比较紧密，多是一些问候语和生活用语。

（二）小学英语词汇课的教学要求

《义务教育英语课程标准（2011 年版）》二级目标中提出词汇教学目标：“知道单词是由字母构成的；知道要根据单词的音、义、形来学习词汇；学习有关本级话题范围的 700 个左右的单词和 50 个左右的习惯用语；能初步运用 400 个左右的单词表达二级规定的相应话题。”[①]传统的英语教学往往过多地强调抽象思维的培养，所以根据新要求，教师要充分发挥听觉、视觉、触觉的优势，将其融入教学中，培养学生观察的动机和兴趣，促进学生观察能力的提高，为词汇教学和单词的记忆打下基础。为了使学生能最大限度地参与学习，形成教师为主导、学生为主体的教学，使学生能逐步形成积极学习的观念，我们要充分调动学生的各种感官，发展学生的形象思维，主要要求如下。

1）创设语言情境，在语境中学习单词。学习单词的目的是掌握词义，在句子中正确运用，很多单词词性不同，在具体的语境中表达不一样，所以单词不能脱离一定的语言环境而独立存在，要创设一定的语境和氛围，让学生在句子中习得单词，将词汇与语境相结合，词汇教学才会富有成效。这就要求教师融词汇教学于语言的交际运用之中，创设简单、明了、得体、高效的语境，使学生易于理解、易于操作。在词汇教学中，有些词语往往不能在同一个语境中呈现出来，此时就需要教师创设几个不同的语境才能呈现要学习的词汇，从课堂的

---

① 中华人民共和国教育部. 义务教育小学英语课程标准（2011 年版）[M]. 北京：北京师范大学出版社，2011.

整体性出发，注意语境之间的自然过渡。另外，语言来源于生活，所以要创设生活化的语境。

2）打造递进式的词汇教学课堂。教师在学生的最近发展区内做好铺垫，设置学习台阶，引导学生建立新旧知识之间的联系，帮助学生建构新知识，把学过的知识融入新的情境中，以旧引新，同时正确把握和运用迁移，降低词汇学习的难度，构造出递进的教学层次。

3）创造实践机会。词汇教学的目标是培养学生运用语言的能力，所以教师要给学生提供应用机会，让学生在不同的情境中实践，边呈现、边学习、边巩固，才能实现词汇课堂的高效性，避免学生机械地死记发音、拼写等。

（三）小学英语词汇课的教学模式

1）热身准备。课前师生简单的英语交流能营造和谐的师生关系，让学生感知英语氛围，集中学生的注意力，为后面学习做铺垫。可通过唱歌谣、师生问候或者日常对话等方式展开，缩短师生之间的距离。

2）创设语言情境。儿童的语言是在交往活动和游戏中以表象为基础发展起来的，因此低年级学生在进行英语学习时，教师需要创设各种情境，单词教学不能脱离一定的语言环境，在情境中复习上节课的内容，并自然地过渡到新课的语言情境中。创设语境最直接的方法是模拟真实情境，通过大量歌谣和歌曲的输入，在活泼、自然、真实的情境中感知、模仿、习得语言，达到熟练上口、词不离句。学生在情境中暂时抛开汉语，用英语来思维，并且培养了学英语的兴趣。

3）呈现单词，学习词音、词义。创设相关情境后，词汇的呈现就显得尤其重要，词汇的呈现方式很多，但为了让更多的学生喜欢并参与进来，可以运用色彩鲜明的图片、形象生动的语言和动作表情、直观实用的实物和多媒体等形象的事物来呈现单词，让学生产生联想，促进学生形象思维的发展和知识的理解与掌握。单词的语音要引导学生模仿录音，教师讲解发音规则和规律。用实物、教学挂图、图片和图像引导学生从视觉上感知单词；听歌谣和歌曲可以引导学生从听觉上感知单词，配合直观的材料学习单词；一些学生不易理解词义的单词，需要把它们放入一定的语言环境中，结合句意呈现单词，更加有助于学生理解；呈现比较抽象的单词时，必须把抽象的单词和具体的实物直接进行联系，如在讲交通工具时，可用一些挂图或者简笔画来呈现。

4）小组合作学习单词。有些单词对于学生来说比较难记，发音不容易掌握，当教师完成单词教学后，便组织小组合作学习，组员之间互相纠正发音，帮助记忆单词，减轻不愿意开口的学生的心理负担，教师在小组合作学习中要注意观察，对有问题的发音要注意及时纠正。也可以组织小组间进行单词比赛，每次每个小组派出一个人进行猜词比赛，再进行听音贴图比赛或者看单词传声游戏，学生在积极和踊跃的氛围中会读单词、理解单词的词义，并且记住单词。

5）巩固操练。学生学习单词后，往往没有太多语言环境可以供他们进行练习，如果再不进行复习和巩固，很快就会把刚学的单词忘记，所以教师必须想出其他灵活有效的方法来巩固和加强。比如，用游戏的方法就很不错。单词的语音也要进行操练。可让学生听录音，然后模仿录音读，为了力求读音的准确性，教师也可再领读。随后再分小组读，分男女生读、齐读等，让学生充分操练单词。

6）课外延伸。有研究发现，学习英语可以通过零碎时间来完成，对于学生来说，课外时间学英语也是必要的，学生可以在家里听录音跟读单词、默写单词，也可以把单词放到一些简单的小短文中阅读，在句子中来阅读、识记、理解单词，另外教师还可以鼓励学生用英语跟家长、同学、英语教师进行交谈，提高自己的口语交际和表达能力，达到应用英语的目的。

【案例 7.8】"Unit7 Would You Like a Pie?"教学设计①

时间：2013年05月20日

学校：南京某某大学附属小学

年级：小学三年级

教师：李某某

背景：组内研究课

教学目标：学生复习之前所学的字母，并学习读写字母的大小写

游戏：开火车 driving a train

教具：A~T字母卡一套，图片2张

操作过程：

复习字母Aa~Tt。教师展示2张图片，让学生从图片中找出之前所学习过的字母Aa~Tt复习他们的读音和大小写。

Teacher :Look, here are two pictures. Can you find some letters in your pictures?等学生陆续找出字母Aa~Tt后，教师将字母的大小写按顺序都写在黑板上。

直接出示字母卡Uu、Vv、Ww，教授三个字母的读音和大小写。然后教师同样展示刚才的图片，让学生找出刚刚学过的三个字母。

Teacher: Can you find letters Uu、Vv in the pictures?同样将三个字母的大小写写在黑板上并要求学生用手指跟写，掌握字母的笔顺。

让常规组每组每行在原位上站出，然后教师逐个出示字母卡片，学生无须举手脱口抢答，读得既对又快的人给他所在的小组加一分，以开火车的形式往后推，最后得分最多的组为获胜组。

在这个游戏进行之前教师刚刚把新学的三个字母教授完，字母引入的方式是直接展示字母卡片，复习这三个字母的方式和之前复习的方式是相同的，都是从图片中寻找字母，视觉的新鲜度上不是太强。之后操作了这个开火车的游戏，该游戏参与的广度比较不错，以小组为单位，同一时间可以让较多学生同时参与，过程也带有竞争性。但是由于操作反复进行，不做变化，开始学生们的热情度很高，参与时也很积极，到后面情绪就低落了些。而且在操作游戏时，由于教师要不断记录分数，又要照顾到游戏的节奏性，就容易忽略学生发音时的错误，不能及时给其纠正，没有轮到的小组也出现个别学生走神的情况。最后，教师宣布成绩时没有突出获胜组的荣誉感，使游戏显得虎头蛇尾。

---

① 卫海娟. 小学英语游戏教学中的典型案例研究[J]. 教育: 00217-00217.

三、英语语法参与式教学模式

（一）小学英语语法课的主要特征

小学英语语法课是指学生在教师的指导下，通过结合已经学习过的语音和词汇知识，来进一步学习名词的单复数形式、人称代词、动词时态、时间地点介词以及英语简单句的基本形式，从而培养学生的语法意识，在听说读写过程中能正确理解语言，从而提高学生积极参与交流的能力、运用英语的能力，所以小学英语教师要围绕这一目标进行语法教学，在大量形象生动、直观有趣、富有交际性的语言活动中进行语法教学，引导学生通过观察、分析已获得的感性认识，归纳、概括其特点，使语法教学有效地帮助学生进行英语交流。

（二）小学英语语法课的教学要求

《义务教育英语课程标准（2011 年版）》提出语法知识目标应掌握：“名词的单复数形式；主要人称代词和形容词性物主代词；一般现在时、现在进行时、一般过去时、一般将来时等时态；表示时间、地点和位置的常用介词；简单句的基本形式。”[①]依据小学英语的学科特点、小学英语课程标准、小学生的身心发展规律等，提出小学英语语法课教学的基本要求。

1）创设逼真、有效的情境。新课程标准倡导体验式教学方式，让学生在具体的情境中进行体验和理解语法的语意、语用，教师创设的情境一定要结合学生的生活实际，消除语言隔阂，使学生能够理解、操作和熟悉可行的情境，学生在活动中进行练习、归纳和总结。该环节可以使枯燥而乏味的语法知识在生动的语言情境里变得生动而有趣，在潜移默化中引领学生掌握语法知识。

2）灵活运用多种方法。语法教学不能只是简单地讲解，我们应采取多种方法，如实物法、归纳法、图表法等，让学生在游戏、歌曲、手绘中体会语法无处不存在，这样可以避免学习语法的枯燥，培养学生的积极性，从而起到很好的教学效果。

3）注重语义、语用的对比。任何一种语言都有其特定的思维习惯和文化内涵，所以学习一种语言，不光要学习语法，还要学习它的文化和思维方式，在教学过程中教师要注意两种语言的对比，比如语法现象的比较，真实情境中运用语言的比较。

4）隐形教学为主，显性教学为辅。“在语法教学方面，外国教育专家提出了显性语法教学和隐形语法教学。显性教学是指直接把语法规则呈现给学生，并告诉学生这是什么规则，规则的结构是什么，直接谈论语法规则，教学目的直接明了。隐形语法教学主要是通过包含语法规则的真实情境让学生去体验语言，通过实际运用一些例子，让学生反复接触这些规则，理解语法规则的意义和形式，从而通过对语言的交际性运用归纳出语法规则。”[②]综合来看，语法教学应该更多地强调实践活动，所以教师在进行语法教学时，应该以隐性教学为主、显性教学为辅。

---

① 中华人民共和国教育部. 义务教育英语课程标准（2011 年版）[M]. 北京：北京师范大学出版社，2011.

② 刘清. 走进名师课堂——小学英语[M]. 济南：山东人民出版社, 2009.

（三）小学英语语法课的教学模式

新课程提出不要过分强调单纯传授语法知识，不要脱离语境讲授和记忆语法规则。但并不是不进行语法教学，小学阶段了解一些简单的语法规则是有必要的，教师要引导学生在实际语言应用中内化语言规则，从而使学生能准确运用语言进行交际。因此，参与式小学英语语法教学主要应包括以下环节。

1）情境导入。根据教学内容，结合学生的心理、生理特点，在已有知识的基础上运用实物、图片、课件等创设较为真实的、有意义的情景，吸引学生的注意力，激发学生学习语言的欲望，导入语言点，创建话题。

2）呈现文本。新课程下的小学英语教材是按"话题—功能—结构—运用"的结构进行编排，因而语法教学只有与语篇结合起来才有意义。教师可运用多媒体，或观看挂图、听录音的方式整体呈现课文，引领学生走进文本，让学生在一个有意义的情景中感悟学习这些语法知识的意义，以及这些语法所表达的含义，知道在什么样的真实语境下为了表达什么样的语用功能而使用某种语言形式。教师要进行初步示范和讲解，使学生认识语法。

3）组织语言交际活动，体验语法。在文本中感知这些语法表达后，如果教师马上引导学生归纳和总结语法知识，学生一定会感到枯燥乏味。如果在学生感知、理解语法知识后，教师再组织相关的语言交际活动，创设和新语言的内容相关的情景，让学生在有意义的情景中进行实践和体验，学生就会有一种成就感。如设置一些公共情境，采用角色扮演等方法扮演清洁工、警察、售货员等，让学生练习带有 Please 和 Don't 的句子，教师可进行板书，让学生听教师说句子，学生做动作。

4）呈现语法规则并总结。经过一系列的感知和体验后，学生可能会遇到一些语法问题，不知如何解释，此时呈现语法形式，归纳语法规则就显得尤其重要。教师应该综合运用语法规则教学，以隐性语法教学为主，适当渗透显性语法，简单的语法规则运用显性语法教学，复杂的语法规则运用隐性语法教学，尽量减轻学生的学习负担，避免知识混淆和枯燥无味，保护学生学习英语的兴趣和积极性。教师也可用突出的色彩或画线来指明新语言的形式，用重复强化或眼神提示等方式引发注意、提醒关注、提示要点等，引导学生观察、对比、归纳、总结语言点的形式、意义和用法。

5）巩固应用，课外延伸。在学生理解这些语法知识点后，还要通过一些练习来巩固语言知识，以提高熟练程度并在相应的语境中灵活运用。比如，教师可加强语用练习并与听说读写结合起来，培养学生听、说、读、写的能力。在灵活运用祈使句后，学生在课外可练习写教室的规章制度、公共场合标语等，在生活中巩固祈使句的用法。

【案例 7.9】《牛津小学英语》猜谜语教学设计[①]

教学目标：复习部分学过的昆虫单词并了解各种昆虫的习性特征，会用 Is it a/an...句型进行交流对话，掌握部分短文。

教具：任务单词，课件。

---

① 卫海娟. 小学英语游戏教学中的典型案例研究[J]. 教育: 00217-00217.

操作过程：

1. 教师示范：教师说出一些句子，这些句子是用来描述某一种昆虫的。Teacher: Last class we have learnt some insects. Now here is an insect. It is small ,and it can carry very big and heavy things.What is the insect?然后让学生分组讨论，去猜出这个昆虫的名称。

2. 当学生猜出自己的答案之后，需要向教师提问，Student: Is it a/an...?教师出示一张上面给出正确的答案：蚂蚁。然后教师布置任务给学生。Teacher：It is your turn, please write riddles in groups.

3. 等学生完成之后，教师要求各组学生派代表给出谜面，其他组的学生同样用句型Is it a/an...? 来猜答案，出谜的学生回答：YES/NO.

4. 教师给出第二个任务。Write an article about an insect in groups. Then make a big book and introduce the insects in groups. 各组学生制作完后轮流做展示。

在这节课上，教师充分调动了学生的主观能动性。从课程一开始就承上启下抛出问题，引发学生的思考，既复习前面课程的内容，又为本节课学习内容的引入做好了铺垫。然后教师就设置了一个又一个的任务，让学生带着任务去讨论，而且还动手写下讨论的结果，最后还要站起来展示本组的讨论结果。这种教学模式与杜威"从做中学"的教学模式很贴近，也达到了合作学习的目的，当学生以团队合作形式完成游戏时在小组中每个成员都有机会贡献自己所想所能，容易产生学习的主人翁意识，同时也有更多的个体反馈机会。同时操练了学生听、说、读、写各方面的能力。但是在进行游戏教学的过程中，时间和纪律的控制成了问题。教师抛出谜面，学生讨论回答没有太大的难度，有之前学习内容的基础，猜出答案用不了太长时间。可是让学生自己现场出谜，还要书面记录，难度就比较大。撇开语法的正确性外，其难度主要体现在词汇量和语言组织的连贯度上。除此，学生还要写出一篇短文，即使是小组合作，难度也是不小的。所以，我们看到在操作这两个环节的时候，课堂时间很难把握，容易出现耗时长，或限定时间内某些小组无法完成任务的现象。另外加上学生展示和互动问答的环节，整个游戏教学的时间就非常难以控制了。

四、英语听说参与式教学模式

（一）小学英语听说课的主要特征

听，是学习语言的基础，听得懂，才能说得好。说，是学习语言的基本目标，能说才能完成语言从输入到输出的过程，说得规范才能更好地交流。听和说是两种语言技能，只有二者的完美结合才会有流畅的口语交际。而小学英语听说教学主要是指学生在教师的指导下，认真模仿范读者所读的字母、单词、句子、对话等，不断练习，习得一口标准的发音，积累一定的词汇、句子、语法，反复进行听说训练，以保证在一定的语言情境下，能运用英语与他人进行良好的交流和沟通，培养学生的英语运用能力和交际能力。

（二）小学英语听说课的教学要求

《义务教育英语课程标准（2011 年版）》提出的听说目标是：“能借助图片、图像、手势听懂简单的话语或录音材料；能听懂简单的配图小故事；能听懂课堂活动中简单的提问；能听懂常用指令和要求并做出适当反应。同时，能在口头表达中做到发音清楚，语调基本达意；能就所熟悉的个人和家庭情况进行简短对话；能运用一些最常用的日常套语；能就日常生活话题作简短叙述；能在教师的帮助和图片的提示下进行描述或讲述简单的小故事。”①因此，教师在进行参与式教学时，应注意以下要求。

1）听说结合。英语学习中，听和说是不能分开的，学生可以先听后说，教师播放录音，并进行生词的解释，扫除说的障碍，然后学生进行模仿练习。也可以先说后听，学生或者师生间进行对话，引入即将学习的单词和语法，让学生产生认知障碍，教师再进行指导，输入信息，学生听录音，解决相关困惑。

2）听做结合。语言学习需要一定的情境，教师可以通过口头表述或者多媒体描述相关的动作和指令，然后学生边听边做相应的肢体动作；学生也可以边听描述的场景边画下来；学生听完材料后根据内容开展角色表演、游戏等活动，从而提高学生的听说能力。

3）听译结合。边听边译对学生听说水平要求比较高，学生先听，然后将听到的内容以口头或书面形式用母语表达出来。此方法能提高学生听说的效率和灵活度。

4）处理好听和说的比例关系。听和说贯穿在整个课堂中，但不同的阶段对听说的要求不同，低年级的学生学习的最大动力是能用新的语言表达自己，充满好奇和满足，中年级学生往往喜欢讨论感兴趣的话题，而高年级学生则倾向于看英文电影、听故事、讲故事等活动，所以教师要根据不同的要求和形式，处理好师生听说的比例关系。

5）创设听说环境。教师可以根据学生的认知发展水平和语言习得规律，从听说入手，创设贴近学生生活实际的情境，在情境中利用各种活动来听语篇对话，给学生提供听说的机会，给予新的刺激，培养他们对听说表达的浓厚兴趣。

（三）小学英语听说课的教学模式

1）情境导入。生动的画面、优美的语音、抑扬的语调、直观的交际情境、画面和声音的有机结合等导入方式，都会感染学生，诱发学生的学习欲望，激发学生的学习兴趣。但在激发学生学习兴趣的同时，不能只注重学生参与的热情而忽视游戏和活动本身的目的性，导致最终脱离教学目标。

2）知识渗透。在情境和多维活动中呈现授课内容，是学生实现基本目标的保证，教师通过调动学生的感官，实现对知识目标的感知、理解和加工。比如，出示大象和小象的生活照和录音，让学生“猜猜看”大象和小象之间的关系，以及他们对话的内容，目的在于引导学生学习“What is it doing? It’s……”这个重点句型，认真听录音内容，然后组织学生模拟对话，理解对话的含义，同时锻炼学生的听说能力。

3）自主听读。完成新授课内容后，需要给每个学生缓冲的时间，当学生进入情境，并

① 中华人民共和国教育部. 义务教育英语课程标准（2011 年版）[M]. 北京：北京师范大学出版社, 2011.

往头脑中输入许多新信息后，会产生一些认知冲突和认知障碍，此时就是缓冲阶段，学生需要一个接受、顺应、同化的过程。所以，教师应该引导学生开展自我听读，在听读过程中实现自我适应，提高学生的听说能力。

4）小组合作。在自主听读过程中，学生进行了自我的听说训练，但语言是用来和别人交流的，所以教师要组织合作学习，让学生在最真实、最自然的情境中表达和交流，提高自己语言的运用能力和交际应变能力。小组合作学习的形式可以是场景对话、故事重现、角色扮演等。

5）迁移巩固。语言的学习是为了应用，学生在课堂上学到的知识最终会迁移应用到日常的生活情境中，这就要求学生能够学以致用。同时，听和说是两项技能，技能的习得是需要经过反复训练的，所以，教师要鼓励学生在实际生活的不同情境中滚动再现知识点，达到灵活迁移和巩固运用，开展方式可以是师生交际、朋友交际以及社区交际等。

6）拓展听读。英语听说教学的另一个重要任务就是培养学生的语言习惯和意识，学生可以在家听录音进行读、写、说的练习，也可以通过一些简单的英文动画片来接触更加口语化的英语，进行模仿和学习，还可以阅读相关的小故事、小对话，并和父母、教师和其他学生一起分享。

【案例 7.10】"Unit 7 At Christmas(Part B C D) " 教学设计①

教师先通过PPT，玩一个"What's missing?"的游戏来复习Part B部分的单词，学生捂住眼睛，单词由一个消失，到两个消失，最后全部消失。学生需要逐个猜出消失的单词。然后进入Part C和Part D部分的教学。

Teacher: Jim's family got so many presents last Christmas! Do you usually get any presents? What did you get last Christmas? Now, let's come to scene five: Our Christmas presents.

Teacher: Boys and girls, now take out your presents and show us. 学生们要拿出教师让他们事先准备好的从家里带来的礼物，take out and show...

Teacher: You may introduce your presents like this.

What is in your presents?

How is it? Is it nice /cool?

Who is it from?

Fist, you may think about it.

Teacher: Let's share our present together!

Teacher: Whose...is this? Who is it from? Do you like it?

Student: …

Teacher: This time, say some about this present. 教师将学生划分小组，进行分组练习，要求学生能自己描述出This is my present. It is a ... It is from my... I like it very much. It is cool.等等。

---

① 卫海娟. 小学英语游戏教学中的典型案例研究[J]. 教育: 00217-00217.

等小组讨论完，每组派一名代表出来做展示。

Teacher: Boys and girls, this Christmas is coming soon! When Christmas comes, What should we say to each other?

Student: Merry Christmas!

Teacher: Follow me! Merry Christmas.

教师开始唱歌(We wish you a merry Christmas...)

Student: Follow the teacher.

Teacher: Now face to the teachers! Let's sing together.

Student: 全体学生唱起来。

在本课中，教师期望学生掌握的句型有很多，Whose...is this?It's... Whose...are they? They're... Who is it from? It's from... Who are they from? They are from...单个看来难度并不是很大，尤其一些句子Whose...is this? It's... Whose...are they? They're...在之前的英语学习中已经学习过了。其他2个句型在本课Part A部分也接触过，所以理解起来并不困难。但是本节课的目的是让学生会读、会说、会写句子，还要结合实物进行介绍，而不是简单地理解。这对学生来说还是有一定挑战性的。

教师结合板书和实物向学生抛出问题，让学生开展头脑风暴，引导学生尽可能地独立表达。教师提前做了准备，让每位学生都从家里带来礼物，有的带了一件，有的多些，为的就是在课堂上创设真实的情境，让学生可以有的放矢。但是在操作过程中，有些学生不能顺利完成表述任务，在小组中表达时就有难度，在全班范围内做展示时就不敢自告奋勇。还有一些学生敢于表述，完成得也不错，但是只拘泥于教师提问的问题，没有更多的自由表达。

五、英语阅读写作参与式教学模式

（一）小学英语阅读写作课的主要特征

小学英语阅读写作教学是激发学生兴趣、培养学生能力、拓展学生视野的重要途径。英语阅读与写作同属对英语书面语言的学习与运用，阅读是写作的基础和源泉，是学习者获取语言信息和知识信息的过程；写作过程则是对已储存的信息进行加工后创造性输出的过程。小学阶段的读写教学在不同阶段有不同的形式和比重，小学低年级教学以听说为主进行字母、句子、课文的朗读和规范抄写，读写教学主要通过课堂的朗读、板书、练习等活动进行，渗透读写能力的培养。到了小学高年级，开始尝试阅读课、读写课教学，学习方式由听说为主向读写为主转变，学习内容由课文为主向课外拓展转变，学习目的由知识学习向提高自主学习能力转变。对于阅读和写作的知识积累、方法过程、技能策略的要求也相应提高，并以拓宽学生知识、培养学生的自主学习能力和获取信息为主要目的。总的来说，阅读写作课的最终目的是通过阅读一篇范文，培养学生获取文字信息的能力和掌握正确的阅读写作方法。

（二）小学英语阅读写作课的教学要求

《义务教育英语课程标准（2011年版）》提出阅读的二级目标：能认读所学词语；能根据拼读的规律，读出简单的单词；能读懂教材中简短的要求或指令；能看懂贺卡等所表达的简单信息；能借助图片读懂简单的故事或小短文，并养成按意群阅读的习惯；能正确朗读所学故事或短文。写作的二级目标：能正确地使用大小写字母和常用的标点符号；能写出简单的问候语和祝福语；能根据图片、词语或例句的提示，写出简短的语句。"[①]所以在教学过程中，教师应该注意以下几方面的要求。

1）关注阅读兴趣的培养。阅读教学的首要目的是获得乐趣，而兴趣是学生学习的内在动力，这就要求教师在教学过程中要以学生为中心，调动学生阅读的积极性，激活学生思维，多以理解、分析、判断、辨析等内部活动来代替课堂热闹的教学活动，为学生创造一种全新的相互交流的教学环境。

2）强调阅读技能和策略，促进文本理解。阅读是获取信息、综合运用语言知识、参加相关实践的一种能力。在教学活动中，教师要指导学生运用速读、跳读、略读的技能，以及采取识别关键词、确定段落主题句、预测等阅读方法。为了提高阅读技能，教师还要注意纠正学生的一些不良阅读习惯。当学生对文本有一定理解后，教师还要继续讲解文本中比较难理解的知识点，如生词、生句、语法等，使阅读更加顺畅和有效。

3）注重听说与模仿训练。此时，学生已经基本掌握文章结构和大意，教师要选择课文自带的原版有声读物有感情和基调地朗读课文或者对话，鼓励学生自习倾听并进行模仿，训练听、说能力，同时巩固文章，为后续写作做好充分准备。

4）写作中关注板书的示范作用。写作是英语教学中的难点，学生在写作过程中，经常会出现拼写错误和书写不规范等问题。所以，教师在写作教学中要做好示范，板书设计要做到清晰、美观、突出功能性，从而以板书指导学生的书写，严格大小写、标点符号、书写格式的要求等。同时，对重点单词的拼写、句型转换、语篇框架等进行指导。

5）写作贴近生活，表达真实情感。许多教师为了提高学生的英语写作能力，经常让学生反复抄写、背诵范文，导致学生写出的文章大同小异，失去了个性，阻碍了学生的创新思维发展。所以，教师在进行写作教学时，要充分挖掘教材信息，并进行加工和延伸，联系实际生活进行写作，如描述朋友、教师、家庭、动物等。

6）阅读和写作结合。"写作是从意义到语言形式的编码过程，也是用语言表达思想感情的复杂过程，作者经过选词、遣词、造句、组段、谋篇布局等一系列思维活动，从长时记忆里索取思想材料并按一定目的把材料组织成文。而阅读是指从语言形式到意义的解码过程。"[②]所以，阅读与写作二者之间关系非常密切、相辅相成，阅读能力的提高可促进写作能力的提高，写作水平的提高又有助于阅读水平的提高，教师必须把阅读和写作结合起来进行教学。

---

① 中华人民共和国教育部. 义务教育英语课程标准（2011年版）[M]. 北京：北京师范大学出版社, 2011.

② 廖福妹. 英语阅读与写作能力的培养[J]. 韶关学院学报, 2009, 30(7): 134.

（三）小学英语阅读写作课的教学模式

阅读写作课要以学生为中心，关注学生的综合性学习，促进学生的全面发展，参与式小学英语阅读写作教学过程应包括以下基本教学环节。

1）创设阅读情境。小学英语阅读写作教学的第一步是把学生引入特定的英语语言情境中。入境才能生趣，才能产生求知欲望，才能引发阅读动机，进入并保持良好的阅读心态。因此，教师在阅读前要尽量创设一定的情境，吸引学生的注意力，让学生对新课产生无限的遐想，从而引发他们的阅读欲望。

2）新词汇和语法的学习。阅读文本的第一步是对文本内容的感知和理解，所以新词汇的教学很关键，教师在阅读教学前可以让学生预习，并收集和课文背景相关的资料，从而对一些新词汇有初步感知。教师在呈现新词汇和新语法知识时，通过图片、比拟等方式对词汇进行讲解，使学生在阅读前积累大量词汇，为阅读打下基础。

3）泛读文本，了解大意。阅读与写作教学仅仅重视词汇的积累是不够的，教师还必须在此基础上引导学生先进行略读，基本扫清阅读障碍，再尝试着理清文章的脉络，把握文章大意和主要人物情节。

4）精读和精讲文本，捕捉细节，归纳中心。在精读的过程中，教师应该把教学放在对阅读文本细节内容的掌握上，学生可以接触和掌握很多关键词，如新词汇、新语法、好词好句等。在精读和精讲文本后，教师要引导学生对文本进行归纳和总结，理清思路，让学生注意文本的基本结构、常用的语言方式。同时，引导学生找出文本的主题句。

5）朗读文本，体会思想感情。朗读是理解的基础，朗读可以让学生深入理解文本的内涵，在朗读中培养语感，掌握句型和句式，形成良好的语言习惯和素养。学生可以在朗读过程中感悟英语语言的表达习惯，以及作者的思想感情。同时，阅读活动可以为学生的写作和构思作充分的准备。

6）复述和仿写文本。小学阶段的读写内容都比较简单，一般是小故事、小片段和小对话，学生学习文本后，可以利用口语或写作的方式，复述刚学习过的内容，这样不仅能检验学生理解文本的程度，也可以立即强化学过的词汇、句型，强化阅读和写作成效。在此环节，教师还要对写作的技能、规范、要求进行讲解和阐述，鼓励学生根据自己的想法仿写类似的小故事和对话等。

7）拓展写作。教学课后教师可以指导学生以学过的文本为依托，自主筛选或改编自己喜欢和有用的信息，改编情节或人物，让学生在新的思维活动中进行写作实践。

【案例 7.11】“手抄报设计”教学设计

活动目标：此活动中，学生通过阅读来收集和提取信息，以父母的工作为线索创设情境，把知识融入现实生活中，使学生带着问题去阅读，并设计一张题为“What will you be in the future?”的手抄报，锻炼学生的写作能力和动手实践能力，同时引导学生树立远大的理想，尊重别人的职业追求。

活动准备：组建4人左右的小组，课前收集有关“职业”的资料。

活动时间：约20分钟。

活动对象：小学五年级、六年级学生

活动过程：

1. 联系实际，谈父母职业

学生对自己父母的职业大多比较了解，所以学生自由选择搭档互相介绍自己父母的职业，采取对话的形式，比如：

生1：Mary, What does your father/mother do?

生2：My mother/father is a doctor.

……

在交流中，学生开始进入讨论职业的情境中，而且对彼此的父母职业有了一些了解。

2. 略读材料，列举职业

教师引导学生进行有关“职业”的单词接龙，此时学生就会阅读自己收集的有关“职业”的资料，并从中提取出自己想要的信息，比如：

师：除了爸爸妈妈的职业外，你还知道哪些职业？

（学生开始思考，并阅读自己的材料，纷纷回答）

生1：teacher, waiter.

生2：taxi driver, reporter, policeman.

生3：player，writer……

（此环节与学生生活息息相关，学生兴趣浓厚，这个过程培养了学生阅读和说的能力）

3. 精读材料，小组讨论

学生已经知道这些职业，为了继续完善和巩固有关职业的单词和句型，教师引导学生先自主阅读，此时要精读材料，然后进行小组讨论，从而探讨并汇报这些工作的职责。

师：同学们都知道许多职业，但是你们知道这些职业的工作是做什么吗？（What's the duty of this jobs?）

（学生自主精读，然后讨论并汇报）

组1：The teacher's duty is to teach students.

组2：The doctor's duty is to cure disease.

组3：The duty of policeman is to protect our safe.

（这是学生精读材料和讨论的结果）

4. 手抄报设计

师：大家知道这些工作后，是不是觉得爸爸妈妈特别辛苦呢？现在，每个同学都来想想，你长大后想做什么工作呢？

生1：I like books, I will be a writer.

生2：I like singing, I will be a singer.

生3：……

师：大家都有很多想法，现在我们就每个小组来设计一张英文手抄报，我会对设计手抄报的要求和步骤进行讲解，报纸的主题就是“What will you be in the future?”不能完成的部分作为课堂延伸活动。（此环节培养学生的写作和设计能力）

5. 课外延伸，手抄报展示和评比

因为设计和完成一份手抄报需要不少时间，所以学生可以在课外继续这个活动，下一次课堂上，鼓励每个小组都上来展示自己的成果，教师引导学生互相评价，并推选出优秀的作品粘贴在教室里供大家欣赏和阅读。

活动评析：本次活动设计从学生的实际生活出发，指导学生收集和阅读相关资料，扩大词汇量，丰富语法句型，让全部学生都参与到说和做的过程中来，以学生为中心，是把阅读、写作、听、说教学结合起来的一次实践活动。学生初步感知了职业这个社会名词，并懂得怎样去设计一份英文主题手抄报，在实践中潜移默化地进行学习。

第五节 中学物理参与式教学模式

不同的教师可以从不同的角度对中学物理课进行考察和审视，根据物理学科特点和教学任务，可以将中学物理课型分为概念规律课、实验课、复习课、讲评课等，下面就简要介绍这几种常见课型的主要特征、教学要求以及教学模式。

一、概念规律课参与式教学模式

（一）中学物理概念规律课的主要特征

物理概念和物理规律是构成物理知识的基本元素，是客观事物的本质属性在人们头脑中的反映，是物理事物的抽象结果。中学物理教学的核心问题是使学生理解、形成、掌握物理概念和物理规律，并在这个过程中发展他们的认知能力①。概念和规律是从大量的物理现象和物理实验中总结和概括出来的，是观察、实验和科学思维活动的产物，因此具有高度的抽象性和概括性。

（二）中学物理概念规律课的教学要求

物理学的内容大致可以分为物理现象、事实、概念、规律和理论等方面，物理规律反映的是物理概念之间相互联系和制约的关系，所以物理概念是物理规律的基础。在中学物理教学中，学生的智力和能力主要是在观察、实验、探索和分析物理现象过程中理解、掌握和运用物理概念而不断发展起来的。中学生抽象思维能力不强，很难正确理解物理概念和规律，所以概念和规律是教学的核心和难点。新课程改革强调对学生科学素养和科学态度的培养，所以教学绝不是简单生硬地要求学生背下概念和规律的文字表达或者仅仅记住数学表达式，

① 阎金铎，田世昆. 中学物理教学概论[M]. 北京：高等教育出版社，2005: 5.

而应当让学生参与到探究过程中来，了解物理概念的形成过程，理解其意义和使用条件，学会运用概念和规律来分析和解决实际问题。

（三）中学物理概念规律课的教学模式

1）创设问题情境，指向对新概念和规律的需求。概念和规律不是凭空产生，而是以实践和经验为基础前提的。在教学中设置新问题情境，以往的知识概念无法解决，或新现象与原有的概念产生矛盾，学生便会产生认知困惑，产生解决问题的欲望，从而在教师的引导下积极主动地了解和学习新知识，体会到建立新概念和规律的意义和需要，为新知识的学习创造良好的前提。

2）参与规律和概念的形成过程。任何一个物理概念或规律的形成都经历了一个动态的、历史的阶段，都有一个从感性到理性、从低级到高级、从粗糙到严格的产生、发展和演变的过程。以问题为出发点，呈现概念和规律后，教师应该从历史发展过程出发，和学生分享科学家对概念规律的探究过程，培养一种科学精神和态度，让学生热爱科学、敬仰科学。对于一些可操作的过程，应该让学生大胆猜测，并通过实验来探究和验证，学会参与是一种很重要的能力。

3）解析概念和规律。初步了解概念和规律的形成后，必须对概念与规律进行仔细剖析，对一些关键词给予强调和说明，并与其他类似的或易混淆的概念与规律进行比较，从而正确理解和表达概念，明确其适用条件。教师还应阐明这些概念和规律与其他相关知识的区别和联系，帮助学生形成正确、系统的概念。

4）合作探讨。在物理概念和规律建立以后，讨论可以深化学生的认识，小组间交流的内容可以围绕概念及规律的物理意义、适用范围和条件、概念和规律间的关系等展开。通过合作探讨，学生自己不懂的问题可以获得解释和启迪，教师应当统计学生在讨论中出现的问题，统一讲解，保证学生获得正确的知识。

5）多途径运用和延伸。学习知识的目的在于运用，教师要启发学生提出生活中与此概念和规律有关的问题，通过师生共同讨论，逐步分析思路和方法，最终解决问题。同时，组织学生进行运用知识的练习，帮助和引导学生在练习的基础上，逐步总结出解决问题时一些带有规律性的思路和方法。运用和延伸可以巩固所学的知识，加深对概念和规律的理解，提高分析和解决实际问题的能力。

二、实验课参与式教学模式

（一）中学物理实验课的主要特征

实验课是中学物理课程中的一种重要课型。物理实验课的主要任务是引导学生通过观察实验过程或亲自动手实验来获取感性认识，探究理论观点，揭示科学规律，训练实验操作技能，并培养良好的科学态度和求实精神，具有科学性、实践性、生动性、趣味性等特征。

（二）中学物理实验课的教学要求

中学物理实验主要有两大类：演示实验和学生实验。演示实验是由教师完成的实验，学生实验包括随堂探究实验、实验室实验以及学生的课外实验等。本节探讨的主要是学生的随堂探究实验和实验室实验，教学要求如下。

1）做好演示实验。演示实验具有示范的作用，它可以指导学生观察分析物理现象，获得感性认识，为了保证演示实验的成功，教师上课前一定要熟悉实验器材的使用，弄清实验原理及方法，课前先练习几遍，使实验做得规范、熟练、成功，保证取得预期效果。

2）准备充足的器材。无论是随堂探究实验还是实验室实验，都应准备充足、完好的器材，保证每个学生都有资源和机会参与探究实验。

3）明确实验目的及原理。实验前教师和学生都应明白该实验的背景和原理，明确需要解决的问题，即实验目的，同时了解实验原理，并能够尝试找出理论依据。

4）鼓励猜想和怀疑。猜想和怀疑是科学探究所必备的素质，教师应积极鼓励学生利用日常经验或已知事实进行猜想，对一些经验和事实进行归纳、总结，从而提出假设，并根据自己的假设尝试设计实验方案，熟悉实验步骤、材料和器材，明确目的以及在实验过程中应注意的问题。

5）强调参与和体验。体验可以实现从被动获取知识向主动探索知识的转变，教师要采取灵活多样的教学方式，如自学、互学、讨论等，布置一些研究性的课题让学生搜集资料、亲身实践、自我制作，使其获得相关经验。

6）注重科学能力培养。通过物理实验，培养学生发现问题、设计实验方案、收集数据、分析处理实验事实、解决问题等能力，同时使学生养成实事求是的科学态度和良好作风。

（三）中学物理实验课的教学模式

1）创设情境，提出问题。良好的问题情境能引发学生的学习兴趣，有了探究问题和目标，才能使学生明确目的和任务，但教师提出的问题要能引起学生的认知冲突，并和生活密切联系，才能更好地激起学生的探究欲望。

2）自主探究，思考实验原理。面对问题，学生要尝试根据经验和已有知识对问题的结论提出猜想与假设，并思考采用什么样的探究方法及器材，明确实验原理，充分考虑会影响实验结果的因素，争取减小实验误差。

3）合作探究，制定实验方案。自主探究过程中会存在许多疑问，教师要组织建立实验小组，组员阐述各自的想法，通过共同交流，制定实验方案。然后师生一起评估实验方案，指出合理和不足，再进一步完善和优化实验方案，最终选出科学合理的实验方案。

4）开始实验，记录实验。结合实验过程中应注意的问题，以小组为单位，遵循实验步骤认真开展实验，观察实验现象，收集数据并记录，一般至少收集三组数据。

5）总结反思，完成实验报告。实验过程中，学生可能遇到这样那样的问题，所以实验结束后，教师要鼓励学生积极发言，一起讨论和解决遇到的问题，并引导学生反思整个实验，指出优点和不足。最重要的是对探究的结论进行点拨、讲解和概括，帮助学生形成正确知识，体验参与的乐趣，然后根据实验现象和数据完成实验报告。

6）应用创新，拓展延伸。物理知识源于生活现象，教师要启迪学生的思维，诱导学生运用实验结论来解释生活中的现象，并尝试提出新问题，从而不断地探索和实践，解决新问题，实现学习的价值。教师还要善于从课堂知识出发，衍生和拓展一些新问题，注重物理和生活、社会生产的联系，促进知识和实验的创新应用。

【案例 7.12】“测量固体物质的密度”探究实验①

1. 物品归类活动

师：在学习新内容之前，我们先来进行一个物品归类的活动。每个组的桌面上都放有5个正方体的物品，这5个物品都已经涂上了黑色。已知这些物品由两种物质组成，它们的体积关系为V_1最小，$2V_2=2V_3=V_4=V_5$。现在各小组想办法将5个物品分成两类，同一类物质的放在同一边。

师：各小组要将归类的结果写在纸上，并附上理由。在学生进行归类的过程中，教师要巡视各组，了解各组的进展，必要时做些指导。当各组归类好后，教师组织各组交流。

师：好了，现在请各组派代表上来介绍本组的归类情况，第一组先上来。

第一组：我们的归类是3和5归一类，2和4归一类，1不确定。理由是4和5体积一样，5比较重，所以是不同类；2和3体积一样，3比较重，所以5和3同一类，2和4归一类。

第二组：我们的归类是1、3和5归一类，2和4归一类。3、5和2、4的分类理由与第一组相同，1凭感觉和3、5同一类。

第三组：……

第四组：……

这个分类的过程中，学生很容易分出3和5为同一类，2和4为同一类，但在对1进行分类时遇到了困难。

2. 密度概念的引入

师：刚才各组已经分出3和5为同一类，2和4为同一类，对于1大家都还不确定。个别组虽然也对1进行了分类，但理由不充分。

师：要想用比较重量的方法来对1进行归类看来行不通，还有什么办法可以对1进行分类呢？既然是同种物质，肯定有一个共同的性质，我们既然肯定地得出3和5为同一类，2和4为同一类，为什么不从它们那里寻找这些特点呢？

师：3和5为同一类，那3和5的体积关系怎样？

生：5的体积大。

师：它们哪个质量大？

生：5的质量大。

① 易其顺.“密度”探究教学设计案例分析[J]. 物理通报, 2009, (10): 41-43.

师：那同一类物质，它的质量与体积的关系怎样？

生：体积越大，质量越大。

师：既然是体积越大，质量越大，那就有个问题，是成比例增大还是不成比例增大？

学生思考讨论。

师：好，现在各组用实验来证明，用桌上的3和5，或2和4来做。

各小组通过实验得出，同一类物质，体积和质量成比例增加，体积增加一倍，质量也增加一倍。

师：既然各组都得出，同一类物质，体积增加一倍，质量也增加一倍，那说明了什么问题呢？

学生继续思考。

师：汽车做匀速运动时，时间增加一倍，路程也增加了一倍，路程和时间之比(速度)变了没有？

学生：没有。

师：那我们这里，体积增加一倍，质量也增加一倍，质量与体积的比值变了没有？

生：没有。

师：好，那请大家说说，同一类物质有什么共同的性质？

生：同一类物质质量与体积之比不变。

师：匀速运动中路程和时间的比值不变，这个比值叫速度，那么同一类物质质量与体积之比值不变，这个比值叫什么呢？

学生广泛讨论，莫衷一是。

师：其实叫什么并不重要，各个地方叫法不同，不过中国科学家给它取了一个很好的名字叫“密度”。为什么说好呢?主要是从它的名字里你就知道它的含义，“密度”就是物质的疏密程度，比如棉花很松，它的密度肯定小；而铁很紧密，它的密度就会比较大。

师：匀速运动中速度的物理意义是什么？

生：单位时间内走的路程。

师：那么，密度的物理意义是什么？

生：单位体积的物质的质量。

师：很好，不过准确来讲应该是“单位体积内物体所含物质的质量叫密度”。

引导学生进行探究，得出密度的物理意义，将有助于学生对密度加深理解。本案例中，教师在学生成功得出2和4为同一类、3和5为同一类后，就引导学生寻找同类物品的共同性质；当学生分析得出同一类物品“体积越大质量越大”后接着进一步引导，探究得出“同一类物品，质量与体积成正比”。这样的过程也有利于学生进一步理解和掌握知识。

三、复习课参与式教学模式

（一）中学物理复习课的主要特征

物理复习课的类型很多，比较常见的是依据复习间隔时间的长短来划分的平时复习、阶段复习和总复习。其中，平时复习包括课前复习、课上复习和课后复习；阶段复习包括单元复习、期中复习与期末复习等；总复习指初、高中结束前的复习，一般又可细化为系统复习和专题复习①。复习课是以巩固和加深所学知识，克服遗忘，强化理解记忆，使知识结构系统化，同时培养学生的概括能力、运用知识的能力以及终身学习习惯为目标的一种课堂教学形式，重在对所学知识的延伸与巩固，重在对学法的指导。复习课具有反复性、系统性、针对性等特征。

（二）中学物理复习课的教学要求

复习课具有五个要素：清晰准确的重难点、系统完整的知识体系、典型例题示范、变式训练、知识内化提升。教师在进行复习课教学时，应注意以下几方面。

1）复习安排应适时。单元复习一般安排在某章新授课结束以后，学生的学习停留在某个点或者某节内容上，知识体系是零散的，教师应在每单元学习之后安排单元复习课，这样学生遗忘得少，利于知识的巩固。专题复习是针对某个大知识点来展开的，具有系统性和组织性。期中复习和总复习的内容涉及面更广，主要是针对考试测评来展开的。每种复习都有其特点，某个时间段应该开展什么样的复习课必须合理选择和安排。

2）精心设计复习计划和方案。复习课的内容是学习过的知识，为了避免出现沉闷、乏味、面面俱到的“热冷饭”般的复习方式，教师应在复习方案上下功夫，激发学生的学习兴趣，让学生产生新鲜感，以一种积极的心态主动参与复习。复习方案应该突出主线，明确重难点，从而避免漫无目的的讲解。

3）内容和题目要精选。复习课和新授课的最大区别是复习课注重对知识的系统构建，而新授课主要侧重对新知识的解析，所以复习课的内容需要精选，对知识的呈现也要有利于学生知识的构建、知识的系统化。

4）突出重点，抓住关键，适当运用变式训练。复习课教学的一个主要任务是对学生在新授课教学中未掌握的难点知识进行攻克，所以要有“讲”的形式，而巩固重点知识的手段主要是“练”，所以复习课教学是有讲有练的活动，教师在精选题目时要做到内容全面、形式经典、方法灵活多样，巧妙开展变式训练。

5）重视知识的整理和构建。复习课教学是对过去所学的知识点的提取和再现，但知识要点并不是孤立静止的，而是具有逻辑和联系的，教师应引导学生把头脑里分散和零碎的知识要点进行系统梳理和总结，理清条理和脉络，传授方法，比如利用图表和框架建构出各自的知识网络体系，有效促进后续学习。

---

① 阎金铎，田世昆. 中学物理教学概论[M]. 北京：高等教育出版社，2003：144-148.

（三）中学物理复习课的教学模式

1）明确目标。复习课教学要结合学生的实际情况，确定符合课程标准的要求，并能满足学生需求的可操作目标，比如基本概念和基础知识的理解与应用、基本方法及知识的迁移，让学生明确本节课的复习任务及所要达到的要求，使得自主复习具有针对性。

2）自主复习。学生根据复习的目标，带着任务和问题复习，自主感知学习内容，掌握一些基础知识点，并深入思考方法论方面的知识，形成初步的知识框架。

3）习题检测，合作交流。要求学生在规定时间内完成复习方案中的训练题，并通过学生的互批和自批，发现自主复习过程中存在的问题，列出难点、疑点和易错点、易混点清单。教师不仅要积极鼓励学生自主探究问题根源，还要开展小组合作学习，就各自对某些问题的理解、认识、掌握程度进行互帮互学，并组织组员之间、组与组之间的交流展示，破解重难点问题，构建相对完善的知识框架。

4）反馈矫正，精讲点拨。在合作整理的基础上，给学生充分表现自己才能的机会，用精确的语言来阐述问题，教师再根据交流结果和发言表现进行评价和鼓励。针对汇总的重点、难点、疑点知识进行精讲点拨、分析总结、归纳提升，帮助学生理清解决问题的思路，找到方法和规律，促进学生对知识的理解、掌握、运用。

5）构建网络。知识梳理可从重难点、易错点、易混点、易忽视点等方面出发，启发学生将相似、相关的知识联系起来，进行异同比较，总结规律，理清知识间的内在联系，建构知识网络。

6）变式训练，拓展延伸。设计适当的变式训练题，提供时间给学生练习，做到举一反三，从而把类似的方法迁移到不同的问题中，也可以拓展到生活和生产中，创新应用，提高解决问题的能力。

【案例 7.13】“声现象”教学片断

1. 引入复习，明确目标

师：同学们，能听到我说话的声音吗？

生：能。（学生齐回答）

师：（改变音调说话让学生体验差异）

师：声音是我们人类很重要的交流工具，大家已经学习过关于声音的知识，回忆一下，声音是如何产生和传播的呢？

生：喉咙震动，发声……

师：有关声音的知识丰富多彩，这节课我们开始复习“声现象”的知识，复习任务主要有以下几方面：

1）知道声音是如何产生和传播的。

2）知道声音在空气中的传播速度以及不同介质中速度不同。

3）知道声音的三个特性。

4）了解回声测距的原理。

5）知道噪声的危害和控制。

6）掌握声音的应用。

2. 自主梳理知识

师：打开课本，查看目录，然后自主复习“声现象”的知识点，梳理出知识框架和脉络，教师进行适时指导，然后挑选出比较清晰合理的知识框架给学生展示。

3. 检测互评，合作交流

教师给学生呈现一些相关测试题，比如：

1）声音是由物体的（　　　）产生的。

2）声音的传播需要（　　　），（　　　）、（　　　）、（　　　）都可以传播声音。

3）一般情况下，声音在（　　　）中传播得最快，（　　　）中传播得最慢。

4）物体在每秒内传播的距离叫（　　　），单位是（　　　），声速的计算公式是（　　　），声音在15℃的空气中的传播速度为（　　　）。

5）声音的特性包括（　　　）、（　　　）、（　　　）。

……

师：（PPT上展示正确答案）

师：同桌或者组员交叉互相评改，并根据测评的结果自主查找复习过程中存在的问题，列出难点、疑点和易错点、易混点清单。

生：学习小组交流各自对某些问题的理解、认识，进行互帮互学，破解重点、难点问题，并记录下没有解决的问题。

4. 反馈矫正，精讲点拨

师：针对大家的讨论，同学们可以派代表发言，指出目前存在的、尚未解决的问题。

生1：人耳为什么能听到说话的声音？

生2：音色和音调有什么区别？

生3：如何减少噪声？

……

师：记录学生的发言，并适时鼓励其他学生勇于表达自己的想法，有问题并不可怕，关键是要努力解决问题。

师：根据学生反馈的问题，教师进行精讲点拨，矫正学生欠妥的思维和思考方式，教给他们正确的方法。同时，声音与我们的生活密切相关，教师要列举生活中的例子进行说明和解释，启发学生运用知识，再巩固知识。

5. 表达收获，构建网络

师：这节复习课同学们有什么收获呢？

生1：知道了声音不可以在真空中传播。

生2：音调指的是声音的高低，而音色是声音的品质特征，主要取决于发声体的材料和结构。

生3：我知道减弱噪声的三种方法，安装消声器可以在声源处减弱噪声，隔音墙可以在传播过程中减弱噪声，戴耳塞可以在声音接收处减弱噪声。

……

师：很好，复习之前你们都有许多不懂的问题，现在明白了，那为了更好地学习和巩固，现在联系整章知识点，我们一起来做更详细的梳理，根据大家的理解构建出更完善的知识网络。

6. 变式训练，拓展延伸

师：物理是一门实践性很强的学科，物理源于生活，服务于生活。根据今天的复习，同学们在课后观察和搜集资料，思考声音在我们的生产和生活中还有什么其他用处。

生1：超声波……

生2：次声波……

案例评析：该案例在复习之前就明确了复习目标，又通过测评活动扩大了学生的参与度。根据学生的实际情况进行有的放矢的复习，避免了枯燥乏味的复习状态。在复习教学中，教师积极鼓励学生表达自己的问题和看法，发挥了学生的主观能动性。以学生为主体，建立合作交流，可以激发学生的学习兴趣和求知欲。密切联系生活，让物理知识真正应用到实际生活中，为生活服务，从而体验学习的乐趣。

四、讲评课参与式教学模式

（一）中学物理讲评课的主要特征

根据讲评的内容，中学物理讲评课可以分为习题讲评、作业讲评和试卷讲评三大类，其中，试卷讲评是最常见的讲评课。讲评是以补弱纠错和能力提升立意的课型，它可以及时反馈教与学双方存在的问题，丰富体验，熟练技巧，规范学生的解答，具有反馈性、实效性等特征。

（二）中学物理讲评课的教学要求

1）注意对学生的情感激励。测评结果的好坏会影响学生的情绪和信心，所以讲评课教学应关注对学生的情感激励，对表现好的学生给予赞赏和鼓励，坚定其信心，对出现失误的学生给予安慰并消除其压抑感，找出其优点进行鼓励，然后修正不合理成分。不管体验成功或失败，学生都可以吸取经验和教训。

2）倡导归类讲评式教学策略。测评内容一般都比较系统，所以教师开展讲评课教学可以采用归类的方法，比如按知识点、解题方法以及学生的错因来归类剖析，突出典型性与拓展性，使学生明确错误产生的原因，掌握解决同一类型题目的思路和方法。另外，讲评内容应由易到难，突出层次性与时效性，使学生在最佳时段内解决最关键的问题。

3）注意问题的开放性和延伸性。讲评过程中，教师不能就题论题，孤立地讲解知识点，而应从题中找出考点和本质，启发学生从多方面来拓展和延伸，突出开放性和延伸性，达到一题多变的效果。

（三）中学物理讲评课的教学模式

1）测评分析，统计记录。教师对试卷、试题及答题情况做概要分析，然后逐题进行错误、失分原因统计，并分析和比较学生在测评结果中表现出的差异，为课堂讲评提供充分的证据。

2）自主纠错寻因。学生通过自主学习，找出每道错题的出错原因，纠正一些简单的错误，把做错的题进行错因归类，归类方式有很多，比如概念理解不透、计算粗心、难度太大等。

3）小组合作，共同促进。自主纠错之后，教师要引导学生进一步分析测试过程中存在的深层次原因，勇于表达自己的困惑，对部分学生不能解决的题目及疑问，可发挥小组合作学习的作用，组织学生进行互查、互帮、互补，力争在小组合作过程中解决，若还是解决不了的问题，一起归纳并作好记录。

4）释难答疑，方法指导。根据学生暴露出的问题，教师需要重点指导，找出通病和典型错误，并探寻学生的思维薄弱点，进行有针对性的辨析。改正错误，再进行方法指导，提高学生的纠错能力，达到举一反三、触类旁通的目的。

5）变式训练，内化知识。对出现的重点、难点以及有代表的共性题应设计相应的变式训练，变换角度和思维，反复刺激来强化学生对知识的同化和顺应，最终内化为真正的知识。

6）反思总结，整理错题卡。要求学生对错题加以分析、反思、订正，整理和记录错题卡，并根据错误原因、题型、知识点写出测评感悟。

第六节　中学化学参与式教学模式

《义务教育化学课程标准（2011 年版）》指出义务教育阶段化学课程包括的主题有：科学探究、身边的化学物质、物质构成的奥秘、物质的化学变化、化学与社会发展等，这些主题共同构成了化学学习的重要模块。中学化学按照课型可以分为新授课、实验课、讲评课、复习课，其中新授课的内容包括元素化合物知识、化学基本概念、化学原理以及相关的化学计算，是化学教学中最基本的课型。

一、新授课参与式教学模式

（一）中学化学新授课的主要特征

新授课是以传授新知识、学习新方法、培养学生好奇心和探究兴趣为主要教学任务的一种课型，是课堂教学中最常见的一种课型，具有新奇性、有效性、目的性、活动性等特征。

（二）中学化学新授课的教学要求

1）知识“新”，观念“新”。知识“新”指的是在新授课教学中，教师要保证所教授的知识能刺激学生的求知欲，给学生新的认识，学生学习后有新的发展。观念“新”主要是指要破除传统的以教师为中心的讲授，树立师生平等参与的观念，建立一种自由、开放的新课堂。

2）导入时引发兴趣，授课时保持兴趣。教与学统一性的起点在于激发学生的学习兴趣与愿望，兴趣是认识过程中所需要的良好情绪，所以在新授课的导入环节教师要设法激发学生的兴趣，从而使学生产生积极主动的心态，并在整个教学过程中保持这种兴趣，促进教学活动有效进行。

3）用“活”的方式，把学生教“活”。传统的课堂教学方式单一，参与式教学要求教师用灵活多样的方法把教材用活，积极鼓励学生敢于提出问题，鼓励学生用自己的方法学习，重视学生的思维训练，关注学生在行为、情感、认知等层面的参与度，引导学生参与到知识的生成过程中来，增强学生的主体意识。

4）落实目标，促进学生全面发展。新授课的目的非常明确，就是学习新知识，参与式教学要求教师合理界定教学内容的广度和深度，明确教学的重难点和关键点，切实保证目标的实现。同时，参与式教学强调由知识传授向情感渗透、能力发展延伸，切实贯彻三维一体的教学目标。

5）着眼于科学素养的提升。化学教学有责任引导学生初步认识化学与资源、化学与材料、化学与环境、化学与人类健康之间的关系，帮助学生理解科学的本质，提升学生的科学素养，逐步树立科学发展观，领悟科学探究的方法，培养学生的创新意识。

（三）中学化学新授课的教学模式

1）创设情境，激趣导入。通过演示实验、讲化学故事、复习旧知等方式，创设学习情境，激发学生的学习兴趣，从而使学生尽快进入学习状态，把学习转换成一种有趣的探究体验，而不是当做一种沉重的负担，有利于学生集中注意力，积极主动地开展学习。

2）自主预习。培养学生提前预习的好习惯，通过自主预习，大概了解新授课的内容，认识一些基本概念和原理，尝试找出问题和疑惑，并带着这些问题任务进入学习，培养学生的自学能力。

3）认真思考，开展探究。围绕问题，组织学生认真观察和思考，收集资料和数据，设计探究方案，给学生充分展示的机会和空间。接着合作讨论，完善探究方案，在教师的指导下开展探究，根据探究活动结果给学生广阔的思维天地。

4）合作讨论，讲解疑难。鼓励学生发言，阐述探究中存在的问题，教师统计并标记共性问题，学生采用对话、辩论等方式开展合作探究，各抒己见，集思广益，思维互补。同时，教师适时进行点拨和讲解，使思路变得清晰、明确，共同解决问题。

5）知识总结，巩固提高。学生对探究获得的资料和数据进行分析、总结，得出结论，验证或批判猜想和假设，完善结论和知识点，使学生获得正确和完整的知识。教师还可以再鼓励学生积极表达、暴露问题，继续探究问题、解决问题，这是一个非常重要的循环。习得知识和规律后，学生可以运用这些新知识去解释生产和生活中的现象和问题，体验学习化学的乐趣和价值，进一步巩固新知识。

6）反思已知，尝试运用。新授课接近尾声时，学生要重新梳理和反思一下整个学习过程，明确知识点，形成系统的脉络，完善认知结构，促进有效学习。同时，可以鼓励学生参与课后的练习和实践活动，锻炼学生运用知识解决问题的能力，在运用中实现思维碰撞、升华认识、丰富体验。

【案例 7.14】“空气”教学设计①

仪器和药品：集气瓶、胶塞、燃烧匙、导管、烧杯、酒精灯、火柴、水槽、红磷。

教学过程：

1. 创设情境，激趣导入

师：展示旅游景点“绵山”的图片。

生：（欣赏）

师：每年来绵山旅游的人数高达数百万，同学们欣赏了图片，猜猜绵山为什么能吸引那么多游客呢。

生：（众说纷纭，有学生提到了空气质量好，空气清新）

师：是的，绵山拥有全国质量一流的空气，被人们称做“天然大氧吧”，可是，你们能看到、摸到空气吗？

生：不能。

师：空气究竟在哪里呢？这节课我们就来学习第二单元“我们周围的空气”中的第一课题“空气”。（板书课题）

2. 自主预习

师：空气看不见也摸不着，同学们首先预习课本，然后结合生活经验思考一个问题，我们在生活中能感受到空气的存在吗？怎么才能感受到？

生：（预习课本，5分钟左右）

师：我们能感受到空气的存在吗？

生：能。

师：怎样才能感受到？

生1：吹电风扇，感觉很凉，就是因为有空气在流动。

生2：给自行车打气，就是将空气吸入气筒，然后车胎才会鼓起来。

……

师：很好，同学们都联系了生活中的经验证明我们能感受到空气的存在。

3. 认真思考，开展实验探究

师：同学们都很聪明，仔细想一想，能否设计一个简单的课堂实验来证明空气的存在呢？（教师引导启发：一个空烧杯里有什么？将它倒过来慢慢压入装有水的水槽中会发生什么现象呢？）

生：（自发组建实验小组，开展探究实验）

组1：压下去有些费力。

组2：小烧杯口有气泡冒出，水槽中的水无法升到小烧杯的底部，说明有空气

① 张爱喜，张四保. 初中化学课堂教学课型[M]. 长春：吉林大学出版社，2008: 19-22.

存在。

师：这个简单的实验确实能证明空气的存在，那么空气究竟由什么组成呢？（引出学习的第二个重点内容）

4. 合作探究，讲解疑难

师：关于空气的组成成分，科学家经历了几百年的研究才有了结果。（教师播放拉瓦锡研究空气成分的动画实验）

生：仔细观察动画演示。

师：今天我们能否像拉瓦锡一样用定量的方法来测定空气中氧气的含量呢？（板书：测定空气中氧气的含量）

师：教师做实验演示（边操作边讲解重点、难点、关键点），帮助学生明确探究的目的和实验原理。

生：分成4个实验组，制定实验方案，建立猜想和假设。

师：来回巡视并指导，确立合理和可操作的方案。

生：动手实验，教师指导。（约10分钟）

师：经过实验探究，同学们都有了结果和想法，各小组派一名代表来展示实验现象和结果并分析原因，阐述实验中出现的困惑和问题。

生：汇报，展示。

师：边听边记录问题，结束后让学生讨论哪个小组的方案和实验结果更具有科学合理性，争取解决现有问题。

生：讨论。

师：点评，进行实验的梳理和知识点的总结，由红磷燃烧的实验现象和化学方程式得出"氧气约占气体体积的五分之一"的结论，并逐一分析有些组的实验结果偏大或者偏小问题。

生：将知识点和答案补充完整。

师：这是课堂测定空气成分的粗略实验，目前科学家们已经用非常精确的方法测出了空气中各种成分的体积分数。（板书：空气的精确成分）

师：展示空气中各成分所占的体积比例。（氮气78%，氧气21%，其他混合气体1%）

5. 知识总结，巩固提高

师：总结本节课的实验探究过程和知识点。（空气的性质、空气的成分、红磷燃烧的实验现象和化学方程式、各成分的体积比例等）

师：呈现课堂练习。

……

6. 回顾反思，尝试运用

反思：实验探究方案、实验现象、目标达成度以及尚有困惑的问题过程。

课外延伸：空气在实际生活中的应用有哪些？试举例说明。

案例评析：本课从学生的实际经验出发，引发学生的学习兴趣，尽可能地鼓励学生参与，创造机会让学生在探究中提出问题、解决问题，动手动脑、互相合作，强调学生的主体性，丰富了教学方式。

二、实验课参与式教学模式

（一）中学化学实验课的主要特征

化学是一门以实验为基础的学科，而实验本身就能引发学生浓厚的认知兴趣和强烈的求知欲望。中学化学实验教学包括实验基本操作教学、常见气体的制备教学、化学基本概念和原理实验教学、科学探究实验教学等，本章探讨的主要是科学探究实验教学。实验本身的特性决定了实验课教学方式的多样性、实验结果和方法的不确定性、实验原理的科学性，实验课总体表现出明显的参与性、体验性和操作性等特征。

（二）中学化学实验课的教学要求

《义务教育化学课程标准（2011 年版）》与原教学大纲相比，加强了实验教学，把以前很多的演示实验改为活动探究，并增添了许多家庭小实验，其目的是突出学生的实践活动，充分发挥学生学习的主体性。新课程标准的指向决定了化学实验课的教学要求。

1）验证性实验向探索性实验转变。中学化学教材中的实验多为验证性实验，传统教学通常是由教师演示、学生观看，参与式教学强调学生的积极主动参与，所以教师应多给学生参与实验、动手操作的机会，把验证性实验设计为探究性实验，让学生体验实验、热爱实验。

2）优化实验形式，提高学生的参与程度。新课程理念下，教师只是学生学习的组织者和引导者，学习对学生来说意味着好奇、探究、认知，教师只有最大限度地让每个学生都参与进来，才能实现以学生为主体的教学目标。要提高学生的参与程度，增强学生的主动性和自主性，就必须立足于对实验形式的丰富和优化。

3）运用现代多媒体技术辅助实验教学。实验具有复杂性，往往会受到许多条件的制约，比如环境、器材、药品等。复杂实验很抽象，学生理解起来较困难，在课堂中无法演示，也没办法探究，实验室中也会因为器材的缺失而被搁置。此时，最好的办法就是借助多媒体做虚拟动画展示，辅助教学，帮助学生理解。

4）实验联系生活。引导学生结合日常现象和化学学习提出问题，做出猜想和假设，然后自主设计实验或活动方案，寻求解决问题的依据，并学会与他人合作处理有关的信息和资料，从中体验活动的乐趣和积极的学习态度，培养学生的科学态度和价值观。

（三）中学化学实验课的教学模式

1）引出问题，明确目标。教师根据教学内容和要求，以学生的经验作为出发点，创设与人们生产和生活实践密切相关的情境，引出具有探究价值的问题，并使学生明确本节实验课的任务和目标，启发学生的认知思维。

2）自主学习，找出实验原理。除了教材，教师可以给学生提供相关的实验材料，组织学生预习，通过预习了解实验的理论依据和实验原理，并进一步对实验所涉及的有关基础知识和基本方法进行有针对性的复习回顾，加深对实验目的的认识。

3）提出假设，设计实验。教师提出问题会引发学生的好奇、怀疑、困惑和矛盾，形成探究问题的心理情境，促使学生联系教材和实际生活事实构思实验，提出某种假设，作出操作上、现象上、结论上的某种预测。然后小组合作讨论、确定实验方案，熟悉实验步骤和器材，弄清实验过程中应注意的问题。

4）开展实验，合作探究。在教师的指导下，各小组组装仪器，选择好药品，结合实验过程中应该注意的问题，开展科学实验探究活动。实验要遵循方案中的实验步骤，采用合适的方法边操作边记录实验现象和实验数据，获取充分的材料。实验结束后，教师留几分钟时间让学生归纳总结，形成完整的实验记录。某些组的学生可能面临实验失败或不理想的问题，教师要引导学生以正确的心态看待问题，以实事求是的科学态度对待实验结果。学生根据实验事实和结果进行科学的分析、讨论和争辩，揭示产生的现象和问题的原因，引导学生使探究更深入而有意义。最后总结和评价，得出实验结论，概括出系统和完整的概念、原理和规律。

5）交流体会，完成实验报告。学生切身体验整个实验操作过程，经历了成功与失败的分析，鼓励他们大胆发表见解，交流心得体会，包括实验过程中应注意的问题、实验中存在的问题，以及实验误差出现的原因等。另外，教师可以呈现变式问题，启发学生用习得的新知识、新思维、新方法来解决，使新知识得以升华和迁移。最后，学生根据实验过程、结果、结论在课后完成实验报告。

【案例 7.15】“氢氧化钠变质”探究实验教学

1. 仪器和药品

固体NaOH、试管（带导管的单孔塞）、足量氯化钙溶液、稀盐酸、酚酞试液、漏斗等。

2. 教学过程

（1）提出问题

上课前，教师将一瓶未用完的NaOH固体敞开，不要盖试剂瓶盖，两天后，装有NaOH固体的试剂瓶塞上出现了大量的白色粉末。教师将这个试剂瓶带上课堂，展现给学生观察，结束后教师提出问题：

瓶塞上的白色粉末是什么？

这些白色粉末是如何产生的？

这些白色粉末和NaOH固体有什么关系？

……

（真实的问题情景是激发探究兴趣的最好方式，也是诱发探究问题的源泉，学生对教师呈现的问题产生了求知欲望）

师：这就是本节课我们要通过实验进行探究的问题……

（2）自主学习，找出实验原理

师：我们已经学习过NaOH的物理性质，知道NaOH必须密封保存。现在同学们带着问题回到教材，复习并预习和氢氧化钠相关的知识点，思考为什么会产生白色粉末。

生：自主学习……

（3）提出假设，设计实验

师：同学们根据自己的看法猜想白色粉末是什么，是如何产生的。

生1：固体NaOH发生了挥发，白色粉末是NaOH。

生2：固体NaOH变质了，与空气中的二氧化碳发生了化学反应，产生了白色粉末。

生3：白色粉末是Na_2CO_3。

生4：只有一部分发生了变质，白色粉末是Na_2CO_3和NaOH。

师：同学们的猜想和假设都有一定的依据，我们要怎么才能证明自己的假设是正确的呢？引导学生讨论。

师：组建小组，具有同种假设的同学皆为一组，根据大家的猜想设计实验方案，然后讨论并确定实验方案。通过实验探究证明白色粉末是什么、为什么会产生白色粉末等问题。

（4）开展实验，合作探究

遵循实验方案中的步骤，结合实验中该注意的问题，在教师的指导下，开展实验探究。

方案1：取白色粉末放入试管中，加入稀盐酸，若没有气体产生，再加入足量的氯化钙溶液，仍没有产生白色沉淀，则证明白色粉末中没有Na_2CO_3，只有NaOH。

方案2：取白色粉末放入试管中，加入稀盐酸，若有气泡产生，则往试管中加入足量的氯化钙溶液，过滤，如果产生白色沉淀，说明白色粉末中有Na_2CO_3，但不能证明有没有NaOH。

方案3：取白色粉末放入试管中，加入稀盐酸，有气泡产生，则往试管中加入足量的氯化钙溶液，过滤，产生白色沉淀，再往试管中滴加酚酞试液，若试液变红，则证明白色粉末是Na_2CO_3和NaOH的混合物。

师：根据自己的猜想和假设，同学们都已经证明了白色粉末是什么，给大家五分钟的讨论时间，然后派一个代表发言，先说明自己组的假设是什么，然后呈现本组的实验方案，描述实验现象，得出本组的实验结果。

生1：固体NaOH发生了完全变质。

生2：固体NaOH发生了部分变质。

师：我们已经得出结论，白色粉末是固体NaOH发生变质而产生的，可是如何产生的呢？

生：与水蒸气、空气中的二氧化碳发生了反应。

师：我们能否设计一个简单实验来探究白色粉末的产生原理呢？

生：谈论，制订方案，

（在教师的指导下开展实验）

方案1：取少量NaOH溶液放入试管中，通入二氧化碳，一段时间后，向所得的溶液中滴加稀盐酸（或者氯化钡溶液），观察现象。

方案2：……

组1：滴加稀盐酸（或者氯化钡）溶液后，观察到的现象是产生气泡或者白色沉淀。

组2：……

师：同学们根据不同的猜想和假设制订了不同的实验方案，经过探究也得出了实验现象和结论。

（5）交流体会，升华迁移

师：鼓励学生交流表达在整个实验探究中得到的结论和启示

生：固体NaOH发生了（完全）变质。

白色粉末里含有Na_2CO_3（和NaOH）。

变质的原因：固体NaOH和空气中的水蒸气、二氧化碳发生了化学反应。

变质涉及的化学反应方程式：$2NaOH+CO_2 = Na_2CO_3+H_2O$

……

师：展示相关习题。

生：课后完成实验报告，学着迁移运用。

案例评析：实验室经常发生NaOH变质的现象，教师提出的问题和学生的学习经验相关，较容易激发学生的探究欲望。在整个实验过程中，教师没有固定学生的思维，而是鼓励学生作出不同的猜想和假设，设计多元的探究方案，不是验证结论，而是探究结论。学生可以根据自己的假设自由组建小组，提供自由选择的机会，充分体现了学生的主体性，有利于培养学生的合作探究能力。

三、讲评课参与式教学模式

（一）中学化学讲评课的主要特征

化学教学中的测评形式多种多样，有作业、习题、试卷，其中试卷测评一般又包括单元测评、期中测评、期末测评等，每一种测评活动都对应着教师的讲评，所以讲评课也有多种不同的形式，作业讲评和试卷讲评是常见的重要课堂教学形式。本章讨论的主要是参与式的试卷讲评教学。讲评课是中学化学课堂教学的重要组成部分。它既能巩固所学知识，查缺补漏，也能帮助学生认识自己的不足，及时调整学习心态和学习方法，在丰富体验、巩固基础、规范解题、熟练技巧、开阔思路、培养学生解决问题和应用创新能力等方面有着重要意义。

（二）中学化学讲评课的教学要求

1）讲评目标要明确，有针对性。一般的讲评课教学中，教学内容会根据学生的测评情况来安排，所以上课之前对考情的分析是必不可少的。教师必须认真阅卷评分，做好成绩统计分析，包括平均分、合格率、优分率、低分率以及各分数段的人数分布情况，统计好每题的得分率、解答情况等。同时，积极鼓励学生写意见书，参考哪些题目需要重点讲解，哪些可以简单点拨，这样可以扩大学生对讲评课的参与度，保证讲评内容具有普遍性、典型性和针对性。

2）注意对讲评内容进行归类。试卷测评涉及的知识点一般比较复杂和广泛，再加上学生的认知水平参差不齐，使得测评结果具有复杂性。一些调查发现，许多讲评课学生收获不大，最主要的原因是知识点、解题方法混乱及讲解面面俱到，学生理不清思路，产生厌烦心理，所以要实现讲评内容的优化，提高讲评有效性，需要教师对讲评内容进行归类。

3）注重情感激励。在各种升学压力的影响下，学生的情绪往往会受到测评结果的影响，此时教师要注重情感激励，学会欣赏学生，对暂时落后的学生要和他们一起寻找原因，鼓励其克服困难，挖掘他们答卷中的闪光点，肯定其进步，让他们在赞扬声中获得满足和愉悦，但也要针对他们的错误解法作出合理纠正。对成绩好、进步快、解题规范、思路清晰的学生进行表扬，点燃学生智慧的火花，激发其内在的更大潜能。

4）矫正补偿[①]。矫正补偿是讲评课的延伸，也是保证讲评课教学效果的必要环节。这一环节可建议学生建立错题集，把自己在考试中出现的错题收集在错题集中，并作好原因的分析。同时，依据讲评情况精心设计一些有针对性的变式训练，作为讲评后的矫正补偿练习，使讲评达到一题多练、举一反三的效果。

（三）中学化学讲评课的教学模式

实施参与式的化学试卷讲评课，一般包括以下基本环节：考情分析→纠错寻因→合作探讨→总结点评→矫正补偿。

1）考情分析。考情分析是指教师课前开展的对试卷、试题及答题情况的统计和分析。目的是找出问题，这里的问题是多方面的，比如知识性问题表现为对概念理解有误、基础知识掌握不牢固，逻辑性问题表现为解题思维混乱、逻辑不严密、表述不清晰，策略性问题主要表现为解题方法以及考试策略的偏离，心理性问题指测评过程中出现的紧张、焦虑、烦乱的情绪问题。通过多层次的问题分析，为课堂讲评提供依据，明确讲评目标。

2）纠错寻因。考情分析不仅是教师的任务，学生也应该积极参与，参与方式首先是纠错寻因。学生通过自查自纠，进行错因分析，找出每道错题的出错原因，把错题以及错因进行归类。学生也可通过对基础知识和基本方法的回顾再现，解决那些能够自行解决的问题，同时记录下不能解决的问题。

3）合作探讨。为了便于合作学习，教师可以适当干涉，帮助学生组建同质或者异质学习小组，引导学生合作探讨，听听彼此的见解，开展互帮、互补、互评活动，达到互惠共赢，共同解决个别学生存在的个别问题，遇到仍然解决不了的问题，作好记录。

4）总结点评。针对学生出现的相关问题，以小组为单位，请学生代表展示讨论的结果，展示方式可实现多元化。小组展示后可让其他组的同学进行点评并针对现存的问题给出解决建议，这样既能保证学生在小组间交流，还能把合作学习拓展到全班，扩大参与度。汇报后，教师要进行适当的鼓励和表扬，激发学生的成就动机，并针对如何提高合作学习的有效性给出建议。在解决问题方面，要分析考查方式、考查内容、考查题型、考查评价等，帮助学生明确知识点和能力方面的要求，从而调整自己的学习方式和学习目标。对于交流结果，教师也应及时引导和点拨，保证学生习得的知识、方法、原理具有科学合理性。

5）矫正补偿。学生试卷中反映的问题大多是教学过程中的重点和难点，学生不可能通过一次测评或者讲评就能完全掌握，因此学生做错题集锦是有必要的，通过对错题加以分析、

---

① 顾新华. 物理讲评课教学的基本原则[J]. 物理教师, 2003, 24(5): 39.

反思、订正来强化刺激，巩固知识和方法。另外，设计相应的变式练习，以练促思，以练促改，练中悟法。变式训练还可以让学生内化知识，掌握方法、思路、规律，从而提升学生的解题能力。

四、复习课参与式教学模式

知识学习总会经历遗忘过程，复习对学生的学习起着总结、深化、提升的关键作用，只有反复复习，学过的知识才能不断再现，记忆才能被强化，从而减少遗忘。

（一）中学化学复习课的主要特征

每种课型都有其自身的特点，复习课就是对学过的知识进行巩固和梳理，形成新的认知结构，并促进知识系统化，提高应用知识和解决问题能力的一种课型。新授课中，教学重点是理解知识产生的过程，而复习课是把平时相对独立的知识，以再现、整理、归纳的方式串联起来，进而使学生加深对知识的理解，建构知识间的内在联系，提升分析问题与解决问题的能力①。根据教学的进度安排和教学任务的不同，复习课包括平时复习、单元复习、专题复习、期中复习、期末复习等形式，复习课和其他课型相比有其自身的独特性，比如教学内容的选择性和重复性、知识的系统性和迁移性、目标的整体性和综合性等。

（二）中学化学复习课的教学要求

1）摆脱“讲解—练习”的机械训练方式，凸显学生主体性。传统的复习课教学枯燥乏味，形式单一，学生的参与度不高。为了让学生产生新鲜感，教师要从新的视角出发，转变观念、把握内容、讲究策略，利用信息和多媒体技术创新复习方式，促进学生积极主动参与。

2）注重内容的科学性，建立合作学习小组。复习的内容要有一定的选择性和灵活性，应抓住知识点优化复习内容。建立合作学习小组，共同讨论和探究复习过程中遇到的问题。

3）利用图表梳理和建构知识网络。复习教学的一个核心任务就是引导学生建构属于自己的知识体系，所以教师要教给学生概念图和图表的使用方法，使学生学会利用图表完成知识网络的构建。

4）习题演练，多激励性评价。习题演练可以加强知识的记忆和运用，教师要选择全面、灵活、精要的练习题呈现给学生，演练的结果也要采取多元的评价方式，以激励性评价为主。

（三）中学化学复习课的教学模式

1）总结梳理，绘制图表。以学习新课时所做笔记及习题作为线索，教师演示如何建立概念图、表格、框架，学生学习方法，然后自主探究，认真梳理本单元或本专题涉及的相关知识点，并根据自己的实际掌握情况和理解来确定知识点之间的联系，从而在教师的引导和帮助下构建出符合自己的认知程度与特点的知识网络关系图。

---

① 杨丽丽. 初中化学复习课教学的研究[D]. 济南：山东师范大学，2013: 18-19.

2）小组交流，查漏补缺。组建合作学习小组，通过组员之间的交流，学生首先可以发现自己疏忽缺漏的或者可以再延伸拓展的知识点，其次还可以学习其他学生在知识整理中的思路及构图方法，并能意识到其他学生的关系图的优缺点以及改进的方法，进一步丰富完善自己的关系图。

3）班级展示，互动互评。通过各个学习小组的自荐、互评选出小组代表作，鼓励作者上台发言，从知识梳理、构思方法和关系图的特色等方面进行阐述，指出小组内现存的问题，比如有些知识点无法建立关系图等。发言结束后全班学生一起讨论，尝试解决大家提出的问题，教师进行适当启发和引导，最终解决问题。

4）教师点评，总结提升。交流和展示之后，教师要做适当的总结和评价，内容包括对学生构建关系图的思路、过程以及各小组提出的问题的价值肯定和点拨，并针对大部分学生图表的建构以及知识体系的总结方面给出建设性意见。

5）类化练习，创新应用。知识复习最终是为了运用并形成新的认知结构，所以复习课中的练习环节是有必要的，教师可以开展灵活和丰富的知识练习、应用练习，把练习拓展延伸到实际生活情境中实现创新应用。

【案例 7.16】“常见酸、碱性质关系图”教学片断①

……

师：呈现某学生的关系图，提出问题：你能找出下列哪些物质能与HCl、$Ca(OH)_2$发生化学反应吗？请你在图中画对应连线。

1）下述能与HCl反应的化学方程式：

① ________；② ________；

③ ________；④ ________；

⑤ ________。

2）下述能与$Ca(OH)_2$反应的化学方程式：

① ________；② ________；

③ ________；④ ________；

⑤ ________。

3）上述反应分别体现了酸、碱的哪些性质？请你在图7.2中画对应连线。

……

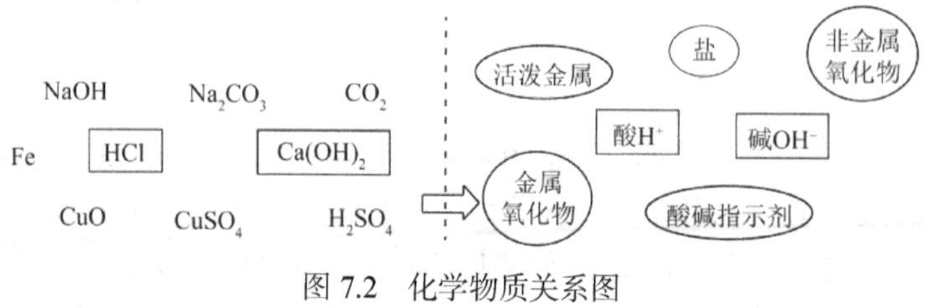

图 7.2　化学物质关系图

片断评析：该案例是复习酸碱性质的教学片断，略去了教学模式中的前三个步

① 杨丽丽. 初中化学复习课教学的研究[D]. 济南：山东师范大学, 2013: 24.

骤，教师呈现出某个学生代表的关系图，再引导学生探寻二者的关系，真正发挥了关系图有结构、有逻辑的优点。学生通过参与设计关系图，加深了学习印象，有利于知识网络的构建，对知识的提取和再现有较大帮助。

【课后练习】

一、简答题

1. 谈谈小学阶段的学生身心发展规律。
2. 试述小学语文口语交际课的重要性。
3. 简述中学物理或化学的学科特点。
4. 新课程改革后，小学数学新授课的参与式教学有什么新要求?
5. 小学英语听说课的参与式教学模式应包括哪些环节?

二、论述题

1. 试论参与式教学模式与传统教学模式之间的关系。
2. 试述参与式教学与传统教学在教学设计方面有哪些区别。
3. 请自己选择一个划分标准，谈论你对中学物理课型划分的看法。

三、技能训练题

1. 根据参与式教学模式，从语文、数学、英语中选择一个学科进行教学设计，以教案的形式呈现。
2. 设计一个培养小学生英语听说能力的课堂活动方案。
3. 设计一个与化学或物理相关的家庭实验，并在课堂中与其他学生一起分享。

【参考文献】

包小英. 2010. 词汇: 浅谈小学英语课堂中的词汇教学[J]. 教育教学论坛, (32): 172.
陈雪清. 2007. 对小学语文课程标准内涵的几点解读[J]. 康定名族师范高等专科学院学报, 16(6): 90-92.
高文. 2002. 教学模式论[M]. 上海:上海教育出版社.
顾新华. 2003. 物理讲评课教学的基本原则[J]. 物理教师, 24(5): 38-39.
何玉婷. 2012. 小学语文识字量调查研究[D]. 上海: 华东师范大学.
黄桂林. 2000. 小学语文课型研究(三)——写字课[J]. 江西教育, (9):31.
李家栋. 2003. 小学语文新课程教学法[M]. 北京: 开明出版社.
李燕. 2007. 儿童语言习得与小学英语教学[D]. 重庆: 西南大学.
廖福妹. 2009. 英语阅读与写作能力的培养[J]. 韶关学院学报 · 社会科学. 30(7): 133-135.
刘清. 2009. 走进名师课堂——小学英语[M]. 济南: 山东人民出版社.
倪锦诚. 2011. 阅读和写作教学模式及其应用性实证研究[J]. 外语界, (6): 63-70.
潘天正. 2012. 《义务教育语文课程标准解读(2011 年版)》内涵解读[J]. 绍兴文理学院学报(教育版), 32(2): 91-93.
彭叶. 2009. 巧学巧练巧用——小学英语字母教学 ABC[J]. 教育 · 科研, (4): 79-80.

任长松. 2003. 新课程学习方式的变革[M]. 北京：人民教育出版社.
田宝宏. 2010. 分课型构建教学模式的意义与关键[J]. 中国教育学刊, (9): 32-35.
王娟娥. 2012. 初中英语阅读教学与写作教学的结合[J]. 基础外语教育, 14(2): 61-65.
王丽杰，关文信. 2003. 新课程理念与小学数学课堂教学实施[M]. 北京：首都师范大学出版社.
魏伟. 2011. 小学英语语法教学初探[J]. 外语教学与研究, (42): 136-137.
吴秀，王松美. 2011. 小学英语教学与形象思维[M]. 北京：教育科学出版社.
吴智慧. 2006. 英语阅读潜移写作能力的策略研究[J]. 郑州轻工业学院报, 7(4): 79-80.
阎金铎，田世昆. 2003. 中学物理教学概论[M]. 北京：高等教育出版社.
杨东. 2010. 课堂教学的变革：小学参与式教学实践研究[M]. 北京：北京师范大学出版社.
杨丽丽. 2013. 初中化学复习课教学的研究[D]. 济南：山东师范大学.
余武. 2002. 基于网络化环境的中小学语文教学模式建构[J]. 语文建设, (10): 47-48.
查有梁. 2003. 新教学模式之建构[M]. 南宁：广西教育出版社.
张爱喜，张四保. 2008. 初中化学课堂教学课型[M]. 长春：吉林大学出版社.
张丽萍. 2011. 小学英语词汇教学策略探讨[J]. 学周刊, (13): 96.
赵晶辉，刘秀娟. 2011. 如何有效进行小学英语语法教学[J]. 大连教育学院学报, 27(3): 54-55.
中华人民共和国教育部. 2012. 义务教育语文课程标准(2011 年版). 北京：北京师范大学出版社.